내 삶을 지켜주는 나라

2021년 5월
이 소 연

이낙연의 약속

KI신서 9707

이낙연의 약속

1판 1쇄 인쇄 2021년 5월 20일
1판 1쇄 발행 2021년 5월 24일

지은이 이낙연
엮은이 문형렬
펴낸이 김영곤
펴낸곳 (주)북이십일 21세기북스

TF팀 이사 신승철
TF팀장 김익겸
영업팀 한충희 김한성
제작팀 이영민 권경민

진행·디자인 놀이터
교정교열 박은경
사진 함성주·이낙연 의원실

출판등록 2000년 5월 6일 제406-2003-061호
주소 (10881) 경기도 파주시 회동길 201(문발동)
대표전화 031-955-2100 **팩스** 031-955-2151 **이메일** book21@book21.co.kr

ISBN 978-89-509-9550-8 (03340)

(주)북이십일 경계를 허무는 콘텐츠 리더

21세기북스 채널에서 도서 정보와 다양한 영상자료, 이벤트를 만나세요!
페이스북 facebook.com/jiinpill21 포스트 post.naver.com/21c_editors
인스타그램 instagram.com/jiinpill21 홈페이지 www.book21.com
유튜브 youtube.com/book21pub

내 삶을 지켜주는 나라

이낙연의 약속

이낙연이 말하고
문형렬이 엮다

21세기북스

언젠가는 온다고
4월에

먼먼 4월에

온다는
약속조차 없어도
기다리지 말라는 기별마저 없어도

실개울 가에서
나는 기다립니다

날마다
단정하게 주저앉는 탑으로
날마다 날마다 새로 세운 탑으로

                    -문형렬, 「4월의 약속」

책머리에
내 삶을 지켜주는 나라, 이낙연이 답하다

사람들은 그렇게 생각하지 않을 것입니다. 그러나 저는 제 삶이, 특히 소년 시절과 청춘이 지독히 남루했다고 생각합니다. 지금은 쌉싸래하면서도 때로 달콤하게 기억되기도 하지만, 당시에는 분명히 누추하기 짝이 없었습니다. 그 후의 삶도 결코 빛나지 않았습니다.

문형렬 작가님은 인생에 대해 따뜻한 시선을 지닌, 노련한 대담자였습니다. 그는 첫 만남부터 편안한 음악을 들려주며 제 삶과 생각을 자유자재로 끌어냈습니다. 그 분위기에 녹아 저는 평소보다 훨씬 많은 말을 했습니다. 제 어딘가에 숨어 있던 진실이 여기저기서 드러나게 됐습니다.

작가의 계획대로 대담은 처음부터 끝까지 부드럽게 진행됐습니다. 대담집도 그렇게 전개됐습니다. 그러나 다른 한편으로 이 대담집은 제 삶의 부끄러운 기록입니다. 이런 책을 내도 괜찮은 것인지, 지금도 저는 망설이고 있습니다.

대전환의 시기입니다. 지구 전체가 그렇듯이, 우리도 팬데믹의 현실을 1년 몇 달째 답답하게 살아가고 있습니다. K방역으로 우리 사회는 어렵게 지탱되고 있습니다. 사실 코로나19 이전부터 다양한 위험이 사람들의 삶을 직격해왔습니다. 코로나는 그 위험을 증폭시켰습니다. 정치는 힘겹고 위태로운 현실을 직시하며, 문제를 하나하나씩 해결해가야 합니다.

저에게도 깊은 고민이 끊이지 않았습니다. 그런 분위기에서 2020년 늦가을에 문형렬 작가님과 대담을 시작했습니다. 대담은 한 번에 서너 시간씩, 열한 번 이어졌습니다. 그사이에 계절이 두 번 바뀌었습니다. 저에게는 뼈아픈 좌절과 심연 같은 성찰의 시간이 겹쳤습니다.

성찰의 결론은 다시 시작하자는 것이었습니다. 정치인 이낙연의 숙명적 책임, 그것을 외면할 수 없다고 저는 판단했습니다. 작가님과의 대담은 저의 좌절과 성찰, 책임과 출발을 관통하며 이루어졌습니다. 대담집에는 그 기간에 제가 겪은 마음의 기복도 담겨 있습니다.

제가 선거대책위원장으로 일한 2021년 4월 7일 재보궐선거에서 민주당은 기록적으로 참패했습니다. 마음도 몸도 아팠습니다. 그 상태로 저는 한 달 동안 전국을 잠행하며 많은 분을 만났습니다.

특히 청년들을 집중적으로 만나며 그들의 삶과 꿈, 좌절과 절망을 들었습니다.

많은 분의 말씀을 들으며 저는 국민의 삶에서 국가는 무엇인가, 통렬한 질문을 저 자신에게 수없이 던졌습니다. 그리고 대한민국을 '내 삶을 지켜주는 나라'로 만들어야 한다는 결론에 이르렀습니다. '내 삶을 지켜주는 나라', 아마도 이낙연의 정치는 끝까지 이 숙제에 매달릴 것이라고 저는 직감합니다.

누구나 그렇듯이, 제 삶도 저 혼자 이룬 것이 아닙니다. 제 삶을 이루어주신 수많은 분들을 기억하며 감사드립니다. 가난했던 시절에 저를 낳고 길러주신 부모님, 함께 자란 형제들께 감사드립니다. 저를 사랑으로 가르쳐주신 선생님들, 저를 끊임없이 도와준 친구들, 격동의 시대에 부대끼며 함께 일했던 신문사 선후배들, 정치의 현장에서 어울리며 승리와 패배를 함께 맛본 동지들 모두 감사합니다.

짧은 기간에 마음을 주고받을 만큼 가까워진 문형렬 작가님, 많은 불편과 고생을 묵묵히 견디며 작업해주신 21세기북스 관계자 여러분께 감사드립니다. 여러분은 최고의 파트너였습니다. 제 육성으로 제 삶을 말한 최초의 기록을 여러분께 맡길 수 있었던 것은 행운이었습니다.

2021년 봄,

이낙연

차례

"

말로도 문장으로도 설명하기 어려운 약속을 품고 살아왔습니다.

왜 사느냐고 묻는다면 약속을 지키기 위해 산다고 다시 대답하겠지요.

지금도 그 약속을 지키기 위해 이 자리에 있습니다.

"

01
뿌리의
시간

"제가 동생들한테 말합니다. 내 몸이 내 몸이 아니다. 오른 팔뚝은 누구 거고 왼
팔뚝은 누구 거고. 평생에 신세 진 사람들이 쭉 있거든요. 많이도 얻어먹고 살았
죠. (⋯) 고비고비마다 저한테 밥을 해주신 친구 어머니들도 모두 기억이 납니다.
한결같이 가난한 집들이었지요."

가랑잎으로
종이를 만들 수 있을까?

　지난해 11월 하순, 늦가을 큰비가 내렸다. 가랑잎이 배수로를 막아서 물난리가 났다. 가을의 정취를 전하는 가랑잎은 산불을 크게 번지게 하는 원인이 되기도 한다. 가랑잎을 밟다가 미끄러지기도 하고. 굴러가는 가랑잎을 청소하는 일은 보통이 아니다. 지방자치단체에서는 가랑잎 1킬로그램당 300~500원을 주고 모아서 퇴비나 사육장 깔개로 재활용한다. 폐지는 1킬로그램에 40원, 신문지는 60원, 고철 160원 정도이니 가랑잎 모으는 일이 저소득층의 수입원으로는 괜찮은 편이다.

　플라타너스에서 지는 커다란 잎들이 눈앞으로 다가왔다. 이낙연 더불어민주당 전 대표를 만나러 가는 길. 마포구 홍대입구역 부근 약속장소 앞길에도 가랑잎이 수북이 쌓여 있었다. 저것들을 모아 팰릿(임업 폐기물이나 톱밥을 분쇄한 뒤 압축 가공한 연료)을 만들어서 겨울철 저소득층에게 나누어주면 어떨까? 10만 가구가 아직 연탄을 때고, 연탄 때는 방에는 노인들이 적막하게 산다. 운반료까지 포함하면 연탄 한 장당 750원쯤. 언덕이나 계단이 많으면 50원 더 비싸다. 연탄이 타는 시간은 열두 시간. 아마도 뭘 몰라서 이런 생각을 했을 것이다. 팰릿을 만들면 가볍기는 하지만 팰릿을 때든, 퇴비로 쓰든 이산화탄소를 내뿜는다는 사실에서 생각이 멈추고 만다. 가랑잎은 어차피 나무에서 왔으니 저 잎에서 섬유질을 뽑아내 종이를 만들어내면 어떨까 하는 생각을 자꾸 해본다. 나무는 이산화탄소를 빨아들이니 가랑잎에도 나무의 모습이 남아 있을 것만 같다.

그를 만나면 가장 먼저 묻고 싶은 질문이 있었다. 기자 시절의 습관 때문인지 나는 약속장소에 일찍 나갔다. 그가 어떻게 오는지, 차에서 내리는 모습은 어떤지, 거리에 선 모습은 어떤지도 먼저 보아야 했기 때문이다. 나는 가로수에 기대어 있다가 그가 카니발 뒷문을 열고 내리는 모습도 보고, 4층 창가에 서서 그가 차에서 내려 혼자 거리에 선 모습도 보았다. 주말에 자주 만나서인지 그는 뉴스에서 보듯 넥타이를 맨 모습이 아니라 자주색이나 고동색 폴라 티와 짙은 나무색 체크무늬 재킷에 검은 바지를 자주 입고 나왔다.

첫 질문을 시작하기 위해 먼저 가수 요조의 노래를 함께 들었다. 하덕규의 〈가시나무새〉를 다시 부른 노래였다. 요조 씨는 기후 위기를 사람들에게 환기시키는 부지런한 가수다.

> 내 속엔 내가 너무도 많아
> 당신의 쉴 곳 없네
> 내 속엔 헛된 바램들로
> 당신의 편할 곳 없네
> (…)

이낙연 내 속에 내가 너무 많다는 그 노래죠. 원래 이 노래는 다른 가수가 불렀던 노래 아니었나요?

문　'시인과 촌장'의 하덕규 노래입니다. 이 노래가 나온 지 30년이 넘었는데 그 뒤 젊은 가수들이 이 노래를 저마다의 음색으로 이어 부릅니다. 한 세대가 지났어도 전해지는 이유가 있겠지요. 저도 이 노래 좋아합니다.

이낙연 TV 프로그램에서 요조 씨가 노래 부르는 걸 본 적이 있는데요. 정치인의 연설이 폭포처럼 쏟아지는 말의 묘미도 있지만, 중간에 말이 잠깐 끊어지는 그 순간에 들리는 메시지가 있거든요. 요조 씨의 노래엔 그런 깊이가 느껴져요. 그냥 성량으로 가득 차 있는 가수와 달리 요조 씨는 여백을 많이 남겨두는 것 같습니다. 그것을 듣는 사람의 몫으로 돌려주는 것처럼.

문   아, 여백의 메시지. 소리 없이 전하는 의미가 더 크게 느껴집니다. 눈빛, 손짓, 어떤 움직임, 이런 것들도 하나의 여백이고 노래고 문장이겠지요.

이낙연 하하하, 제가 두려워서 손짓, 발짓도 못 하겠네요.

문   요조 씨는 사람이 무언가 하기 위해서는 뿌리의 시간이 필요하다고 합니다.

내 속에 너무 많은
나의 모습들

내 속엔 내가 어쩔 수 없는 어둠,

당신의 쉴 자리 뺏고

내 속엔 내가 이길 수 없는 슬픔,

무성한 가시나무 숲 같네.

하덕규는 이 곡이 실린 앨범 후기에 "내 다급했던 기도에 대한 응답"이
라고 적는다. 이 노래는 여백이 너무 많아서 듣는 사람에 따라서는 '내 속
에 내가 너무 많아서 누군가를 위해 살 수가 없었다'는 탄식도 되고 그리
운 사람을 기다리는 노래로 번져나가기도 한다.

문   내 속에 너무 많은 나의 모습들, 내가 어쩔 수 없는 어둠들,
      내가 이길 수 없는 슬픔들. 아마 이런 가사와 곡조가 젊은 가
      수들에게는 한 세대를 지나서도 여전히 울림이 있나 봅니다.
이낙연 언어와 문장도 그와 같겠지요. 정치인의 언어와 문장 사이
      의 여백이 유권자들에게 전달되면 더할 나위가 없겠습니다.
      정치인의 언어는 언제나 정치의 최전선이고 또 약속이니까
      요. 오래도록 시절에 맞게 새롭게 해석되는 노래처럼 저도
      새로워지고 견고해지고 있습니다.

노래가 끝나자 그는 고개를 끄덕였고 잠깐 생각에 잠겼다. 투명차단막
너머 그를 보았다. 그는 빙그레 웃으면서도 조금 수줍어하는 듯 보였다.

문   샌프란시스코의 부두 노동자였던 철학자 에릭 호퍼는 '사람
      이 사람다운 것은 첫 질문을 시작할 때 비로소 이루어진다'

고 합니다. 제가 묻고 싶은 첫 질문입니다. 서울대학교 법과대학 법학과를 나왔고 도쿄 특파원, 도지사, 최장수 국무총리, 더불어민주당 당 대표, 5선 국회의원. 이력이 화려합니다. 그런데도 누추하다는 표현을 자주 했습니다. 자신의 젊은 날을 누추한 청춘이라고 하기도 하고. 왜 누추하다고 표현합니까?

이낙연 사실이니까요. 기록에 남는 것은 무슨 대학 무슨 과가 남겠지만 한 꺼풀만 벗기면 어쩌면 누추, 남루, 이런 표현 쓰는 것조차도 자기 미화지요. 그것보다 훨씬 더했을 수도 있어요. 대학에 합격해서 보따리 싸서 서울로 가려고 할 때 아버지가 일찍이 선언하셨습니다. 등록금은 어떻게든 보내주겠다. 먹고사는 거는 너 알아서 해라.

　제가 대학 가서 맨 처음 고위직 공무원 집에 입주 가정교사를 했어요. 많이 불편하지요. 가족들끼리 중국집에 외식을 가는데, 입주 가정교사이니 데리고 가주었습니다. "이 군, 제일 먹고 싶은 거 시켜." 그러면서 다들 먹고 싶은 거를 시키는데 저는 처음 들어보는 요리였어요. 그때 제가 아는 중국요리 중에 가장 비싼 것이 볶음밥이었거든요. 그냥 알아서 시켜주시면 좋은데. 정말 민주적으로 제가 말한 볶음밥을 시켜주시더군요. 그런 겸연쩍은 체험이 그리 오래가지는 않았어요. 얼마 후에 누가 잠잘 곳을 소개해줘서 그 집에서 나왔습니다.

충남에서 고등학교 졸업하고 아버지한테 돈을 조금 받아서 서울에 올라온 어떤 청년이 광화문 부근에서 사설 독서실을 했는데요. 그곳을 기억하시는 분도 있을 겁니다. 금강제화 골목이 있고, 금강제화 맞은편 지하에 여왕봉다방이 있었습니다. 거기서 안쪽으로 쭉 들어가면 세종문화회관 후문이 나와요. 그 길 중간쯤 2층에 있는 사설 독서실이었습니다. 나이가 저보다 네댓 살 정도밖에 많지 않아 보이는 청년이 동가식서가숙하는 제 형편을 듣더니 공짜로 있으라고 했습니다. 식권도 주면서 "밥도 공짜로 먹어라. 니가 원하는 때까지 공짜로 있어라." 그랬지요. 저녁에 잘 때는 팔걸이 없는 의자 몇 개 붙여놓고 책 몇 권 쌓아서 옆으로 누워 자는 그런 청춘이니 누추하다, 남루하다 했지요. 그보다도 청춘이 있는 줄조차 몰랐으니까요.

문   그 무렵 서울대에는 기숙사가 없었습니까?

이낙연 법대에는 없었어요. 친구나 선배의 하숙집을 다니면 며칠씩은 공짜로 밥을 얻어먹어요. 며칠 지나면 눈치가 보이기 시작하지요. 그러면 다른 집으로 옮겨가면 되는 거고. 친구가 방세를 내고 얻은 자취방에 들어가면 저는 방세를 안 내고 방세 대신에 노동을 하지요. 설거지를 한다든지. 설거지는 좋은데 이사 다닐 때가 좀 불편합니다. 용달차를 부를 돈이 없으니까, 이삿짐 보따리를 싸가지고 시내버스를 타거든요. 그러면 친구는 이사 가지 않는 것처럼 앞쪽에 타고 저는 짐을 잔뜩 들고 뒤쪽에 앉아요. 그러면 차가 움직일 때마다 떨거덕 떨거덕 냄비 부딪치는 소리가 나잖습니까. 그런 것들이 남루한 거죠.

문　이렇게도 들립니다. 그 남루했다는 표현이 괴로워했다는 뜻으로도. 현실적 괴로움도 있겠지만 희망이 없는 막막함 같은 시대적 괴로움들도 있었습니까? 우연히도 79년 전 어제인 1941년 11월 20일, 윤동주는 「서시」를 썼습니다. 별걸 다 기억하지요? 젊은 날에는 '잎새에 이는 바람에도 나는 괴로워했다'는 이 시처럼 괴로워한 청춘들이 많았지요. 괴로움의 정체가 다 다를지는 모르지만.

이낙연　윤동주 시인처럼 결연한 괴로움은 전혀 아니었어요. 훨씬 더 낮고 현실적이었습니다. 고운 청년 윤동주……. 그의 생애는 아름답고 비장해서, 그의 시도 언제나 우리에게 큰 용기를 줍니다. 저도 좋아합니다.

문　시인 윤동주도 어쩌면 굉장히 소박한 괴로움에서 출발했겠지요. 입을 굳게 다물고 정면을 응시하는 청년 윤동주의 흑백사진은 한 점 부끄럼이 없기를 갈망하는 모습을 보여주고 있습니다.

이낙연　그러나 윤동주 시인은 일제강점기 아래 우리말로 문학을 하고 처참하고 치욕적인 시대 상황 속에서 절망했지요. 문학은 잘 모르지만 그의 시 「팔복八福」에는 슬퍼하는 자는 복이 있나니 하는 구절이 여덟 번 되풀이됩니다. 그리고 마지막 연은 '저희가 영원히 슬플 것이요'라고 합니다. 놀라운 것은 일제강점기 한글번역판 성경에는 '애통하는 자'로 나와 있는데 그는 '슬퍼하는 자'라는 순우리말 표현을 썼습니다. 저는 거의 생존의 괴로움이 많았습니다. 결연함이 없었지요. 끼니를 굶는 날도 있었고. 체중이 마구 내려갔지요. 비문증飛蚊症이라는 말 들어봤습니까?

문 눈앞에 번쩍번쩍하는 무늬가 날아다니는…….

이낙연 영양실조 초기 현상이지요. 검은 점이 마구 오락가락하는 거죠. 모기가 날아다니는 것 같다 해서 비문증이라고 합니다. 대학 4학년 때 그런 진단을 받았어요. 고향에 갔다 야간열차로 한강을 건너 서울로 들어오면 야경은 황홀한데 저 화려한 서울에 내 몸 누일 곳 하나 없구나 싶었지요.

서울 종암동에서 외삼촌이 세탁소를 했어요. 세탁소에 붙은 방이라는 게 책상 두 개를 붙인 것보다 작습니다. 외삼촌 내외와 외사촌 삼 형제 사이에 끼어서 몇 달을 살았어요. 자다 보면 기역 자로 자는 사람도 있고, 니은 자로 자는 사람도 있고, 디귿 자로 자는 사람도 있고. 지금 생각하면 아련해지기도 하지만, 이게 사는 것도 아니죠.

그래도 그때는 젊었고, 청춘이라는 그 특성 때문에 살아 있다고 착각하고 있었겠지요. 상계동에 줄줄 모래가 흘러내리는 곳 밑에 있는 천막집에서 산 적도 있고. 입주 가정교사 대신에 과외교사를 할 수도 있었을 텐데 그때 저는 바보처럼 그런 방식을 몰랐어요.

그러다가 영양실조가 왔다. 입대 영장이 나오자 그는 그게 너무 반가웠다. 도피처가 생겼으니까. 입대하라는 날짜가 졸업식 일주일 전이었다. 졸업식이 눈앞이니 연기할 수도 있었지만 그는 바로 입대했다. 그래서 그는 대학 졸업식 사진이 없다.

문   저도 입대 영장이 반가웠습니다.

이낙연 답답하긴 했는데 안정적인 탈출구가 하나 있구나, 이건 정
       말 숙식이 해결되는 곳이니 확실하구나 싶어서 얼른 입대했
       습니다. 졸업식 참석 여부가 학력의 요건이라면 저는 대졸이
       아닙니다. 중퇴지요. 운 좋게 용산의 미8군으로 배속이 됐습
       니다.

문   그때는 추첨이었습니까?

이낙연 그때도 병무 비리를 없앤답시고 여러 지혜를 냈는데, 각 훈
       련소마다 군번 몇 번부터 몇 번까지를 통째로 보냈지요. 제
       앞뒤로 누가 센 사람이 있었거나 했을 텐데 그가 누군지 알
       아야 고맙다고 하지요. 아직까지 모르겠습니다. 훈련병 중에
       얼굴만 봐도 부잣집 아들처럼 유복해 보이는 친구가 하나
       있었는데 그 친구가 조금 혐의가 있긴 합니다만. 그때 군대
       로 면회 온 제 친구들이 진심으로 말뚝 박으라고(장기복무)
       저한테 권했어요. "니 얼굴이 꽤 괜찮게 생겼다는 걸 이번에

처음 알았다"고. 졸업 앨범에 보면 시신 찍은 거 같은 얼굴이 하나 있거든요. 그게 많이 굶던 대학 4학년 때의 저였어요. 그때에 비하면 카투사 시절엔 제법 통통해졌지요.

다행히 이제까지 그게 공개 안 돼서 그나마 그럴싸해 보인 겁니다. 그런데 카투사 부대를 가니까 일단 먹는 게 좋아요. 제가 웃통을 벗었을 때 갈비뼈가 안 보인 게 그때가 처음이 었습니다. 이런 얘기도 좀 구차하지요? 질문에 대답하려다가……. 남루하다는 말은 결코 과장도 아니고 그냥 제 식으로 표현한 겁니다.

문   어떤 심리적인 이유도 있지 않을까요?

이낙연 제 청춘이 내놓을 것이 워낙 없으니까요.

문   카프카는 청춘은 아름다움을 볼 수 있는 능력이 있기 때문에 행복하다고 합니다. 그 아름다움을 볼 수 있는 능력이 없어지면 절망적인 노년과 몰락, 그리고 불행이 시작된다고 합니다. 저는 카프카의 정의보다 더 나은 청춘에 대한 정의는 앞으로 없을 것 같아요.

이낙연 전 버나드 쇼의 정의가 가장 맞다고 생각해요. 청춘은 청춘에게 주기에는 너무 아깝다.

문   하하하, 제가 카프카의 정의가 제일 맘에 드는 이유는 아름다움을 볼 수 있는 능력을 가지고 있으면 나이와 상관없이 청춘이라는 뜻이니까요. 버나드 쇼의 정의가 맘에 든 이유가 있을 텐데요.

이낙연 그 시절이 너무 아까워서 그렇지요. 제대로 쉬지도 못하고. 현실이 너무 강팔랐지만 그 좋았던 걸 좋은지도 모르고 지나갔구나 싶어서…….

문 어릴 때는 빨리 어른이 되고 싶다는 생각을 많이 합니다. 어른이 되면 뭔가 다 완성이 되고 이루어진다는 기대감 때문이었을까요?

이낙연 예, 저는 빨리 그 고통에서 벗어나고 싶었어요. 어쩌다 취직한 선배들이 저녁을 사주면 그게 정말 멋있어 보였습니다. 일식당 대廬 앞에 나란히 앉아서 후배한테 회도 사주고 술도 한잔 사주고 하니, 저런 선배가 되고 싶다는 소박한 꿈 같은 게 있었지요. 나중에 신문기자가 되니 일 년 선배가 삼겹살을 자주 사주었는데 그것도 되게 멋있어 보였어요. 저도 후배들한테 그랬지요.

참척, 풍화
그리고 고마운 사람들

문 농부의 아들로 태어났고 장남이잖습니까? 10남매였죠. 세 남매는 어려서 죽었습니다. 그 이름 기억하고 있습니까?

이낙연 죽은 형들 이름은 모르고요. 나서 두 살 때 죽고, 나서 또 죽고 다음에 누나가 태어나고 그다음에 제가 태어났으니까요.

부모님들도 전혀 그 얘기를 하지 않으셨어요. 자식이 먼저 죽으면 참척慘慽이라고 하지 않습니까?

문   출생신고하기 전이었을 수도 있겠군요. 그때는 돌이 지나야 출생신고를 하고 그랬습니다.

이낙연 나서 한참 뒤 죽은 누이동생 이름은 기억합니다.

문   아…… 이름이 뭐였습니까?

이낙연 은주.

문   이름이 곱네요, 은주. 몇 살 때인가요?

이낙연 몇 살 안 됐을 겁니다. 두세 살? 저하고 나이 차이가 열 몇 살쯤 되었으니 기억하지요.

문   누이동생이 세상을 떠났을 무렵 시골집 풍경이 기억에 남아 있지요?

이낙연 집 풍경이야 충분히 기억하지요. 초가집인데 가운데 부엌이 있고 양쪽에 방 두 칸이 붙어 있었어요. 아버지 혼자 작은 방에서 사시고, 나머지 할머니, 어머니, 저희 형제자매가 전부 건넌방에 살았죠. 집안에 닭과 돼지는 있었고. 부자들은 소가 있었고요. 저희 집엔 소가 없었고.

    어릴 때 제 별명이 생영감, 또는 메주였어요. 어린 시절, 저는 말이 별로 없었습니다. 아버지가 다른 여자를 데리고 오면 속으로는 말도 안 된다는 생각을 했어요. 그러나 어머니가 그걸 문제시하지 않으면 그냥 지나갔지요.

문   그 시절은 그런 일이 흔했습니다.

이낙연 그러면 어머니는 두 분에게 하루 세끼 밥을 해서 올리고, 밭
일을 나가시곤 했습니다. 그렇게 몇 달 살다 나갔지요. 저희
들은 아버지한테 야단맞을까 봐 속으로만 '아이구 시원하다'
이렇게 생각을 했는데, 가지 말라고 붙잡고 운 누이동생이
있었어요. 왜 그랬냐고 했더니, 어머니는 맨날 심부름만 시
키는데, 그분은 과자도 사주면서 자기에게 이쁘다고 했다고.

문   살갑게 대해주셨군요. 한국전쟁이 끝난 뒤, 우리네 막막하고
먹먹한 초상의 한 모습이었지요.

그들 칠 남매(연순, 낙연, 금순, 하연, 계연, 인순, 상진)가 어머니 팔순기념
으로 만든 책 『어머니의 추억』에는 어머니가 맏딸 연순에게 하는 이야기
가 나온다.

"너희 아버지는 전쟁통에 하나밖에 없는 동생을 잃고, 다 키운 아들도
잃고…… 속이 상해 허전함을 달래려고 그러셨던 게다. 너희는 아버지를
항상 존경해야 한다."

이낙연 어머니는 제 인생에 변화가 있을 때마다 "아버지 산소에 다
녀왔느냐?" 하고 먼저 물으셨어요. 아버지 임종 즈음에 어머
니가 누나한테 이웃 동네 어떤 여자 오라고 해라, 하는데 누
나가 싫다고 하자 야단을 쳤어요. 그건 니 아버지하고 나의
일이다. 아버지가 니들한테 애비 노릇 못한 게 뭐가 있나?
너희들은 자식 도리를 하면 되는 것이지. 그런데 누나는 끝

내 아주머니를 모셔 오질 않았지요. 시대가 그랬는지 몰라도 어머니는 모든 걸 감내하셨어요. 당신이 짓던 그 밭 귀퉁이에 아버지 묘가 있었어요. 혼자 남은 어머니는 시간만 나면 아버지 무덤 앞에 하염없이 앉아 계시곤 했습니다. 지금은 아버지 묘소가 다른 곳에 있습니다. 아버지를 거기에 모실 때는 괜찮았는데 먼 훗날, 아버지 묘 옆에 어머니를 모실 때는 농지법이 바뀌어 그게 위법이 됐어요. 그러다 보니 옮길 수밖에 없게 됐지요. 저희 집은 선산이 없고 조상 산소가 여기저기 흩어져 있었는데, 할아버지 묘는 남의 밭 가운데 있었어요. 원래는 밭이 아니고 구릉 같은 곳이라 묘를 썼는데 나중에 그 주변이 밭으로 개간됐지요. 밭 주인이 묘를 빨리 옮기든지 밭 전체를 사든지 양자택일을 하라 해서, 국회의원 하기 전인데 결국 그 밭을 샀어요. 그 할아버지 묘 아래로 부모님을 모셨어요.

1991년, 아버지는 71세로 작고하셨습니다. 술, 담배 모질게 끊는 사람하고 사귀지 말라고 하실 정도로 술과 담배를 좋아하셨지만, 일제강점기와 한국전쟁을 겪은 세대들이 평균수명이 비교적 짧은 편인데 그래도 오래 사신 편이에요. 1926년생 범띠생인 어머니가 2018년 떠나시고서 그렇게 함께하시게 됐지요.

문 어머니에 대한 추억이 더 많겠군요.

이낙연 어머니 팔순기념으로 낸 책 『어머니의 추억』은 형제자매들의 기억을 쓴 거죠. 그런데 여자 형제들과 남자 형제들의 태도가 달라요. 여자 형제들은 정말 어머니의 얘기를 쓰는데, 남자 형제들은 자기 얘기를 쓰고 있어요. 간간이 어머니가 등장할 뿐입니다. 어머니는 굉장히 긍정적인 분이셨죠. 매사를 긍정적으로 받아들이고, 말수가 적으셨어요. 유머러스하고, 독특한 데가 있는 분이에요. 노환이 와서 처음으로 종합병원에 입원하신 적이 있었는데 병원에서 독방을 주니 그때 어머니가 그러셨답니다. 여보시오, 내 독수공방 10년을 했소. 또 독방을 주시오? 그래서 6인실로 옮겼어요. 어머니다운 방법입니다. 제가 어머니를 많이 닮았어요.

문　굉장히 효자라고 들었습니다.

이낙연　그렇지도 않습니다. 중학교 간다고 열세 살에 집 떠나서 산 놈이 무슨 효자이겠어요.

문　'내가 장남이니까 언젠가 돈 많이 벌어서 집안을 건사해야지' 하는 이런 맹세 또는 남모르는 약속이 있었을 텐데요.

이낙연　당연히 있지요. 중학교 3년 동안 제가 일기를 썼어요. 여름 방학 때는 그 일기를 가지고 시골에 갔는데, 동생들이 그 일기를 다 봤지요. 거기에 늘 장남의 책임감 같은 게 가득 차 있었습니다. 책임의 무게, 맹세, 그런 것이 굉장히 강했던 거 같습니다. 동생들이 그 일기를 통해서 그걸 알았나 봐요.

문　커서 반드시 뭐 할 거야, 하는 다짐도 있었습니까?

이낙연　그런 것보다 나 때문에 저 아이들이 공부를 못 하면 그 빚을 어떻게 갚아야 하나, 그런 생각이 많았습니다. 결혼을 하고 나면 또 현실이 달라지지요. 잘못하면 형제간에 갈등이 있을 수도 있고. 용케 이처럼 화목하게 올 수 있었던 건 아내 덕분입니다. 조카들 나이에 맞게 옷을 사 보내고……. 그러니까 결혼하고 난 뒤에 집안이 더 편해지고 긴장감은 떨어졌어요. 제가 총각 때는 아슬아슬했거든요.

문 장남이니까 서두를 수밖에 없지 않았겠습니까? 서울대 법대를 다녔으니 당연히 사법시험 준비를 했을 텐데요.

이낙연 제대하고 나니까 한 친구가 저한테 제안을 했어요. 자기 월급 절반을 너한테 줄 테니 너는 법조인이 되라고. 고시공부를 하라고 봐주겠다 하니 하숙을 했지요. 그런데 한 6~7개월 하다 보니까 도저히 안 될 것 같더라고요. 그 친구한테 부담감도 있지만 동생들은 자라는데 난 지금 뭐하고 있는가, 하는 생각 때문에 그 친구에게 그만하자고 했습니다. 그 친구는 지금까지도 저를 도왔다는 말을 하지 않고 이렇게 말해요. 하숙을 같이한 적이 있다고. 사실 하숙을 같이한 적은 없어요. 그 친구는 형네 집에 얹혀살면서 일류기업에 다녔거든요.

문 대학 동기였습니까?

이낙연 고등학교 동기입니다. 사립대학 화공과를 나와 당시에는 그 분야에서 가장 좋은 기업에 취직을 했지요.

문 이제는 이름을 말해도 되겠지요?

이낙연 김장열이라는 친구입니다.

문 긍휼, 자비라는 종교적 의미의 단어에는 친구, 평등함이라는 뜻이 있는데 그 뜻에 어울리는 친구 같군요.

이낙연 예, 그러기가 쉽지 않지요. 그것도 젊은 나이에. 제가 두 사람의 사례를 벌써 들었잖아요. 사설 독서실을 했던 총각 선배와 친구 김장열, 그 나이에 어떻게 그렇게 배려하는 발상을 할 수가 있었을까요?

문 그 총각 선배, 지금도 만납니까?

이낙연 큰 기업의 회장님이 되셨지요. 일찍부터 저는 저분은 돈 벌 자격이 있는 사람이다라고 생각했어요. 그 무렵에는 다 힘든데 쉬운 일이 아니잖습니까? 어른이 되어서도 그분은 모임 자리가 있으면 저를 불러줬어요. 그럼 저는 그 옛날 얘기를 다른 이들에게 전해야 한다고 생각했지요. 스물네댓 살 때 벌써, 올데갈데없는 아이에게 "니 원하는 만큼 공짜로 있어라"라고 하셨다고. 그런 분이면 돈 벌 자격이 있지 않은가라고.

　　그런 분들이 몇 분 있었습니다. 대학 다닐 때, 선배가 연건동에서 하숙을 했는데, 그 하숙집에 가면 여러 날 눈치를 덜 보고 밥을 얻어먹을 수 있었어요. 그게 그분 덕분인지 하숙집 아주머니의 인심이었는지. 아마 둘 다였겠지요. 그분이 나중에 농림부장관을 하신 임상규 씨입니다. 돌아가셨지요. 그분은 저보다는 넉넉하게 사셨던 거 같은데 훗날 그러셨어요. 니가 그때 그렇게 힘든 줄 몰랐다고. 영양실조까지 걸려 그분이 저를 한약방에 데려가서 보약을 지어준 적도 있었어요. "그때 어렵다는 얘기를 왜 좀 솔직히 말하지 않았느냐. 나는 너를 도울 여력이 있었는데 이제 와서 후회가 된다." 그런 얘기를 하셨지요.

문   왜 말하지 않았느냐 했을 때, 뭐라고 했습니까?

이낙연   그걸 어떻게 말합니까? 일주일씩 그분 하숙집에서 공짜로 밥 얻어먹는 것만 해도 미안하고 고마운 일인데. 그래서 그분 무슨 행사 있을 때 가서 축사할 기회가 오면 꼭 그 얘길 했죠. 그랬더니 나중에는 "아, 이제 그 얘기는 그만해라"라고 하시더군요.

제가 동생들한테 말합니다. 내 몸이 내 몸이 아니다. 오른 팔뚝은 누구 거고 왼 팔뚝은 누구 거고. 평생에 신세 진 사람들이 쭉 있거든요. 많이도 얻어먹고 살았죠. 그것도 부자한테 얻어먹으면 덜 미안한데 왜 꼭 저보다 조금 나은 정도의 그런 사람들만 찾아다니면서 얻어먹었는지, 지금 생각해도 참 한심한 청년이었어요. 고비고비마다 저한테 밥을 해주신 친구 어머니들도 모두 기억이 납니다. 한결같이 가난한 집들이었지요.

그는 고비고비라고 했다. 나는 얼핏 고비사막을 떠올렸다. 고비사막의 '고비'는 풀이 자라지 않는 거친 땅이라는 뜻이다. 고비고비는 풀이 자라지 않는 고비사막이 두 개나 있는 것과 같을까? 누가 '고비고비마다'라고 말하면 풀 하나 없는 사막을 걸어가는 모습이 떠오르곤 한다. 고비고비가 길어지면 굽이굽이가 되고 사는 일도 유장하게 이어진다. 그는 풍화風化라는 말도 했다. 아무리 단단한 바위도 햇빛과 물과 바람에 흩날려가는 현상……. 풍화.

내버려둬도 그리워지는 곳, 고향

문   공부를 참 잘했는데 어릴 때 꿈이 뭐였습니까?

이낙연 그때그때 왔다 갔다 했는데요. 시골에는 라디오도 없었습니다. 부잣집에만 라디오가 하나 있고. 국민들에게 생활에 필요한 기초적인 정보라도 제공하기 위해서 그랬는지 집집마다 스피커를 설치해줬어요. 방 귀퉁이에 확성기 하나씩 붙여놓는 거예요. 이장 집에서 라디오를 켜면 하루 종일 그것이 온 동네 집집마다 들려요. 그때는 아나운서가 되는 게 꿈이었어요. 이광재 아나운서의 뉴스라든가 메르데카컵 축구 중계를 온 마을 사람들이 들었습니다. 방 걸어 잠그고 혼자 가상뉴스도 하고 그랬지요. 일기예보도 연습하고. 축구 중계를 하기도 하고. 아나운서가 멋있어 보였어요. 중학생 때는 법조인 되는 게 꿈이었죠. 고등학교 때는《동아일보》를 매일 봤어요. 학교 도서관에 가서 사설도 읽고. 그때는 신문에 사

람 이름이 한자로 씌었습니다. 기자가 되고 싶어 날마다 보
니, 고등학생 때 국회의원 전원의 이름을 한자로 쓸 수 있었
어요. 일부러 쓰고 연습한 게 아니라 저절로 익숙해졌지요.
기자가 세상과 현실을 분석하고 평가하고 방향을 제시하는
게 멋있어 보였어요. 다른 학생들처럼 그런 식으로 꿈이 왔
다 갔다 했지요.

문　아버지가 '법조인이 되라'고 하시지는 않았습니까?

이낙연　속으로는 기대하셨는지 모르겠지만 겉으로는 좀 달랐습니
다. 법조인 되는 것을 반대한 것은 아니고, 당신이 살아보니
"남자 쓸 만한 놈은 공부 안 해도 다 먹고사는데 너는 못나
서 공부나 해야 먹고살겠다"고 하셨습니다.

그가 초등학교를 마치고 중학교에 갈 때였다. 내일이면 보따리 싸들고 큰
도시 광주로 유학 가게 돼 있는데 아버지가 하루 전날 그를 불러 물었다.

"애비가 너한테 학자금을 보냈는데 하필 그때 친구가 어려운 사정을
말하면 그 돈으로 친구를 돕겠느냐, 아니면 학교에다 내겠느냐?"

"학교에다 내야죠."

"왜?"

"아버지가 고생해서 보내주신 돈을 어떻게 딴 데 쓸 수 있겠습니까?"

"너는 공부나 해야 먹고살겠다, 이 못난 놈. 그럴 땐 친구를 도와야 하
는 것이다."

그는 칭찬받을 줄 알았는데 아버지에게 무지하게 야단맞았다. 아버지

는 평생 야당 열성 당원이었다.

이낙연 마을 옆 동네가 용현인데 그 마을에 장관을 다섯 번 하신 박경원 장관의 형님 박상원이란 분이 계셨어요. 그분이 아버지의 친구입니다. 일제강점기가 거의 끝나갈 무렵에 같이 어울려 다니고 그러다가 아버지가 일본순사를 폭행했나 봐요. 독립운동이라기보다 취중폭력이었겠지요.

중학교 간다고 집 떠나기 전날 비로소 그 얘기를 해주시는 겁니다. 아버지는 만주로 도망가서 1년쯤 있다가 신의주에서 목포까지 오는 열차를 타고 집으로 돌아오다가 열차 안에서 1년 동안 만주에서 벌었던 돈을 노름으로 홀라당 다 잃어버렸습니다. 빈털터리로 목포역에 도착했지요. 그때 친구 동생 박경원 씨가 목포상고 학생이었어요. 학교에 주소를 물어물어 하숙집을 찾아갔어요. 박경원 학생이 아버지더러 "형님 어쩐 일이십니까?" 하고 물어서 그동안의 일, 열차간에서 돈을 다 날린 일을 얘기하니 "형님, 집에서 학자금이 왔는데 집에 빈손으로 가지 마시고 어머니 치마라도 한 감 떠가세요" 하면서 돈을 주더라 하시는 겁니다. 그러시면서 "된 놈은 공부 안 해도 먹고살아. 너는 공부나 해야 먹고살겠다" 하시는데 이 말씀이 평생을 두고 상처가 됐어요. 아버지는 장남이 좀 폭도 넓고 멋있고 그러길 바라셨겠죠.

문 그리운 상처군요.

이낙연 그럼요. 그런 모습이 아버지가 기대하던 아들의 상이었지요. 저는 방학 때 고향에 가면, 이웃 친구들과 어울리고 논두렁에서 같이 일도 하고 이야기도 섞고 그러고 싶었는데 아버지는 제가 남들과 다르길 원했어요. 옷도 깔끔하게 입어야 한다고 늘 말씀하셨어요. 그게 꼭 옳은 거 같진 않은데 아버지의 뜻이었어요.

문 옛날에는 어른들이 술 드시고 집에 들어와서 물건도 잘 깨곤 했는데 혹시 그러시진 않았습니까? 취한 아버지들은 집에 와서 장독도 막 깨고…….

이낙연 장독은 안 깼는데, 제가 얻어맞은 적은 있어요. 아버지 친구들한테 인사를 공손하게 안 했다며, 인사도 할 줄 모른다고 고무신으로 등을 많이 맞아서 등창이 났습니다. 한 달쯤 반듯이 눕지도 못했지요. 그런 날들이 문득 그리울 때가 있습니다.

문 지금 돌이켜보면 젊은 날, 아쉬운 게 많겠군요?

이낙연 그런 정도는 아니지만 고시를 하지 않았다는 아쉬움은 어딘가에 남아 있나 봅니다. 간혹 꿈에 나타나지요. 그리고 병무청 자료가 잘못되어서 징집 영장을 또 한 번 받는 꿈도 꾸고요.

문 군대 갔다 온 사람들은 다시 입대하는 꿈을 다 꾼답니다.

이낙연 네, 군대 두 번 가는 꿈하고, 그냥 변호사 자격이 없어서 갑자기 아무것도 못 하고 먹고살 길 없는 실업자로 나락에 떨어지는 것 같은 꿈을 자주 꾸곤 했어요. 요즘엔 안 꾸지만 꽤 오랫동안 꾸었지요. 그래도 군 입대 영장 꿈은 좋아요. 군대가 처음으로 갈빗대를 안 보이게 해주었으니까.

문 이오덕 선생의 「개구리 소리」라는 동시가 있어요. 노래로도 잘 알려져 있습니다. '학교에 낼 돈 걱정하다 늦게 왔다 꾸중 듣고 저녁 굶고 엎드려 잠든 내 동생 꿈속에서 울어라 개구리야' 하는 노래, 읍내 장에 나물 팔고 돌아오는 어머니 빈 광주리 가득히 개구리 소리가 담기는 노래입니다. 어머니의 행상 백 리 길 기억합니까?

이낙연 그럼요. 『어머니의 추억』에 그 장면이 나옵니다. 어머니는 탈탈 굶은 채로 이미 장사를 끝내고 걸어오시고요. 그때 우리는 재잘거리면서, 친구들하고 같이 가다가 어머니 모습이 너무 창피하니까 모르는 사람인 것처럼 지나가곤 했습니다. 어머니는 반대로 "니들 학교 가는 모습을 보면 다리에 힘이 나더라" 하셨지요. 그 책에도 쓰지 않은 얘기가 하나 있어요. 아버지가 데려온 그분을 못 가게 붙잡았다는 누이동생이 지금도 사과를 잘 못 먹어요. 어머니들은 아들에게는 말하지 않지만, 딸에게는 말하는 것들이 있지요.

어느 날 어머니가 그러셨던 모양이에요. 능금이 참 좋은 것이더라. 하도 배가 고파서 하나 사 먹었더니 힘이 나더라. 그런 얘기를 평소에는 전혀 안 하고 그런 것도 안 잡숫고 다녔는데 어느 날 하나 잡순 모양이에요. 그 얘기를 그 누이동생만 들었나 봅니다. 그 이야기를 듣고 난 뒤부터 사과를 먹으면 목에 걸려서 못 먹는다, 그 얘기를 훗날 들은 적이 있습니다.

문 초등학교는 분교를 나왔겠군요.

이낙연 삼덕분교이지요. 법성포초등학교가 관장하기 어려운 먼 마을에 분교를 하나 세웠어요. 집에서 한 1킬로미터 떨어진 곳이죠. 빨리 폐교가 됐어요. 학생이 적으니까요. 그때는 교실 세 칸에서 여섯 학년이 공부했습니다. 오전반 오후반으로 나눠 교실 한 칸에서 1학년이 오전에 공부하면 2학년은 오후에 공부하는 식이었지요.

제가 광주의 중학교로 진학하면서 처음으로 알게 된 게 몇 가지가 있는데요. 교실 한 칸에 한 학년만 있을 수도 있구나 하는 것도 처음 알았고, 반장이라는 용어도 중학교에 가서 처음 들었어요. 제가 다닌 분교에는 한 학년이 한 반뿐이어서 반장도 없었지요. 그냥 급장이라고 했습니다. 학생도 의자에 앉는구나, 그것도 중학교 가서 알았습니다. 시골에서 학생은 다 바닥에서 공부했거든요. 교장 선생님은 수업을 안 하시는구나, 그것도 중학교에 가서 알았어요. 그 뒤로 박경원 장관이 고맙게도 교실 두 칸을 지어주셨습니다. 다섯 칸이 되니 또 돌아가면서 오전반 오후반을 했어요. 제가 졸업할 무렵까지도 다섯 칸이었지요.

중학교 다닌다고 광주로 가서는 하숙을 했죠. 한 달, 1,700원짜리 싸구려 하숙이었어요. 그 무렵 키가 작아졌더군요.

키를 잘못 쟀을 겁니다만 중학교 3년 동안 키가 2센티미터 마이너스 성장을 했어요. 기록만 놓고 보면. 중3 때 149센티 미터입니다. 중1 때 151센티미터였는데.

문 초등학교 다닐 때 신발이 없던 경우도 있었습니까?

이낙연 그렇지는 않았습니다. 위로 형이 둘 죽고 아버지가 삼대독 잔데 제가 태어나니까 저를 조금 편애했지요. 겨울철에는 어 쩌다 털신도 신었어요. 여름철에는 윗옷을 안 입고 학교에 간 날도 있었는데 그게 결코 부자연스럽지 않았습니다. 아랫 도리 가리는 마포로 된 거 한 장 입고 학교를 다닌 적도 있 었습니다.

문 그때 초딩 동기들 이름 혹시 기억합니까?

이낙연 1번 남궁오채, 2번 이기철까지는 기억납니다. 학교 다닌 지 열흘도 안 돼서 서른 몇 명 이름을 다 순서대로 외웠어요. 제 일 많이 듣는 게 선생님들이 출석 부르는 소리였지요. 그 무 렵 도시는 학급당 팔십 몇 명이었는데 시골은 적었습니다.

문 그 무렵 선생님 이야기를 듣고 싶군요.

이낙연 초등학교 6학년 때 담임인 박태중 선생님을 훗날 국회의원 되고서 후원회장으로 모셨습니다. 6학년 때 갓 제대한 총각 선생님이 담임으로 오셨지요. 머리도 짧고 키도 작달막하고. 5학년 때까지는 일 년에 두 번 시험 봤는데 그 선생님이 오 시자마자 격주로 시험을 보게 하시더라고요. 그러더니 이낙 연, 너 일어서. 너는 광주서중을 가. 광주서중이 광주일고하고 붙어 있는 학교였습니다. 서중을 가려면 국어는 몇 점, 산수는 몇 점, 몇 점씩 맞아야 하는데, 일 점 모자랄 때마다 회초리 한 대씩이다. 제가 제일 점수가 좋았는데도 저만 맞았어요. 전과全科와 수련장이라는 게 있는 것도 그때 처음 알았어요. 그 선생님이 사다 주셨거든요. 학교에서 주시면 다른 아이들이 시샘할까 봐서 꼭 밤에 1킬로미터를 걸어서 저희 집에 갖다 주셨어요. 그런 사랑을 받았지요. 그런데 제가 광주서중 시험에 떨어졌어요.

문 시험 떨어진 때가 그때 한 번뿐입니까?

이낙연 고시도 떨어진 적이 있지요. 재수는 할 수 없는 형편이었고요.

문 고시도 한 번 쳤군요.

이낙연 일차 이차 양쪽 모두 한 번씩 보고 끝냈지요. 신세를 지고 싶지 않아서요. 광주서중에 떨어지자, 선생님이 후기는 "내 맘대로 고르겠다" 하시더니 광주북중학교를 가게 했어요. 나중에 보니깐 선생님의 모교였어요. 선생님과 10년 차이였지요. 나중에 안 거지만 선생님이 그 중학교의 축구선수 출신이었어요. 뒤에 도시 학교로 전근 가서 초등학교 교감까지 하시다 정년퇴직하셨지요. 마지막 직함이 축구협회 상근 부회장이었습니다. 제 초등학교 동기들이 국회의원 후원회에 올 정도로 여유 있지 않은데, 선생님이 후원회장을 맡으시니 잔뜩 왔어요. 그런데 선생님이 놀랍게도 전부 이름을 기억하셨어요. 넌 요새도 오줌 싸냐 묻기도 하시고. 제자들이 첫사랑이었으니까요.

그러다가 선생님이 입원하셨다는 소식을 듣고 병문안을 가려는데 먼저 선생님에게서 전화가 왔습니다. '자네가 오려고 하나?' '예.' '바쁜데 뭐 하려고 와?' '선생님 봬야지요.' '며칠 날 올 건데?' '며칠에 가려고 합니다.' '몇 시에 올 건데?' '몇 시쯤 될 거 같습니다.' '몇 분에 올 건데?' '몇 분이 될 거 같습니다.' 그래서 정해진 시간에 병실에 딱 들어갔는데 선생님은 몸을 창 쪽으로 돌리고 누워 계세요. 제 쪽은 쳐다보지도 않고. 축구선수 마라도나처럼 몸이 단단하셨는데 모로 누워계신 뒷모습이 절반으로 쪼그라져 있었어요. '선생님 저 왔습니다.' '바쁜데 뭐 하러 왔어.' 끝내 선생님은 얼굴을 안 보여주셨습니다. '그래 가보게' 하셔서 시키시는 대로 나왔습니다. 그게 뭐였을까요? 왜 몇 분에 올 거냐고까지 물으신 분이 끝내 얼굴을 보여주지 않으셨을까……?

그는 '왜 끝내 얼굴을 안 보여주셨는지'를 다만 이렇게 짐작했다. 당신이 이미 몸이 상해 있었기에 제자가 오기 전까지 몸을 최상의 상태로 만들려고 그랬을 것이다. 그런데도 당신이 원하는 상태가 나오지 않아 얼굴을 안 보여주신 게 아니었을까?

이낙연 그 뒤로 후원회장 없이 몇 달을 지냈지요. 그 충격이 컸어요. 흔히 국회의원들은 돈이 많거나 돈을 많이 모을 수 있거나,

명성이 대단히 높은 분을 후원회장으로 모시지요. 시골 초등학교 분교 담임선생님을 후원회장으로 모신 경우는 제가 처음이었을 겁니다. 선생님은 제 인생의 원점이었습니다.

문 시인 신경림 선생이 고향에 갔었어요. 고향마을 학교에서 백일장만 하면 늘 일등을 하는 친구가 있었답니다. 그 친구는 집안이 어려워서 학교 공부를 계속하지 못하고 농부가 되었고, 자기는 유명한 시인이 돼서 고향에 돌아가니까 그 친구가 이런 말을 하더랍니다. 나는 가난해서 공부를 계속 못 해서 시인이 못 되고 농부가 되었다. 너는 유명한 시인이 되었으니까 이제 우리의 애환을 꼭 시로 전해달라고. 그 법성포 삼덕학교 시골에, 그 마을뿐 아니라 전국 곳곳 적막한 마을에 남아 있는 많은 사람들, 그들로부터 우리의 애환을 풀어달라는 이야기들을 듣지 않았습니까?

이낙연 그럼요, 그럼요. 저는 중학교 때부터 도시에서 학교를 다니면서 고향 사람들과는 다른 길을 걸었습니다. 늘 제가 조바심을 냈던 것은 저분들이 나를 달리 보지 않아야 할 텐데 하는 생각이었지요. 그래서 고향에 가면 일부러 옷도 허름하게 입고, 제 아내에게도 허름하게 입도록 부탁하고, 말도 고향 사투리를 일부러 더 쓰곤 했습니다. 술이나 술안주도 일부러 그분들조차 잊고 있던 옛날 것을 잘 찾아낸다든지 했지요. 그런다고 해서 그분들과 같아지는 건 아니겠지만, 그런 저의 행동과 생각은 그들을, 아니 그들의 애환을 결코 잊지 않고 있다는 전달방식입니다.

문 그들도 같아지기를 바라지는 않을 겁니다. 애환, 억눌림, 또
   는 분노, 이런 것들을 누군가가 풀어주기를 오래 참고 기다
   려왔겠지요.

이낙연 그렇지요. 제 마음속에 농업 노동자들에 대한 생각이 무겁게
   자리 잡고 있기에, 산업 노동자들에게 더 많은 애정을 기울
   이지 못해서 늘 빚진 마음이지요. 고향에서 국회의원 네 번,
   지사까지 하면서 17년간 농부들을 참 많이도 만났습니다.

문 아버지가 '넌 천상 공부만 해야 한다'고 하셨는데……

이낙연 제가 그렇게 공부를 열심히 한 것도 아니었고. 젊은 날에는
   논밭에서 일하는 그분들의 절망에 저 자신도 절망했지요. 중
   고등학교나 대학 다닐 때 어쩌다 고향에 가면 농촌 현실은
   절망 덩어리였거든요.

외로움과 절망이 생생하듯
꿈도 생생하다

문 그때는 고무신도 없이 맨발로 다니는 사람이 많았지요. 에콰
   도르 국민 화가 오스왈도 과야사민Oswaldo Guayasamin은 에콰
   도르 사람들의 억울함과 애환을 풀어주기 위해서 "내가 지
   금 할 수 있는 건 공부밖에 없다"고 합니다. 과야사민은 이런

말도 했습니다. "나는 두 발이 없는 소년을 만나기 전까지는 신발이 없어 울었다"고.

이낙연 그렇죠! 그런 말은 극단적인 분노나 증오까지 경험한 사람만이 표현할 수 있습니다. 피가 철철 흐르는 표현이지요. 제가 에콰도르를 방문했을 때 과야사민이 얼마나 국민들의 존경과 사랑을 받는지 여실히 보았습니다. 그의 작품에는 농민들을 보는 시선의 변화가 있지요. 처음에는 분노에서 시작해 점점 대화합으로 가는 그 변화가 신비했습니다. 그림에는 그냥 서슬이 시퍼랬습니다. 그러다가 시간이 갈수록 분노와 증오가 따뜻함으로 승화합니다. 놀라운 감동이었습니다.

2018년, 에콰도르에서 일 년에 4,000여 대를 생산하는 한국자동차 조립공장 준공식에 그는 총리로 방문했다. 에콰도르는 현대자동차 포니 여섯 대를 맨 처음 수입해준 나라였다. 그는 준공식에서 이렇게 말했다. '사과에 씨가 몇 개 있는지 다 안다. 그러나 그 씨 속에 사과가 몇 개 있는지는 아무도 모른다. 현대자동차 포니 여섯 대가 에콰도르에 수출됐다는 걸 다 안다. 그러나 그 하나하나의 포니가 몇 대의 자동차가 될지 아직까지 우리는 모른다'고. 그것은 마치 겨자씨에 수미산을 넣는다는 비유처럼 들린다.

문 어려서 배가 고프거나 울어본 적도 있겠지요?

이낙연 배야 늘 고팠지요. 울고 싶을 때도 있었습니다. 정말 많이 울었던 것은 중학생 시절 2주일에 한 번꼴로 고향 집에 갔다 돌아올 때입니다. 어머니를 떠나 다시 광주로 갈 때. 어린아이였으니까요. 그때마다 어머니는 "아이고 힘들면 여기서 학교 다녀라" 하셨어요. 그러나 제가 그런 소리 했다가는 아버지한테 혼날 것 같아서 그냥 다녔지요.

문   최근에 혼자 슬퍼했거나 울어본 적이 있었습니까?

이낙연 그런 일이 있지요……. 많은 사람 앞에 섰다가 귀가하는 길에 늘 외롭죠. 오늘, 나는 무슨 소리를 했을까? 그리고 진심이었을까? 저분들은 그것을 잘 받아주셨을까? 언제까지 이렇게 막 떠들고 다녀야 되나? 제가 속을 잘 안 보여드립니다. 참담한 분들 앞에서는 슬퍼하는 맘이 더 커서요. 우는 걸 한번 들킨 적도 있었습니다. 군인 아들을 떠나보낸 빈소에 가서 그 아버지를 만났을 때였습니다.

문   배고플 때도 많았습니까?

이낙연 그럼요, 그럴 때는 그냥 물을 많이 마셨습니다. 어머니가 저는 한창 먹을 때가 없었다고 하셨습니다. 많이 먹고 또 폭식을 하고 그런 시절이 없이 지나간 것 같아요. 어려서는 누구나 그런 시절들이 있지요. 어머니가 고구마를 삶아주면 자기 무릎 사이에 소쿠리를 갖다 놓고 동생들이 접근하면 무릎으로 턱 치면서 혼자 나 먹는 그런 아이도 있고. 저는 그렇게 많이 먹지는 않았어요.

문   기억 속에 고향은 어떤 풍경으로 남아 있습니까?

이낙연 누구에게나 고향은 탯줄 같은 것 아니겠습니까? 끊고 싶다
고 해서 끊어지는 것도 아니고 또 특별히 그리워하려고 해서
그리워지는 곳도 아니라 내버려둬도 그리워지는 곳이지요.

문 젊은 날, 가장 행복했던 때인 군대 이야기 해볼까요. 카투사
생활할 때 병장 월급이 얼마였는지 기억납니까?

이낙연 정확히 기억은 나지 않습니다. 14개월 만에 병장 됐다는 건
기억이 나는데. 빨리 된 거죠. 갈비뼈도 안 보이고 얼굴도 환
해지고. 휴가 때 집에 가면 어머니가 밥은 어떻게 먹냐, 하셔
서 쇠고기도 원하는 대로 먹고 닭도 한 마리씩 주고 한다고
그랬더니, 아이고 미국은 참말로 부잔갑다, 어떻게 닭을 끼
니마다 한 마리씩 먹냐고 하셨습니다. 시골에서는 일 년에
한 마리 먹었거든요.

　　그는 군기가 세다는 수송중대에서 운전면허만 따고 행정병이 되었다.
규정상 허용되지 않는 외출증을 안 끊어준다고 고참들에게 얻어맞기도
했다. 그래도 카투사 행정병으로 일하며 타자를 배운 실력으로 첫 직장
에서 일과 후 여직원들에게 무료로 타자를 가르치기도 했다며 뽐을 냈
다. 인기가 아주 많았다고.

　　그가 총리로 재임 시 트럼프 행정부의 제임스 매티스 국방장관을 만
났을 때 자신이 카투사 출신이라고 말하자, 해병대 사령관 출신인 매티
스 장관은 호감을 보이며 마지막 계급이 뭐냐고 물었다. 그가 병장이라
고 답하자, 매티스 장관은 대장 출신인 자기보다 더 높은 놀라운 진급을

했다고 말했다. "동맹을 존중하지 않으면 미국의 이익도 못 지킨다. 미국과 중국 사이에 어느 한쪽을 선택하도록 동맹국을 압박해서는 안 된다"고 했던 매티스 국방장관은 취임 직후 주한 미군철수를 주장했던 트럼프 대통령을 끝까지 설득해서 이를 중지하게 했다.

문   군대 가지 않는 방법을 찾아보겠다는 생각은 못 했겠군요.
이낙연 안 가겠다는 생각도 할 수 없었어요. 대학 2, 3학년 무렵엔 선배들이 입대를 연기한다는 것을 알긴 했지요. 막상 영장이 나오니까 연기하고 싶다는 생각이 전혀 안 났어요. 어떻게든 배고픔에서 벗어나고 싶었으니까요. 제대하고 보니 카투사 전우회, 카우회가 있습디다. 가보니 명사들이 꽤 많아요. 평소에 저한테 서먹서먹하게 대하다가 어느 날 보니깐 제가 카우회 선배라는 걸 알고 갑자기 우호적으로 변한 기자도 있고요. 다 군대 덕분입니다. 트럼프 대통령을 만났을 때도 카투사 출신이라고 하니 엄지손가락을 척 내세우며 대단하다(Great)고 하더군요.

짧은 시간 동안 그는 젊은 날들의 누추한 시간들을 이야기했다. 질문과 대답 사이 창밖은 어두워졌다. 시계를 보았다. 카슨 매컬러스의 소설 『마음은 외로운 사냥꾼』의 한 구절이 떠올랐다. 오래전 겨울날 오후 4시. 무궁화호를 타고 가며 소설을 읽다가, 태백을 지나 얼굴을 드니 창밖에서 갑자기 다가서는 어두운 풍경들이 겹쳐 보였기 때문이었다.

카슨 매컬러스는 소설에서 이렇게 말한다. '꿈이 생생하듯 외로움과 절망도 생생하다.' 이렇게도 말할 수 있을까? 외로움과 절망이 생생하듯 꿈도 생생하다고.

짧은 물음,
조금 긴 대답 01

1. 혈액형은?

A형.

2. 키는?

177센티미터.

3. 신발 크기는?

270밀리미터.

4. 입대 전 몸무게, 입대 후 몸무게?

기억이 안 남. 입대 전까지 갈비뼈가 보였다가 입대 후 갈비뼈가 안 보였음. 대학 4학년 때는 50킬로그램까지 내려갔음. 지금은 74킬로그램.

5. 20대에서 지금까지 허리둘레 그래프?

대학 4학년 때 배꼽이 등에 닿는 24인치에서 언젠가 30인치로 급상승. 기밀사항이지만 지금은 35인치.

6. 어릴 때 좌우명은?

없었음.

7. 공직자로서의 좌우명은?

좌-가까이 듣고 멀리 깊게 본다(근청원견近聽遠見). 우-털끝만큼의 차이가 하늘과 땅만큼 벌어진다(호리유차 천지현격毫釐有差 天地懸隔).

8. 가장 즐거운 시간은?

친구들하고 막걸리 마시면서 떠드는 것(노벨 막걸리상 공동수상자 후보!).

9. 기분 좋으면 흥얼거리는 노래 메들리는?

양희은의 〈한계령〉, 정태춘의 〈촛불〉, 심수봉의 〈사랑밖에 난 몰라〉, 이미자의 〈서울이여 안녕〉.

10. 감명 깊게 읽은 세계명작과 인상 깊은 문장은?

헤르만 헤세의 『데미안』. '나는 내 안에서 솟아오르는 것을 살고자 했다. 왜 그게 그렇게 어려웠을까.'

11. 좋아하는 외국 배우는?

잉그리드 버그만, 나탈리 우드, 장 가방.

12. 어릴 때 꿈은?

아나운서, 변호사, 기자. 자꾸 바뀌어요.

02

청년 이낙연과
'영끌'

"청년들 만나면 기피해야 되는 말이 '라떼'라고 하지요. 이제는 다시 질문해야 합니다. '나 때 말이야'가 아니라 '왜 나 때의 문제가 아직도 안 변했는가?'라고. 내가 고생했으니 여러분들도 더 노력하라는 식의 말이 아니라, 40년도 더 지난 과거에 있었던 그 고통이 왜 지금도 계속되는가라는 질문이지요. 그동안 우리가 뭘 했느냐는 것입니다. (…) 왜 지금 청년들도 비슷하게 고통받는가……."

유행가로 통하던
연대와 우정

　겨울이 깊어갈수록 트로트 바람이 사람들의 가슴을 울렁이게 하고 있었다. 이런 생각도 해본다. 한국과 북한, 중국, 일본의 무명가수들이 한 곡의 유행가 지정곡과 각각의 자유곡을 선택해 함께 부르는 가요대회를 열면 서로의 문화도 이해할 수 있고 민간교류도 늘어나지 않을까? 비대면 4국 트로트대회. 지정곡으로 우리 노래는 한국인들이 가장 좋아하는 〈봄날은 간다〉, 북한은 〈휘파람〉, 일본은 〈북국의 봄〉, 중국은 〈달이 내 마음을 대신해요(月亮代表我的心)〉 정도가 되면 어떨까? 길가 나무에 기대어 이어폰을 끼고 장윤정의 〈약속〉을 들었다. 다른 가수들이 부른 〈약속〉도 들었다. 전유진 학생이 부른 〈약속〉은 유튜브 조회 수가 그 무렵 160만 회가 넘어서 몇 번이고 되풀이해 들었다. 눈에 밟힐 듯한 가사까지 있어 그랬을까?

　　잊지 말아요,
　　가슴 아픈 사랑이 슬퍼하는 날에
　　내가 서 있을게요.

　슬퍼하는 이들이 가 있는 곳에 누가 먼저 가서 기다리고 있을까? 이런 뜬금없는 질문도 떠올랐다. 노래를 잘한다고 들었던 그가 4국 트로트대회에 출전하면 예선은 무난히 통과하겠다는 짐작도 들었다.

문　노래를 잘한다는 이야기를 들었습니다.

이낙연　예, 도쿄 특파원 시절, 다른 특파원 친구들과 어울리면 노래를 꽤 불렀지요. 그들이 좋아하는 노래를 제가 골라서 부르기도 했습니다.

문　어떤 노래들인가요?

이낙연　윤항기부터 김종찬까지! 언론사는 서로 다르지만 그 친구들과 같이 취재 경쟁하면서도 자주 어울렸지요. 고향에서 국회의원 할 때는 어른들 앞에서는 이미자를, 조금 젊은 아주머니들 앞에서는 심수봉을 부르기도 했습니다.

문　우와, 이미자! 저는 이미자 선생과 한 시절을 같이 살고 있다는 것을 영광으로 생각합니다. 〈지평선은 말이 없다〉, 〈황포돛대〉, 〈동백아가씨〉, 〈아네모네〉, 〈아씨〉, 〈빙점〉…….

이낙연　하하하, 이미자 선생은 우리 시대의 한 대명사이지요.

문　고르바초프 전 대통령이 이번에 CD를 냈답니다. 딱 한 장. 고르바초프 대통령도 노래를 잘한다고 소문이 나 있습니다. 목소리가 비슷한 것 같아요. CD를 한 장 내면 어떨까요?

이낙연　아이고……! 도쿄 특파원 때 만났던 《아사히신문》의 나카에 도시타다 대표가 한국 노래를 참 좋아했습니다. 그는 김상만 《동아일보》 명예회장을 만나면 고복수를 부르고, 우리 특파원들과 만나면 이선희를 불렀지요. 〈J에게〉. 출퇴근 시간에 차만 타면 한국 노래를 듣고 따라 불렀다고 합니다. 도쿄 가라오케는 1인 1곡주의인데 제가 간혹 그걸 깨뜨린 사람이지요. 패티 김도 불렀던 〈카스바의 여인〉을 불렀더니 옆자리 일본 여인들이 맥주 몇 병을 우리 특파원 테이블에 보내주었습니다. 앙코르, 앙코르 하면서. 그래서 화답곡으로 남진의 〈가슴 아프게〉를 불렀지요.

문 1990년이면 도쿄 특파원 할 때군요. 제가 1990년 12월, 한·소 수교 취재차 모스크바에 갔을 때 고르바초프 대통령에게 가장 싫어하는 단어가 무엇인가라고 질문하니 '벽'이라고 대답하더군요. 겨울 이때쯤이라서 문득 생각나는가 봅니다. 가장 싫어하는 단어가 있습니까?

이낙연 비굴하다, 이런 뜻을 가진 단어를 가장 싫어합니다. 아버지가 늘 제게 그러셨습니다. 저 또한 그렇게 결코 살고 싶지 않아서요. 어려서부터 아버지는 늘 제가 당당하기를 바라셨지요. 그게 내면화되어서인지…… 아버지 기대에 부응해서 만족스러워하시는 모습을 보고 싶었지요.

문 그때 고르바초프 대통령에게 못 한 질문이 하나 있었습니다. 그 무렵 그가 고려인계 가수 빅토르 최를 좋아하고 노래도 잘한다는 이야기를 들은 참이었죠. '미스터 고르바초프, 당신은 어떤 노래를 가장 좋아하는가?' 하고 묻고 싶었는데 오늘 이 질문을 여기서 해볼까요? 어떤 노래를 가장 좋아합니까?

이낙연 〈한계령〉! 저는 위로하고 위로받는 느낌을 주는 노래가 좋습니다.

문   〈한계령〉, 〈한계령〉도 하덕규 작곡이군요. 침례교 목사 가수
      지요.

    기온이 사정없이 떨어졌다. 창밖의 풍경은 긴장되어 있었다. 하늘이 부
서질 듯이 냉정한 모습을 하고 있으니 겨울은 자꾸 깊어가고 한계령에는
눈이 많이 쌓이겠지. 4층 창문 아래, 횡단보도 건너 사람들이 고개를 숙
이고 어깨를 움츠려 빠르게 움직인다. 입술과 코를 가린 얼룩진 흰 마스
크가 멀리서도 잘 보였다.

문   이제 본격적으로 겨울이 시작되나 봅니다. 소설小雪이 지나
      갑니다. 땅도 얼고 날씨도 추워지고. 지금부터 메주를 많이
      띄웁니다. 왜 별명이 메주인가요?
이낙연 아, 메주같이 생겼으니까요.
문   하하하. 메주는 한겨울에 깊은 맛이 나기 시작합니다. 이제
      부터 서해안에는 대설주의보가 자주 내리겠군요.
이낙연 예, 제 고향은 눈이 굉장히 많이 오는 곳입니다. 예전에는 1
      년에 보름 정도 길이 막힐 정도로 눈이 쌓이곤 했어요. 그래
      서 웬만한 곳은 걸어 다녀야 했습니다. 장 보고 나서 술 한잔
      걸치고 가는 아저씨들이 장에서 조기 사서 가다가 몇 마리
      씩 눈길에 떨어뜨려도 모르고 갔지요. 저는 외가를 혼자 걸
      어가다가 눈이 길을 지우는 바람에 되돌아오기도 하고. 지금
      도 길과 논이 구분이 안 될 정도로 눈이 쏟아지지요.

뭔가 세상을 선하고 새롭게 바꾸고 싶었습니다.

언제나 가슴에 품고 있지요.

젊을 때는 굶주리면서도 혁명가를 꿈꾸기도 하고

세상을 뒤집어엎어야 한다는 생각도 한 적이 있었죠.

여덟 시간 회의를
한 줄로

문   메주를 띄워서 음력 1월에 장을 담급니다. 장맛은 잘 안 변
       하지만 시절은 금방금방 변해가지요.

가수 김광석의 노래 중에 〈변해가네〉라는 노래가 있다. '모든 것이 변
해가네, 너무 쉽게 변해가네' 하는 가사처럼 모든 일들이 자꾸 변해간다.
'모든 것은 변한다'는 가사로 유명한 곡으로 아르헨티나 가수 메르세데스
소사의 〈토도 캄비아Todo Cambia〉가 있다.

> 피상적인 것도 변하고
> 심오한 것도 변하고
> 사람들의 사고방식도 변하고
> 이 세상의 모든 것이 변한다
> 세월이 바뀌면 기후도 변하고.
> (…)

소사는 '어제 변한 것들은 내일 또 변하고, 이 멀리 떨어진 곳에서 내가
그렇게 변해가는 것처럼 세상이 변해가는데, 그러나 나의 사랑만은 변하
지 않는다'고 노래한다. 소사가 세상을 떠난 뒤에도 그 노래는 침묵하는
다수를 대변하는 목소리로 여전히 사랑받고 있다.

문   일 년이 금방 가고, 세상도 사람들 마음도 다 변해가지만 스스로에게 변하지 않는 그 무엇이 있습니까?

이낙연 뭔가 세상을 선하고 새롭게 바꾸고 싶었습니다. 언제나 가슴에 품고 있지요. 젊을 때는 굶주리면서도 혁명가를 꿈꾸기도 하고 세상을 뒤집어엎어야 한다는 생각도 한 적이 있었죠. 친구들은 제가 법과대학을 가니까 검사가 될 거라고 했어요. 그건 잘못 본 거지요. 우연이라고 할 수도 있겠지만 기자가 된 동기가 그렇게 거창한 건 아니었습니다. 제가 한국투자신탁이라는, 그 당시에 처음 국내에 도입된, 이른바 제2금융권의 회사에 취직을 했죠. 월급이 괜찮았는데. 친구 녀석들이 만날 때마다 그 회사 이름을 외우지 못하고 계속 물어봤어요. 그래서 한번 들으면 잊지 않을 만한 직장이 없을까 하던 차에 우연히 선배 하숙집에 따라갔다가《동아일보》에서 기자 모집하는 광고를 보고 시험 봐가지고 들어갔습니다. 고등학교 3년 내내《동아일보》를 보았습니다. 그때 기자가 되고 싶었던 꿈이 시작된 거지요.

문   《동아일보》때 첫 월급은 얼마던가요?

이낙연 기억을 못 하겠어요. 투자신탁보다는 좀 박했어요. 제가 대학 다닐 때에는 지금의 대학로 동숭동, 연건동 언저리 하숙집에 기자 지망생이 꽤 있었어요.

문   오랜 기자 경험 때문인지 정치인으로서는 드물게 문장을 정확하게 구사합니다. 그러니 다른 기자들한테 속 상하는 일도 가끔은 있겠군요.

이낙연 좀 못마땅할 때도 있지요. 팩트는 확인해야 되는데 그러지 않는 경우도 있는 것 같아요. 그 상황에 맞는 말을 찾으려고 좀 더 노력했으면 싶을 때도 있지요. 플로베르의 '일물일어설(하나의 대상을 규정하는 말은 반드시 하나뿐이라는 의미)'까지는 아니더라도. 그걸 찾아내는 게 어려운 일이긴 하죠. 훗날 제가 정치권에 들어가서 대변인을 했을 때 김근태 선배가 제게 그런 말을 하시더군요. 이낙연은 여덟 시간 회의를 한 줄로 요약할 수 있는 사람이라고.

문 젊은 기자들이 마음에 들지 않을 수 있지만 폭넓은 취재자료나 다양한 시선을 제공해주기 위해 기자들에게 백브리핑도 하고 짜장면 곱배기 미팅도 가지면 어떨까요?

이낙연 얘기할 기회가 되면 얼마든지 하지요.

문 군 복무를 마친 뒤 직업을 가진 30대에는 어떠했습니까?

이낙연 그때 사진 보면 제 딴에 멋을 부리려고 했던 것 같아요. 트렌치코트도 입고 다니고. 기자 시절을 되돌아보면 두 가지 상반된 생각이 들어요. 하나는 표현력이나 지혜가 꼭 나이에 비례하는 건 아닌 것 같았어요. 젊은 나이에도 놀라운 글을 쓸 수 있구나 하고 느낄 때도 있었지요. 반대로 나중에 보면 사실이 아닌데, 진실도 모르면서 너무 아는 척했구나 하는 후회가 들 때도 있었습니다.

문 미숙함이 있는 부분은 무엇이었습니까?

이낙연 오보가 있었죠. 너무 쉽게 단정한 경우지요. 자기가 심판관인 것처럼. 경험이 많지 않은 기자가 쉽게 판정할 만큼 현실은 단순한 게 아니잖아요? 그런데 함부로 판정하려 했고, 심지어 저보다 경험이 훨씬 더 많은 정치인들에게 가르치려 했다는 자책감이 듭니다. 그건 말도 안 되는 거지요. 참 부끄럽죠. 가장 후회하는 게 모르면서 아는 척했다는 것입니다. 어느 신문 논설위원들이 이랬다더군요. 우리 앞으로는 아는 것만 쓰자, 그랬더니 다른 위원이, 그럼 쓸 게 없겠네라고. 하하하. 저는 미숙했다기보다 오류에 가까웠지요.

문   언론사 후배들과 이야기하다 보면 정치인 이낙연은 이 정글판에서 너무 신사적이라고 합니다. 누구보다도 안정감이 있다는 장점이 있는데, 생각이 깊어서인지 속을 알기 어렵다고 하더군요. 이 표현은 흥미롭습니다. 누구도 타인의 속을 알 수는 없는데 왜 이런 말을 할까요. 거리를 두고 자신을 드러내려 하지 않는다는 것 때문이기도 하겠다 싶었습니다.

이낙연 이미지 정치가 오래 유행해왔으니까요. 정치는 이제 더 이상 이미지가 아니어야 합니다. 그러나 사람들은 점점 이미지로 정치인을 판단하는 경향이 강해지는 것 같습니다. 정치인의 선택은 그렇게 단순하지 않고 국제관계는 훨씬 미묘합니다. 그것을 그냥 이쪽입니까, 저쪽입니까, 할 수가 없는데요. 그게 알기 어려우면 속을 모르겠다고 하기 쉽지요.

좌우명은 좌명 신복지제도, 우명 신경제입니다

문   어떤 사상이나 생각을 굳게 믿고 실현하려는 현실적 의지인
     신념과 인간이 공동으로 추구하는 가치가 서로 충돌을 일으
     키는 경우가 많습니다. 지금까지 신뢰해온 기준은 신념입니
     까, 가치입니까?

이낙연   저는 가치를 신뢰해왔고 가치를 신뢰해야 한다고 생각합니
     다. 왜냐하면 신념이라는 것은 바뀔 수도 있고 완전하지 않
     을 수 있으니까요. 그래서 늘 보충해야 하고 새로워져야 합
     니다. 제가 기자 시절 후회하는 게 있다면 너무 직관에 의존
     하려고 했고, 성급했다는 것입니다.

     신념은 성급하고 습관적인 측면이 있어요. 지금도 정치 현
     장에서는 여전히 이런 직관을 강요받아요. 자동판매기처럼,
     뭐든지 누르면 내놓아야 하듯. 신중하게 생각할 수 있어야
     하거든요. 지도자에게 빠른 답을 강요하면 특히 외교 분야는
     몹시 어려워집니다. 항상 출구를 두고 침착하게 생각할 수
     있어야 합니다.

문   뉴스는 시간을 다투고, 국제 현실은 빨리 결정해서 답을 해
     야 하는 경우가 많지 않습니까?

이낙연   물론 그렇지요. 그와 동시에 전략적 인내라는 것도 있고 전
     략적 모호성이라는 것도 있습니다. 폴란드의 바웬사 대통령

이 직을 그만두고 《아사히신문》과 인터뷰를 했는데 이런 대목이 있었어요. 공부 많이 한 지도자들을 이해하기 어렵다. 자기는 어떤 것이 옳은지 그른지 30분이면 판단이 되는데, 공부 많이 한 사람들은 그렇게 몇 날 며칠을 생각하느냐고. 현장 경험으로 단련된 노동자 출신 바웬사의 판단이 동유럽권이 몰락하던 그 환경에서는 의미가 있었지요.

맥아더 사령관의 일본 사령관 집무실 책상에는 서랍이 없었어요. 탁자 아래 다리만 있었어요. 사령관은 자료를 보관해둘 시간적 여유가 없고 그때그때 판단을 해야 한다는 거지요. 그러나 대한민국의 경우는 주의 깊게 생각해야 할 문제가 훨씬 더 많습니다. 지금처럼 미국과 중국 사이에 놓여 있는 우리가 어떻게 매번 그렇게 양자택일을 쉽게 할 수 있겠습니까?

문　지금 한국 사회는 산업화세력과 민주화세력 간의 신념 충돌이 너무 큽니다. 계속 신념의 충돌이 거듭되면 갈등과 분열의 상처가 깊어져만 갑니다. 타협, 협상의 가능성이 있을까요?

이낙연　어떤 경우에도 있어야 하고 길을 열어두어야지요. 대립의 정치, 세대 간의 갈등, 세대 내의 갈등이 깊어지면 민주주의의 미래도 취약해지고 대한민국의 미래도 어두워집니다. 미국에서도 트럼피즘이 이번 선거에서 졌지만 예상보다 많이 살아 있다는 것이 드러났습니다. 갈등과 충돌은 비단 대한민국만의 문제가 아니라 전 세계의 문제입니다. 더구나 팬데믹으로 국가 간의 이동도 단절되고, 저개발 국가는 더욱더 전염병에 위협받고 있습니다. 인류 전체가 폐쇄사회로 가고 있어요. 인류가 어렵사리 이루어놓은 두 개의 성취, 민주주의와 복지사회, 둘 다 금이 가고 있습니다.

문   그런 원인이 무엇이라고 봅니까?

이낙연 경제 팽창의 시기에는 사람들이 관용의 태도를 보이지요. 나눌 것이 있으니까요. 그러나 수축의 시기가 되면 관용을 잃게 되죠. 사람들이 미래에 대해 불안해하니 더 차지하려고 합니다. 그래서 편을 가르고 포퓰리즘에 더 솔깃해지게 되죠. 복지도 마찬가지입니다. 유럽 사회는 오랜 꿈이었던 복지사회를 완성해가고 있는데, 복지사회의 두 개의 대전제가 지금 동시에 무너지고 있거든요. 그 하나는 물질적인 여유, 또 하나는 국민의 균질성입니다. 소득이 줄고 난민이 유입되면 관용이 줄어듭니다. 종교도 다르고 얼굴 생김도 다른 사람들이 이웃에 마구 몰려와 살거든요. 실제보다 더 과장되게, 저 사람들 때문에 내 몫이 줄어든다고 느껴요. 그러면 선동하는 사람들의 말에 솔깃해집니다. 그게 포퓰리즘이죠. 그게 민주주의도 위협하고 복지사회도 위협합니다. 더구나 팬데믹으로 소통과 대면이 차단되면서 상황을 악화시키고 있습니다. 얼굴을 서로 맞대지 말라는 게 인간의 본성에 맞을 리가 없잖아요? 이 시기에 정치인이 어떻게 해야 하는지, 갈

럼길에 놓여 있습니다.

문   그럴 때 국가가 할 수 있는 가장 기본적인 역할은 어떤 걸까
     요?

이낙연 가능한 역량을 총동원해 다양한 분야에서 지속 가능한 공유
     의 시스템을 마련해야 합니다. 다들 너무 극단적이죠. 지도
     자의 말이나 뒷모습에 국민들이, 저 사람 마음속에 나도 있
     을 수 있겠구나, 그런 느낌을 갖게 해주어야 합니다.

     지난 미국 대선기간 중 미국 언론에 인상 깊은 칼럼이 있
     었습니다. '조 바이든의 델라웨어주는 특색이 없는 곳이다.
     경제가 활발한 것도 아니고 인구가 많은 것도 아니다. 바이
     든은 꼭 자기 선거구 델라웨어를 닮았다. 무슨 특색을 가려
     낼 수가 없고, 그래서 사람들이 별로 안 좋아하고, 뜨거운 사
     랑을 덜 받는 편이다. 그러나 생각해보자. 트럼프는 얼마나
     특색이 많은가? 그 특색으로 우리가 얻은 게 뭐고, 잃은 게
     뭐냐. 이제는 오히려 본인의 특색이 아니라 미국의 장점을
     살릴 수 있는 좀 더 온유하고 신사적인 지도자가 필요한 때
     가 아닌가. 트럼프 때문에 우리가 그 가치를 너무 망각하고
     살았던 것은 아닌가, 그래서 나는 바이든을 지지한다'는 칼
     럼입니다.

     그가 혼자 차 뒷문을 열고 내릴 때 바지 기장이 짧아 보여서인지 밭에
보리를 심고 언 밭둑을 걸어 내려오는 모습처럼 보였다. 고적해 보이기

도 하고 헐렁해 보이기도 했다. 그를 구성하는 요소는 무엇일까? 지금, 여기 남루한 현실, 누추한 마음이 성큼성큼 다가서고 있는 시간을 그는 그 누구보다도 잘 이해하고 있을까?

문　청년 시대의 남루함이 정치인 이낙연의 존재를 구성하고, 그 정책을 이해하는 열쇠 단어라고 여겨집니다. 그때는 무엇을 인내의 기준으로 삼았는지 궁금합니다.

이낙연 무슨 기준이 제 맘대로 세워졌겠습니까? 그러나 세상에 대한 분노와 절망이 깊었고, 그것을 고쳐야 한다는 정의감이 있었지요. 배고픔으로 점점 지쳐갔다 해도…….

문　주위에 속마음을 털어놓는 사람들이 있었습니까?

이낙연 친구들 간에야 뭐 말 안 해도 다 아는 거니까요.

문　그 당시에도 이런 질문은 안 해봤습니까? 젊은 친구들도, 노인들도 아무리 현실이 달라지고 시대가 바뀌어도 한결같은 질문이 있거든요. '왜 살지? 왜 살까? 사는 목적이 뭘까? 이유가 뭘까?'라고.

이낙연 저도 수없이 질문해왔지요. 현실이 팍팍했으니까요. 왜 사느냐고 묻는다면 약속을 지키기 위해 산다고 말하고 싶군요. 그런데…… 약속도 키가 자꾸 자라나 봅니다.

문　어떤 약속인데 키가 쑥쑥 자라던가요?

이낙연 중고등학교, 대학교 시절에는 못된 사람들 혼내주고 왜곡된 세상을 바로잡아야 한다는 생각을 많이 했지요. 아버지에게 등짝을 맞으며 혼자 했던 약속이 있습니다. 학자금이 오면 아버지가 말씀하셨듯 나보다 더 배고픈 친구에게 내어주겠다는 약속도 속으로 했습니다. 그런 여유는 학창시절 내내 없었지만. 갈 곳 없고 배고픈 나를 재워주고 고시공부 하도록 배려해준 그 마음을 본받자는 약속, 장남에게 시집와서 한 집안을 평화롭게 한 아내를 위한다는 약속도 있지요. 그러다가 정치인이 되면서 돈이 없어서 배곯고 공부를 못 하는 일이 없도록 하겠다는 사회적 약속으로 뻗어나갔습니다. 격차가 더 커지지 않는 세상을 만들어야 한다는 결심이 굳어졌습니다. 이번에 팬데믹을 겪으면서는 공공의료체계를 확립하고 감염병 국가책임제를 하겠다는 약속으로까지 자랐습니다.

문　청년 시절에 자신만의 좌우명이 있었습니까?

이낙연 허클베리 핀처럼 지옥에 가더라도 친구를 배신하지 않겠다는 헝그리 복서 정신으로 살아왔지요, 하하하.

문　저는 아주 간단한 좌우명이 있습니다. 어느 순간 저절로 생기더군요. 내일 지구의 종말이 와도, 오늘 아침 6시 이전에 일어나자!

이낙연 하하하, 도지사 때는 가까이 듣고 멀리 보자는 근청원견近聽遠見, 총리 때에는 선종 3대 조사인 승찬 선사의 『신심명信心銘』 첫 장에 나오는 호리유차 천지현격毫釐有差 天地懸隔, 처음에 털끝만큼 차이가 나면 나중에 하늘과 땅만큼 차이가 난다는 말씀을 공직자의 기본도리로 삼았지요. 그러니까 이태일, 이 주사라는 별명이 생기더군요, 하하하. 정책은 처음에 아무리 정확해도 현실을 파악해서 자꾸 수정해나가야 합니다. 처음에 조금이라도 오차가 있으면 그 결과는 하늘과 땅만큼 사이가 벌어지지요.

저는 역사는 진보하고 발전한다고 믿어왔어요. 그리고 사람들의 지혜를 믿습니다. 정치인으로서는 사회 각 분야의 격차를 좁히는 일이 제가 할 일입니다. 그 무엇이든 균형 잡힌 것이 아름답지요. 격차가 적을수록 민주주의는 발전하고 사회도 활기찹니다. 세계무적 스페인 함대를 무너뜨렸던 엘리자베스 1세 여왕 때의 영국은 그 당시 사회 내의 빈부격차가 아주 작았습니다.

지금의 좌우명은 좌명 신복지제도, 우명 신경제입니다. 고용과 소득이 불안정해지고, 여러 영역에서 삶을 위협하는 요인이 늘어납니다. 그래서 2015년 세계은행과 국제노동기구(ILO)가 보편적 사회보호(Universal Social Protection)에 합의하고 이를 국제사회에 제안했습니다. 그것을 한국에 맞게 도입한 것이 저의 신복지제도입니다.

국가비전을 '내 삶을 지켜주는 나라'로 정했습니다. 일자리와 소득 등 삶의 기본요소들이 불안정해진 4차산업혁명시대에 삶을 전방위로 옥죄는 코로나19를 거치며 사람들의 삶이 더욱 불안해졌습니다. 이런 시대에 삶을 위협하는 모든

요소로부터 국민 개개인을 국가가 보호하겠다는 의지를 '내 삶을 지켜주는 나라'라는 국가비전으로 표현했습니다.

신복지는 소득, 주거, 노동, 교육, 의료, 돌봄, 문화체육, 환경 등 삶에 직결되는 모든 분야에서 국민의 삶을 국가가 보호하겠다는 개념입니다. '내 삶을 지켜주는 나라'는 신복지로 구현해갈 것입니다.

소득, 주거, 노동, 교육, 의료, 돌봄, 문화체육, 환경 등 여덟 개 영역에 최저기준(Minimum Standards)과 적정기준(Decent Standards)을 둡니다. 인간으로서 최소한 이 정도는 돼야 한다는 수준이 최저기준입니다. 최저기준은 국가의 의무로 보장하는 것입니다. 적정기준은 중산층의 삶을 상정한 것이지요. 그것은 2030년까지 국민과 함께 지향해나갈 목표입니다. 팬데믹 사태에서 북유럽 복지사회가 얼마나 탄탄한가를 봅니다. 거기는 한국보다 더 많은 환자가 나오고 사망자가 많은데도 평상시의 복지체제가 잘 작동하고 있습니다. 신복지제도는 지금까지 축적된 우리 복지제도에서 빈칸을 채우고 기준을 높여가며 2030년까지 선진국 수준의 복지를 갖추자는 것입니다.

청년이라는 이름으로
사는 세상

문 지향하는 복지사회의 정책이 북유럽의 복지사회 구조모델을
　 기반으로 한 것입니까?

이낙연 그렇습니다. 신복지체계를 한국 사회의 현실에 뿌리내리도
　 록 하자는 것이지요. 감염병 사태에 대처하는 것을 보면 방
　 역 자체는 우리가 더 잘하고 있지만 소상공인, 중소자영업자
　 등 서민의 고통은 우리가 더 큽니다. 실직자도 늘어나고 있
　 습니다. 유럽은 그런 논란이 상당히 적었거든요.

문 초고령사회로 질주하고 있는 한국 사회에서 청년세대들이
　 연금 받을 때가 오면 이미 연금마저 고갈상태가 될 테니 이
　 리저리 다 털린다는 이야기가 있습니다. 미래세대를 잘 키워
　 놔야 이들이 나중에 경제활동인구가 되어 정년퇴직할 때까
　 지 사회 중심세력이 되고 세금을 내지 않겠습니까?

이낙연 청년층이 그동안 소외되었습니다. 지금까지 우리의 복지체
　 계는 계층 접근형이었습니다. 저소득층, 장애인, 비정규직,
　 실업자…… 이런 식이죠. 거기에 세대 내지는 연령 접근형을
　 보완해 투 트랙으로 가면서 청년층을 위한 정책을 확충해야
　 합니다. 연령 접근형이 아주 없지는 않지요. 노인 기초연금
　 이 있고 아동수당이 있어요. 그 가운데 청년세대가 비어 있
　 습니다. 2021년부터 처음으로 청년 주거급여가 시작됩니다.

아직은 조건이 까다롭습니다. 이에 대해 청년들의 불만이 많아요. 시급히 보완해야지요. 교육, 주거, 취업, 창업 등을 촘촘히 지원해야 합니다. 그것을 곧 내놓겠습니다.

문　청년들의 생각은 헬조선에서 이생망, 영끌, 영털(영혼까지 털렸네)로 가고 있어요.

이낙연　한스럽죠. 청년들 만나면 기피해야 되는 말이 '라떼'라고 하지요. 이제는 다시 질문해야 합니다. '나 때 말이야'가 아니라 '왜 나 때의 문제가 아직도 안 변했는가?'라고. 내가 고생했으니 여러분들도 더 노력하라는 식의 말이 아니라, 40년도 더 지난 과거에 있었던 그 고통이 왜 지금도 계속되는가라는 질문이지요. 그동안 우리가 뭘 했느냐는 것입니다. 상계동 달동네 천막 속에서 산 적도 있고, 친구네, 선배네 하숙집에서 그냥 돈 안 내고 지낸 적도 있고, 잘 데가 없고 배가 고프니까 입대 영장 나오자마자 군대 갔습니다. 남산 꼭대기에 올라가 내려다봐도 단 한 평도 내 몸 누일 곳이 없는 저였습니다. 그런데 왜 지금 청년들도 비슷하게 고통받는가…….

문　안티 라떼라고 할 수 있네요. 그때는 그랬지만 지금은 안 그래야 한다는 안티 라떼. 그나마 가족이 있는 청년들은 조금 더 낫습니다. 만 18세가 되면 아동보호시설에서 매년 2500여 명의 보호종료된 청년들이 사회로 나옵니다. 명칭만 달라졌을 뿐 아직도 보육원이 존재합니다. 이들 인력들이 사회에

적응하는 훈련 기간을 가질 수 있도록 멘토 작업을 해주어
야 하지 않겠습니까?

이낙연 정말 그렇습니다. 보호종료된 청년들은, 자치단체에 따라 금
액이 조금 다르지만 거의가 정착금 500만 원을 받아서 낯선
세상에 나옵니다. 대학 진학을 하면 그 기간이 얼마간 유예
되지만 더 이상 보육원에 있고 싶어 하지 않는 청년들이 많
지요. 이들은 세상 경험이 없으니 500만 원을 금방 써버리거
나 사기를 당합니다.

아무 경험도 없이 사회로 내몰리는 고아 청년들의 문제는
자금 지원만으로는 결코 해결될 수 없습니다. 그들도 사회의
소중한 청년인데 지원망이 없습니다. 중소기업이나 중견기
업들, 그리고 산업공단 등에 그들이 안전하게 정착할 수 있
도록 연결해야 합니다. 대학으로 진학하든, 고교졸업 후 사
회로 나가든 최소한 2년간의 적응 유예기간이 있는 게 바람
직합니다. 직업훈련도 훈련이지만 정서적인 안전망과 산업
망을 동시에 연결해야지요.

선거권을 갖는 연령인 만 18세가 되면 보호종료 청년들은 자립정착금
과 주거에 필요한 약간의 지원만 받고 거의 아무 준비 없이 냉정한 세상
에 내던져진다. 보육원을 나와 보호종료기간 5년이 지나면 과거에 살았
던 보육원과도 연락이 끊어지고 범죄에 노출되는 경우도 많다. 월 최대
임대료 15만 원, 자립수당 30만 원이 3년간 나온다. 이들 청년들은 보육

원에서만 지냈기 때문에 독립생활에도 서툴고, 사람의 정이 그리워 친밀하게 다가오는 유혹에 쉽게 넘어가는 경우도 많다.

문   약속하는군요.

이낙연 그럼요! 물론입니다. 당연히 사회출발선에서 내딛는 첫걸음을 국가가 보장해야 하고 그들을 기업과 연계해서 우수한 산업인력으로 양성할 수 있는 시스템이 우리 사회에 마련되어야 합니다. 부모의 지원을 받아도 청년들이 힘들어하는데, 가족이 없는 청년들은 빈곤의 악순환에서 벗어나도록 출발점에서 더욱더 세심히 돌봐야 합니다.

　우리가 열심히 뭔가를 해온 것 같지만 의외로 취약한 곳이 많이 남아 있습니다. 보호가 종료되기 1년 전부터 맞춤형 취업교육프로그램을 활용해 취업망을 연결시키고 안정적으로 뿌리내릴 수 있도록 자립지원계획을 제공해주어야 합니다. 그들이 사회구성원으로 출발선에 서기까지를 국가가 의무적으로 돌봐야지요. 이제는 정치가 중요하게 생각하는 우선순위를 바꿀 때입니다.

　결혼 평균 연령이 남자는 33세, 여자는 30세로 다 서른을 넘겼다. 청년 시기가 자꾸 길어져간다. 보다 안전하게 살기 위해 이젠 30대 중반까지 결혼을 미루기도 한다. 그들은 말한다. 그나마 일자리를 잡기 좋은 시내에선 닭장 같은 좁은 방도 임대료가 비싸고, 일자리마저 알바 또는 비정규직인데 어떻게 결혼하느냐고. 여전히 출산정책은 아이를 낳는 데만 집중되어 있으니 결혼할 만한 중산층 이상의 자녀를 지원하게 되는 결과를 낳기 쉽다. 지금 20, 30대 청년들은 강남의 넓은 평수를 거창하게 바라는 것이 아니다. 1990년대 초반처럼, 비정규직이나 알바로 허둥거리지 않고 월급으로 열심히 돈을 모으면 내 집도 살 수 있고, 평수도 늘려가는 평범한 인생을 바란다.

문 릴케는 시 「가을날」에서 '지금 집이 없는 사람은 더 이상 집을 짓지 않습니다. (…) 불안에 떨며 가로수 길을 이리저리 헤맬 것'이라고 합니다.

이낙연 지금 존재의 집은 아파트이지요. 쉴 집이 없으면 존재마저도 없는 것과 같습니다. 인간이 동물이라고 하지만 사실은 식물의 본성을 많이 가지고 있습니다. 어느 한 군데 정주하지 않으면 살기가 어려워요. 이동을 해도 이동하는 곳이 뻔해요. 돈이 모이고 살기가 편한 곳, 병원이 가깝고 자녀 돌봄 시설이 있는 곳, 무엇보다 직업을 구하기 좋은 곳이지요.

이야기를 하느라 커피가 다 식어버렸다. 그는 지난번 인터뷰 때 누추했던 시절, 아버지의 기억을 말했던 것을 후회했다. 아버지가 서운해하셨을 것 같다고. '이놈아, 나는 정성을 다해서, 있는 힘을 다해서 너를 키웠는데 너는 등짝 몇 대 맞은 것, 그걸 다 서운하다고 기억하냐'고 하실 것 같다고 했다. 그는 "준 사람들은 자기가 잘해준 것만 기억하고 받은 사람은 서운했던 것만 기억한다"고 말했다. "군대 후배를 만나면 나는 잘해준 것만 기억하는데 후배들은 야단맞은 기억만 가지고 있다"고. 그게 기억의 재구성 또는 이중성이라고 하며 가볍게 웃었다.

　모든 아버지는 다 그랬겠지만 장남인 그에게 거는 아버지의 기대는 컸다. 어린 시절, 같이 밥 먹으면서 풋고추를 못 먹는다고 야단치기도 하고. 그는 그때 그게 왜 야단맞아야 될 일인지 알 수 없었다. 당신 입에 안 맵다고 아들 입에도 안 맵다는 법은 없다. 그렇지만 아버지는 장남은 매운 것도 막 먹고 커야 나중에 시련을 잘 견딜 수 있다고 생각했을 것이다. 커피를 마시다가 그는 자신이 엄숙하게 보이는 모양이라며 사실 벗들과 술 한잔을 하면 쉼 없이 잘 웃긴다는 이야기도 했다. 젊은 시절엔 폭탄주 몇 잔을 마셔야 비로소 술을 마시는 것이었다고 추억담을 풀 때는 발그레 얼굴에 홍조가 돌았다. 소문난 막걸리 애호가여서 막걸리협회로부터 감사패도 받았다.

문　　보석은 공중에서 절대 열리지 않으니까요.

이낙연 공중에요……?

문　　보석은 지하에서, 오랜 시간 압력을 받아서 비로소 만들어집니다. 보석의 가치는 얼마나 많은 지열과 압력 속에서 잘 견뎠는지에 따라 오랜 세월 뒤에 결정되지요. 처음 누추함, 남루함에 대한 질문에 대답한 뒤에 혼자 마음 저려 하거나 후회할 거라는 짐작은 했습니다.

이낙연 맞아요. 제가 후회했어요. 그걸 잘 드러내고 싶지 않았습니다. 처음에 요조 씨의 〈가시나무새〉를 들려주고 시작했는데 그 노래가 바로 질문의 덫이었다는 걸 뒤늦게 알았어요.

문　하하하, 덫이라기보다는 이정표겠지요. 파블로 네루다는 '나무들은 왜 뿌리의 찬란함을 감출까?'라고 질문합니다. 저는 세월이 해야 할 일을 남겨두기 위해서가 아닐까 하고 생각해봅니다.

그 많은 집들은
다 어디로 갔을까

　민주적 지도자에게 공약보다 더 중요하고 결정적인 것은 경험에서 이룩된 안목과 품격, 그리고 정치적 판단일 것이다. 『대통령의 조건』에서 뉴웰(Walelr Newell)은 국민들은 철학이 있고, 비전이 있는 리더십을 가진 대통령을 원한다고 말한다. 그는 역사 속에서 찾은 리더의 조건 열 가지를 든다.

　　1. 성격이 두뇌보다 낫다.

　　2. 감동적인 수사법이 필요하다.

　　3. 도덕적 확신이 필요하다.

　　4. 리더는 시대의 구체적인 표현이다.

　　5. 두세 개의 주요 목표가 있어야 한다.

6. 시간은 기다려주지 않는다.

7. 역사가 지도자를 선택한다.

8. 위대한 지도자는 권력욕이 강하다.

9. 위대한 지도자는 사악함의 이면일지 모른다.

10. 위대한 지도자는 앞의 아홉 가지 교훈을 무시할 준비가 되어 있어야 한다.

문 4·19 혁명 이후 60년이 지났습니다. 미테랑 대통령은 세상이 자꾸 바뀌고 있는데. 왜 우리는 지금도 과거의 신념을 이렇게 되풀이하고 있는가 하고 탄식했습니다. 지금은 그때보다 더 급속하게 시간이 지났고, 이미 인공지능, 로봇, 빅데이터 등 4차산업혁명이 생활 속으로 깊숙이 들어오고 있습니다.

이낙연 정치나 사회 제도는 끊임없이 스스로 새롭게 하려고 노력하지만 세상은 그것보다 더 빨리 변합니다. 정치나 사회 제도가 세상을 못 따라갈 뿐 아니라 오히려 간격이 벌어지고 있지요. 과거에는 기회가 많아서, 눈앞의 고통을 견디면, 저기만 건너가면 좋아지려니 하는 희망이 있었는데 지금은 그런 희망도 사라져갑니다. 지금 청년들의 아버지 세대는 오늘은 힘들지만 내일이 꼭 불안한 건 아니었지요. 4년제 대학을 나오면 대기업도 두세 군데 합격하고, 그중에서 골라 갈 수도 있는 경제 팽창의 시대였습니다. 그러나 지금은 그렇지 않습니다. 특히 대기업과 중소기업과의 격차가 점점 벌어져 중소기업에 가라고 말하기도 힘들지요. 이 점은 바로 국가가 훨씬 더 적극적으로 나서서 보다 파격적으로 중소기업을 지원하는 것이 과제임을 알려줍니다. 최소한 기존 예산의 두 배 이상을 투입해야 합니다. 또한 산업화시대에 우리가 저지른 큰 실패 중 하나는 세대 간의 격차가 심해지게 한 것은 물론, 세대 내의 격차마저 줄이지 못하고 있다는 것입니다. 앞으로도 그게 우리의 발목을 잡을 것이라는 염려가 듭니다.

문 세상이 복잡해질수록 욕망도 더 복잡하고 커져만 가서 그럴까요?

이낙연 석기시대부터 21세기까지의 경제적 불평등을 다룬, 발터 샤이델의 『불평등의 역사』를 보면, 불평등이 줄어든 경우가 딱 네 가지 경우밖에 없다고 합니다. 전쟁, 혁명, 전염병, 국가실패. 국가실패는 중국 마오쩌둥 시절 인민공사 같은 경우이지요. 이 네 가지를 제외한 나머지 경우는 전부 불평등이 커지는 걸로 돼 있어요. 그 책의 결론을 보면, 인류가 전쟁이나 혁명, 역병이나 국가실패가 아닌 평화로운 지혜로 내놓은 것 중에 그나마 쓸 만한 게 누진세인데, 그것마저도 불평등을 완화하는 데 성공적이지 못했습니다. 누진세율을 조금만 높이려 하면 반발이 강하게 나타납니다. 기득권세력들은 세금폭탄이라고 그날부터 난리가 납니다. 그걸 어떻게 할 것인가, 함께 길을 찾아나가야 합니다. 인간은 윤리를 존중하지만 윤리적 가치로 욕망을 줄이고 불평등을 해소할 수는 없

습니다. 개인의 욕망은 사회집단의 욕망이니까요. 개인적 욕
망의 절제는 소중한 실천과제이지만 사회구조 속에서 그것
을 결코 최우선의 가치로 삼을 수는 없습니다. 그건 개인적
인 덕목이지요.

문 집은 경제적 가치이기도 하지만 정주한다는 안식도 가져다
줍니다. 집을 언제 처음 샀습니까?

이낙연 그게 언제였는지 기억이 안 나네요. 1979년 동아일보사에
입사했지요. 결혼 초기에는 봉천동의 단독주택 2층에 세 들
어서 살았고 그 언저리를 전세로 많이 돌아다녔죠. 열 몇 번
이사했어요. 그런데 2층에 산다는 게 여간 불편한 게 아닙니
다. 입구가 따로 있는 게 아니니까요. 그때 전세가 280만 원
쯤 했을 겁니다. 대문은 하나고 계단이 따로 있었던 것 같습
니다. 그다음에 비가 새는 낡은 아파트도 들어갔고, 그렇게
전전하다가 13평 아파트가 처음 샀던 집이었습니다. 신반포
였어요. 그 무렵 아내를 소개해주었던 아주머니가 제가 사는
집을 보고 싶다며 오셨는데, 속상해하셨습니다. 집이 너무
초라한 걸 보고 이게 뭐니, 이낙연이 사는 게 이게 뭐니, 하
시며. 그 말을 우연히 들은 아내도 속상해하고.

제가 대학 4학년 때 대학로 종로5가 쪽 이화예식장 자리
에 예식장이 들어서기 전에 맥줏집이 처음으로 생겼습니다.
그 무렵에는 그 일대가 막걸릿집이었죠. 막걸릿집도 이름이
옛날 방식으로 '쌍과부집', 뭐 그런 식이었죠. 맥줏집 이름이

'해 뜨는 집'이었어요. 〈The House of the Rising Sun〉이란 팝송이 그때 유행했거든요. 그 맥줏집 주인 아주머니가 우연히 중매를 해주셨어요. 그 당시에 저는 별로 결혼할 마음도 없었어요. 여기저기서 막 채근하니까 괜히 마음만 급해졌지요. 기자실 선배들도 '이추'라는 조직을 결성했습니다. 즉 '이 낙연 결혼 추진위원회'. 그런데 나중에 그 중매로 소개받은 아가씨한테서 전화를 받고, 그러다가 결혼한 게 지금의 아내예요. 그때 아내는 미술 교사였지요.

문   김숙희 선생(배우자)이 처녀 시절부터 사람을 알아보는 안목이 있었군요.

이낙연 그랬을까요? 이건 자신만만하게 말할 수 있는데 저를 많이 좋아했던 모양입니다.

문   1970년대는 이제 막 생맥줏집이 생기고, 산업화시대가 시작되는 시점입니다. 농촌에서 무작정 상경 바람이 불어대기 시작하던 때였지요.

이낙연 그 무렵 벌써 명동에는 '오비 캐빈'이 생겼고요. 송창식, 양희은이 노래 부르던 시절이었습니다. 종로5가 쪽은 2년쯤 늦게 맥줏집이 하나 생긴 거죠. 1970년대는 연애하면 꼭 결혼해야 될 것 같다는 생각이 있어서, 사귀는 것 자체를 분명하게 해야 하는 시절이었습니다. 결혼할 자신이 없으면 안 만나야 한다, 그런 식이었죠.

문   봉천동 이층집 280만 원짜리 전세에서 신혼살림을 시작했군요. 여기저기 이사 다니다가 신반포 13평 아파트를 구하고. 지금 젊은이들은 다 포기하고 있어요. 결혼하는 것을 두려워합니다.

이낙연 그게 참 안타까워요. 그 무렵 저 자신도 준비되어 있지 않았습니다. 친구한테 돈 꿔서 장가갔으니까요. 그때 제 통장에 58만 원이 있었어요. 58만 원, 그걸 제가 기억을 하네요. 시골집에서 도움을 받을 수도 없었고.

문 그 무렵은 미래에 대해서 그렇게 불안해하지는 않았던 시절이지요?

이낙연 불안감이 전혀 없다고 말할 수는 없지요. 그래도 제가 장가갈 적에는 직장이 있었으니까요. 직장 구하기도 요즘에 비해 비교적 쉬웠습니다.

문 처음 집을 샀을 때 기분이 궁금합니다.

이낙연 물론 좋았죠. 몇 번째 이사하고 난 뒤에 집을 샀는지 기억에 없는데 아내는 기억할 거예요. 왜 그런 걸 저는 기억을 못 하는지 모르겠고, 반대로 아내는 왜 그런 것까지 기억하는지 모르겠어요. 약간 남편 노릇을 했다, 그런 기분이었습니다. 아내는 집이 있고 없는 것 가지고 그렇게 크게 달라지진 않았지요. 집을 사기 전이었던 어느 날, 아내는 시계가 멎었으면 좋겠다는 말을 했습니다. 그때가 가장 행복했다고 아내는 지금도 말합니다. 아이가 서너 살 먹어가고 자기도 남편도 일에 충실하던 시절이. 아내는 액세서리를 싫어하고, 시계나

반지도 하지 않아요. 지금까지도.

문   김숙희 선생이 꽃 그림을 그리는 화가이니 다른 장식을 좋
     아할 이유가 없다는 생각도 드는군요. 꽃에 장식이 필요 없
     는 것처럼.

아들이 의사가 된
계기

나는 커피를 좋아하기 시작했던 때를 떠올렸다. 헤밍웨이의 「노인과
바다」 마지막에 이런 이야기가 나온다. 오두막으로 돌아와 얼굴에 신문
지를 덮고 지쳐 잠든 노인의 손이 상처투성이인 것을 본 소년은 막 울며
달려가, 노인에게 주려고 우유와 설탕을 듬뿍 넣은 커피를 한 잔 사온다.
이때부터 나는 커피가 좋아지기 시작했다. 커피를 마실 때면 문득 그 장
면이 생각나곤 했다.

나는 소년이 커피를 사오던 장면을 떠올리면 행복해진다고 말하며 그
에게 언제 행복해지느냐고 물었다. 그는 여섯 살, 네 살 손녀와 손자를
볼 때 행복하고 그 이유는 경이롭기 때문이라고 했다.

이낙연 아주 작은 아기가 자라서 자기 의사를 표현하고 상황을 묘
        사하고 하는 모습을 보면 생명의 경이로움을 느낍니다.

문   이런 생각도 듭니까? 원래 '나도 저렇게 작았다'는 생각.

이낙연 곰곰 생각해보면 그렇겠지만, 보통은 그런 생각을 잘 않지요. 그러나 원래 저도 작았지요. 그래서 작은 존재들을 늘 경건하게 바라보게 됩니다.

문 니체는 작은 것이 행복하다고 합니다. 어떻게 외아들만 두게 됐습니까? 그 시절은 보통 삼 남매, 사 남매를 두는 경우가 흔한데…….

이낙연 저의 선택이 아니었어요. 그건…… 제 아내의 아픔이기도 합니다. 입덧이 너무 심해서 병원에 입원할 정도로 힘들었어요. 첫애를 얻은 것만 해도 행운이지요. 그냥 아무것도 먹지 못할 정도였어요.

문 아들 동한 씨가 의학전문대학원 갈 때, 부모 찬스를 쓰지는 않았나요?

이낙연 아들이 직접 선택하고 삼수해서 들어갔습니다. 아들이 의사가 된 남다른 이유가 있습니다. 신생아 때 결핵 예방 주사를 맞았는데 바로 결핵에 걸렸습니다. 우리 둘 다 맞벌이니까 처가에서 장모님이 아들을 여섯 살까지 키워주셨습니다. 결핵약이 독하고 양도 많아요. 한주먹씩 6년 동안 약을 먹고 자랐습니다. 중학교 때부터는 간간이 머리가 아프다고 했어요. 대충 진통제를 처방받아 먹으면 괜찮아지곤 했어요. 우리는 공부하기 싫어 꾀병을 부린다고 생각했지요. 그런데 대학 1학년 방학 때 미국 어학연수를 가서는 머리가 또 심하게 아파서 현지 병원에서 검사해보니 뇌하수체 종양이었습니

그러고 보니 아들이 전신마취 수술을 여섯 번이나 받았습니다.
그러면서 몸에 대해 알고 싶어 했고
그게 의사가 되는 계기가 되었습니다.
몸이 아프고 힘들어도 잘 내색하지 않고 늘 밝은 얼굴이었어요.
그래서 더 미안하지요.

다. 공부 다 집어치우고 바로 서울로 돌아와 세브란스병원에서 수술을 했습니다. 수술에 앞서 주의사항을 들었는데 확률은 낮지만 죽을 수도 있고 식물인간이 될 수도 있다고 했어요. 아내는 그 말을 듣다가 기절해버렸지요. 아이가 수술을 한다니 장모님이 다니는 교회의 목사님과 신도 여러분들이 달려오셨습니다. 수술실 밖에서 많은 분들이 기도를 해주셨습니다. 근데 애비라는 놈은 눈만 멀뚱멀뚱 뜨고 있었지요. 기도할 줄도 모르니 이건 인간이 아니다 싶었습니다. 그것이 훗날 교회에 나간 계기가 되었습니다. 그 뒤 기적 같은 일이 일어났습니다. 아들의 병은 재발이 잘 된다는데 시간은 조금 걸렸지만 말끔하게 나았습니다. 그러고 보니 아들이 전신마취 수술을 여섯 번이나 받았습니다. 그러면서 몸에 대해 알고 싶어 했고 그게 의사가 되는 계기가 되었습니다. 몸이 아프고 힘들어도 잘 내색하지 않고 늘 밝은 얼굴이었어요. 그래서 더 미안하지요.

그는 겸연쩍기도 하고 다행스럽기도 한 듯 뒷머리를 긁었다. 새치 같은 흰머리가 슬쩍 보일 뿐 머리숱이 새까맣다. 한 번도 염색한 적이 없는 생머리라고 했다. 동한 씨가 주말 알바로 피부과에서 보톡스 주사도 놓고 한다니 이마에 주름살 펴는 주사를 한번 맞아보면 어떠냐고 하자 그는 손사래를 쳤다. 얼굴은 생각의 그림자인데 그냥 이게 좋다고 했다. 아버지도 생시 흰머리가 거의 없었고 이도 하나도 안 빠지고 닳기만 했다고 한다. 새끼줄을 꼬면서 지푸라기를 이로 끊었으니 이가 닳을 수밖에 없었다.

고향마을 개울을 건너면 바로 전라북도였다. 아버지는 늘 야당 쪽에만 있었다. 모시던 국회의원이 민주정의당으로 같이 가자고 하자 어머니가 반대했다.

"소박도 맞고 고생도 할 만큼 했는데 그건 다 괜찮지만 자식들이 지조 없는 놈의 새끼라는 소리는 듣기 싫소. 정 어려우면 고모 집에 가 있으시오."

밀주 단속이 나오면 술 단지를 고모가 사는 개울 건너로 옮겨두듯 어머니는 아버지가 도 경계선인 개울을 건너가 있으면 괜찮으리라고 여겼다.

청년이 죽으면
민족이 죽는다

그는 그 무렵 젊은 날들이 떠오르는지 아득한 눈빛이 되기도 하고 빙긋빙긋 웃음을 짓기도 했다. 폴란드 시인 비슬라바 쉼보르스카는 「두 번은 없다」라는 시에서 이렇게 노래한다. '두 번은 없고 우리는 아무런 연습 없이 태어나 아무런 훈련이 없이 죽는다. 사라지므로 아름답고, 그러므로 미소짓고 어깨동무하며 우리 함께 일치점을 찾아보자. 비록 우리가 두 개의 투명한 물방울처럼 서로 다를지라도.'

문　살아 있는 동안 누구나 대부분의 것을 두 번 이상은 되풀이할 수 있지 않습니까? 집도 다시 구할 수 있고 시험도 여러 번 치를 수 있고 직장도 여러 번 구할 수 있습니다. 그런데 청춘은 두 번이 없지 않습니까? 요즘 청년들은 '벼락거지'라는 유행어처럼 상대적 박탈감을 더 심하게 느낍니다. 그렇다면 이 원인이 도대체 어디서 왔느냐는 질문을 할 수밖에 없어요.

이낙연　저희 세대는 산업화로 고도성장이 막 시작되었으니 기회가 많고, 어디 도전해도 취직하기가 그렇게 어렵지 않았습니다. 지금은 수축기이기 때문에 점점 기회가 줄어들고, 계층격차는 더 벌어집니다. 그래서 선택의 여지는 점점 좁아지고, 경쟁은 더 치열해집니다.

문　시대적 환경 탓도 있지만 정책적 실패도 있지 않았겠습니까?

이낙연　있었지요. 정치가 그렇게 길게 앞날을 대비할 수 있는 역량이 있다면 좋겠지만. 예를 들면 인기하락을 각오하면서라도 누진세제를 확보해둔다든가, 그럴 수 있었더라면 더 나았을 텐데 반대가 심하니 못했지요. 부동산도 양도세를 자꾸 높이면 시장에 물량이 나오지 않습니다. 세금 정책은 과감할 때는 과감하고, 신중할 때는 신중해야 합니다. 다만 두 채 이상은 보유세를 더 높여나가는 방식이 바람직합니다. 소득이 없는 고가주택 보유자의 어려움을 덜어드리기 위한 과세이연

제도(처분할 때 세금을 내게 하는 제도)도 검토할 만합니다.

문　지금 청년들은 월세가 비싸고 잠자리는 좁은 오늘, 집 없는 내일이 괴롭지요. 세대가 다르고 시대적 조건이 다르다 해도 공동의 일치점을 찾을 수 있는 정책이 있을까요?

이낙연　찾아야 하고 공동의 일치점을 향해 나아가야 합니다. 이제는 19세에서 39세 사이의 확대된 청년세대에 정책적 역량을 집중해야 할 시대가 왔습니다. 수명이 자꾸 늘어나므로 청년 범위도 확대해야 합니다. 청년정책 예산의 집행방법과 방향도 수정할 필요가 있지요. 도산 안창호 선생은 청년이 죽으면 민족이 죽는다고 하셨습니다.

　　빈부격차의 확대를 경고하는 『21세기 자본』을 쓴 경제학자 토마 피케티는 더 대담한 누진세를 주장합니다. 소득 상위 몇 퍼센트는 아주 세게 물리고, 하위 몇 퍼센트는 더 지원해주고 하는 방식인데, 아직 전문가들 사이에서 흔쾌히 받아들여지는 것 같지는 않습니다. 그런데 점점 사회는 그쪽으로 가고 있죠. 왜냐하면 노동도, 소득도 불안정해지고 격차는 더 커지니까요. 복지제도가 사각지대의 빈틈을 메워가지만 그 속도가 새로운 빈틈이 생기는 속도를 못 따라가는 현상이 벌어지니 기본소득 논의에 일정한 토양이 형성됩니다. 그럴 바엔 다 주자라는 건데 막상 그걸 하려고 보면 사실 엄두가 나지 않습니다. 한 달에 50만 원씩 다 주려고 하면 기업과 가계가 세금을 두 배로 내야 합니다. 게다가 50만 원이 최소한 인간다운 생활을 하기에 충분한가 하는 문제도 제기됩니다.

기본소득제는 국민 전부에게 일정 금액을 정기적으로 차별 없이 지급하자는 것입니다. 유럽 복지국가는 국민의 기본 생활을 국가가 보장하는 대신에 세율이 높습니다. 국민소득 8만 달러가 넘는 스위스에서도 기본소득제가 부결된 바 있어요. 오히려 그보다는 사회복지체계를 충실히 해서 기본소득 이상의 효과를 얻도록 하는 방법이 있습니다. 그것을 저는 신복지제도로 제안했습니다. 우리 사회의 가장 중요한 경제활동인구인 청년세대를 위해서도 다양하고 구체적인 지원을 보충하는 것이 바람직하다고 생각합니다.

문　청년들에게는 기본소득보다 더 절박한 문제가 있습니다.

이낙연　교육, 취업, 결혼 등 과제가 많지요. 그 첫 번째가 집입니다. 대학생들도 월세 부담에서 헤어나지 못해요. 한 달에 최소한 45만 원 정도가 나가거든요. 지방에 있다가 대도시로 가는 학생들도 그렇습니다. 지방 도시는 그런대로 월세가 더 싸고 부모님과 가까운 거리에 있지요. 그러나 취업이 힘들다는 생각에 잘 안 갑니다. 2021년부터 주거급여가 지급되지만 부실합니다.

문　모든 국가 정책과제가 지금까지 청년세대를 너무 소홀히 해오지 않았나 싶습니다. 지금의 청년세대들이 기성세대의 연금을 책임지는 세대입니다. 어른이 되기에는 정말 어려운 시기이지요. 이제 청년 유권자들은 뉴스의 초점이 되는 유명한 정치인보다 훌륭한 정치인을 선택하려 할 것입니다. 청년들이 말하는 훌륭한 정치인은 자기 스스로를 드러내지 않아도 국민들이 저절로 그 능력을 아는 정치인을 말합니다. 미리 문제를 대비하는 정치인이겠지요.

이낙연 하지만 옛날부터 자기 PR이 필요하다고들 말했잖아요? 요즘은 훨씬 필요성이 더 커졌다고들 생각하지 않나요?

문 정치인이 자신을 홍보해서 알린다기보다 청년세대를 비롯한 국민들이 이제 먼저 아는 시대가 왔다는 뜻이지요. 감출 수가 없게 되었으니까요. 이제 정치인은 유리인간처럼 하나의 투명 직업이 되어가고 있습니다. 문제는 정치인들이 무언가 쉼 없이 바꾸곤 하는데 청년들이 아무런 변화를 느끼지 못하고 있다는 겁니다. 교육 문제도 수없이 논의하고 금방이라도 달라질 것처럼 말하지만 오히려 복잡해지기만 하지요.

이낙연 그렇죠. 우리 사회처럼 제도가 자주 바뀌는 나라도 드물어요. 도쿄 특파원 할 때, 일본의 TV토론을 보면 20년 동안 말로만 교육개혁을 했지 뭐가 바뀌었느냐 하는 논의가 나옵니다. 1990년대 초에. 그 후로 30년이 더 흘렀거든요. 30년 동안도 아무것도 안 바뀌었습니다. 그러니까 50년 동안 일본은 말로만 교육개혁 한 겁니다. 우리는 50년 동안 아마 50번쯤 개혁하지 않았을까 싶습니다. 본질적이지 않은 지엽적인 것을 자주 바꿨지요. 거기에서 또 낭비가 생기고 행정 경험이 축적된 것이 없게 되고 시행착오가 나옵니다. 무엇보다 복지 문제는 중복되는 제도는 정리하고 기존의 축적된 방법을 활용해서 연령 접근형과 개인별 복지체제를 보완해야 유럽형 복지체계에 접근할 수 있습니다. 특히 사회출발선에 서려고 하는 청년세대가 안심하도록 해주어야 합니다. 지금은 그게 많이 부족합니다.

문　세계적인 지도자들 중에 경제학자가 없는 이유는 경제학자들은 전망하고 분석할 뿐 결코 당면한 경제문제를 해결할 수 없기 때문입니다. 그리고 기업가 출신의 대통령을 이미 국민들은 경험했습니다. 유권자들은 훌륭한 정치인의 근원을 알고 싶어 합니다. 국민들은 세금을 잘 거둬서 합리적으로 분배하고 다양한 가치가 동시에 성장할 수 있기를 바랍니다. 좋은 지도자는 국민의 목소리에 귀를 기울이고 현실을 먼저 파악해야 하겠지요. 또 법을 지키고 정직해야 합니다. 그 무엇보다 청년세대가 직업 선택, 직업이동에 따라 어디서든 공공주택에 입주할 수 있도록 해야 하고, 청년세대가 있는 곳에는 공공산후조리원, 어린이 돌봄센터, 유치원이 서로 연계되도록 해주어야 합니다. 자유민주주의는 이동의 유연함에서 꽃을 피우고 꽃이 많을수록 열매도 많습니다. 그런데 거주 불안 심리가 커지니 마음 놓고 이동할 수도 없어요.

이낙연　그렇죠. 정치지도자가 모든 분야의 전문가일 수는 없지만. 논리적 직관 같은 것은 꼭 필요합니다. 그것은 단기간에 공부한다고 되는 게 아니라 경험의 축적에서 비로소 가능하지요. 그래서 어떤 기대요소, 또는 어떤 위험요소가 있을 수 있다는 것을 본능적으로 알아야 합니다. 정치는 바로 그것을 훈련하고 체험하는 좋은 기회가 됩니다. 그래서 정치인들도 현실에 기초한 공부를 많이 해야 합니다. 정책마다 안고 있는 위험요인들이 있습니다. 그것을 빨리 알아차려야지요. 어떤 정책을 적용할 때 어떤 위험이 있을 수 있다는 것을 알아차리는 게 바로 경험이죠. 그렇지 않고 각 분야 전문가들 말만 들어서는 전체의 균형이 어긋나거나, 시행착오가 생깁니다. 정치인은 인기를 먹고 살지만 그것에 함몰되면 국민 전체를 위험에 빠뜨릴 수가 있습니다.

문　자신의 기대, 또는 신념에 맞는 정보만 받아들이고 이를 확신하는 확증 편향이 생길 수도 있겠군요.

이낙연　물론 확증 편향도 생기지요. 사람들은 다들 욕망을 가지고 있기 때문에 바람직한 정책을 시행하려 해도 특정집단에 불이익으로 작용할 것 같으면 그 불이익을 피하려고 하는 욕망과 편법이 생기고, 그러면 집단적인 저항이 일어납니다. 그래서 집단적 욕망이라는 걸 전제하고 인정해가면서 합목적적으로 그걸 끌고 가는 지혜와 전략이 필요합니다. 민주적 리더는 공무원들이나 학자들보다 더 정확하게 욕망의 실체를 파악해야 합니다. 흔히 진보는 왜 인간의 기본적인 욕구를 부정하는 정책을 쓰는가 하는 비판들도 있습니다. 그것은 진보 쪽이 많은 변화를 시도하기 때문에 따라오는 비판일 수 있습니다. 변화를 하지 않으면 적어도 그런 비판을 덜 받아도 되지만, 변화를 하지 않으면 문제가 감당할 수 없을 만큼 커지게 됩니다. 고여 있는 물은 흐려 보이지 않지만 점점 더 노폐물이 바닥에 쌓입니다. 썩은 물을 빼내고 새로 맑은 물을 유입하면 시작은 혼탁해 보이지만 그 과정을 거쳐야 되살아납니다.

청년은 미래세대이고 장기적으로 모든 국가비용을 부담하는 중심세대이다. 보들레르는 젊음이 아무리 찬란해도 아픔뿐이라고 한다. 태양과 더위, 가뭄을 견뎌야 하는데 그늘막도 없고 뿌리도 깊지 않다. 강물은 바다로 가서 돌아오지 않아도, 강에서 자라서 바다로 떠나는 연어들은 다시 강으로 돌아와 다음 세대로 생명을 이어준다. 연어에게 강이 있듯이 청년들에게 태양과 더위, 가뭄을 견디는 집이 있어야 한다. 그 많은 집들은 다 어디로 갔을까?

03
기자에서
정치인까지

"기사는 끝내 공정하고 정확해야 합니다. 정말로 사실에 충실한지 세월이 지나
서 되물어보면 얼굴이 달아오르는 순간이 많죠. (…) 내가 모를 수도 있다는 걸
항상 알았으면 좋겠어요. (…) 시골에서 자랐고, 그곳에서 헤어날 수 없도록 절망
적이고 막막한 얼굴들을 많이 보았습니다. (…) 농촌을 편안한 세상을 꿈꿀 수 있
는 곳으로 변화시키고 농업의 미래를 준비하기 위해서는 입법 기능을 가진 국회
의원이 되어야 한다고 생각했지요."

아담, 너는
어디에 있었느냐

그는 초등학교 3학년 때 복숭아가 먹고 싶어 집 뒷방 항아리에서 보리쌀을 한 되쯤 훔쳐 과수원에 가서 복숭아와 바꿔 먹었다. 집에 가니 밭일 나갔던 어머니가 회초리를 들고 끝도 없이 그의 종아리를 때렸다.

문   마하트마 간디 자서전에도 물건을 훔친 이야기가 나옵니다. 간디는 열두 살에 담배를 피우고 싶어서 하인 동전을 훔치고, 형 금팔찌의 금 조각도 훔칩니다. 보리쌀 훔친 것을 어머니가 어떻게 아셨을까요?

이낙연   지금도 그게 불가사의해요. 복숭아와 바꿔 먹고 돌아오니 아예 밭일을 중단하고 와서 회초리를 들고 기다리고 계셨으니까요. 추측건대 들판이 빤하니까요. 누군가 일하다가 멀리서 누구네 집 몇째 아들이 지나간다는 것을 보면 그 정보가 금방 공유되곤 했지요. 보리쌀 있는 곳이 집 안의 광이었거든요. 전기도 안 들어올 때고 껌껌한 광 한가운데 항아리가 큰 게 있고, 그 안에 보리쌀이 들어 있는데 거기서 한 되를 훔쳤습니다. 어머니는 "내가 도둑놈을 키웠구나, 내가 도둑놈을 키웠구나." 그냥 거의 안 죽을 만큼 당신의 한을 다 푸는 것처럼 종아리를 때리셨어요. 그 정도 때리면 보통 엄마들은 당신이 울거나 그러는데 전혀, 울지도 않으셨어요. 지

금도 복숭아를 보면 어머니의 얼굴이 보입니다. 종아리 맞았
던 기억이 아직도 쌉싸래하게 남아 있지요. 엄마들은 나중에
약도 발라주고 끌어안고 울기도 하고 그러잖아요. 혼자는 어
떻게 하셨는지 모르지만 저한테는 그런 모습도 보이지 않으
셨지요.

문   궁벽한 시골이지만 학교에서 선생님으로부터 어떤 사람이
되어야 한다든가 하는 이야기를 듣기도 했습니까?

이낙연 별로 없었어요, 5학년까지는. 그 시골에 오신 선생님들은 그
다지 의욕적이지 않았어요. 원래 그런가 보다 했지요. 교장
선생님은 많이 마르시고 학교 앞에 있는 텃밭을 직접 일구
시면서 사택에 사셨어요. 사택이라야 방 두 칸짜리 허름한
집이었지요. 링컨처럼 생기셨어요. 비쩍 마르시고, 머리도
푸시시하시고. 동네 어른들 말고 외지 사람들 가운데 처음
만난 어른이 교장 선생님입니다. 그러다 6학년 때 박태중 선
생님을 만나서 제 인생의 원점이 만들어졌습니다.

문   제 첫 직장이 고등학교 선생님이어서 조금은 압니다. 선생님
은 학생의 앞날에 등불을 켜두곤 합니다. 공부를 잘했으니
아버지도 자식 자랑을 많이 했겠습니다.

이낙연 나중에야 아버지의 비밀을 알게 됐습니다. 제 앞에선 당신
의 기대에 미흡하다고 판단했는지 저를 야단치고 인정도 해
주지 않고 그러셨는데, 남들 앞에서는 아들 자랑을 많이 하
셨습니다. 제가 고등학교를 졸업하고 대학에 합격하니까 그

렇게 무뚝뚝한 아버지가 저한테 몇 가지 팁을 알려주셨어요. 머리 기르는 법, 머리가 눈썹 닿을 정도가 제일 좋다. 이게 아버지의 첫 팁이었어요. 그다음에 당신 친구들 술자리에 저를 데리고 가서 말석에서 같이 마시게 했어요. 빨리 어른을 만들고 싶었던 것이겠죠. 맨 끝자리에서 막걸리를 받아 얼굴을 돌리고 마시니까 술맛 떨어진다고 얼굴 돌리지 말라고 하시더군요.

아버지한테 술을 배웠어요. 술 마실 때 얼굴 돌리면 다른 사람들 술맛이 나겠느냐고. 그저 바르게 앉아서 예의만 갖추고 반듯이 마셔라. 그래서 전 후배들과 술 마실 때 얼굴 돌리지 말라고 합니다.

문　그렇게 주도酒道가 이어지는군요.

이낙연　아버지가 늘 하시던 말씀이 "나는 자식놈이 공부를 잘하건 못하건 잘 먹고 얼굴 피둥피둥한 것이 훨씬 좋다"고 하셨지요. 거의 동물적인 자식사랑이었겠지요. 저에 대한 기대치가 굉장히 높으셨고, 그것에 저는 짓눌렸어요. 그게 저한테 교훈이 돼서 저는 제 기대를 자식에게 말하지 않으려고 애씁니다.

문　이야기를 들으니 어른들에게서 받아 마시던 말간 동동주 생각도 납니다. 기자 초년병 시절에 5·18 광주민주화운동이 일어났지요?

이낙연　네, 지금까지도 죄책감이 있습니다. 그 무렵 외무부 출입 기자였습니다. 견습 끝나고 바로 정치부 기자가 되어 외무부를 담당했어요. 친구들이 날마다 저한테 전화해서 퍼붓는 거죠. 그것도 못 쓰는 게 기자냐, 이 사꾸라 자식아. 《동아일보》도 신문이냐? 그렇게 실컷 제게 퍼붓곤 했지요.

문   그 시대에 살았던 사람들은 누구든지 그 부채감이 다 있습니다.

이낙연 그럼요. 가슴의 빚이지요. 광주 사람들은 스스로 더 많이 묻지요. '그때 나는 어디에 있었는가?' 그걸 자기 검열이라고 해요. 스스로를 검열하는 거예요. 너, 그때 어디 있었느냐고. 너는 어디서 뭘 했어? 그게 좀처럼 벗어지지 않는 멍에 같은 것이지요.

문   하인리히 뵐의 소설 중에 「아담, 너는 어디에 있었느냐」가 있습니다. 나치의 대살육 전쟁 앞에서 '너는 그때 어디서 뭐 하고 있었느냐?'는 질문이지요. '그때, 나는 어디에 있었는가?' 하고 스스로에게 던지는 질문이 자신을 어떻게 변화시켰을까요?

이낙연 무슨 일을 하든지 훗날 어느 순간에도 설명할 수 있는 일을 해야 한다는 생각을 하게 됐지요. 그게 5·18특별법, 4·3특별법을 만들게 하는 데 작용했지만 저에게는 평생 부채가 됐습니다. 저는 그 무게를 끝까지 지고 가야 합니다.

후배 기자들에게
하고 싶은 말

문   기자로서 문장 훈련은 어떻게 했습니까?

이낙연 특별히 안 했습니다. 중학교 1학년부터 일기를 썼어요. 중학
        교 3년 동안은 거의 빠짐없이 썼죠. 그때는 제가 작곡도 했어
        요. 가사도 쓰고. 많지 않은데 지금은 기억이 안 나는군요. 고
        등학교 때는 신문을 봤으니 그게 문장작법의 기본이었겠죠.
        그때 문병란 시인이 제 고교 은사이셨습니다. 절 참 예뻐하
        셨습니다. 제가 그때 3번이었어요. 키 작은 순서로. 3번 자리
        는 교단에서 맨 오른쪽에 있어요. 그분은 정말 시인이셨어요.
        신석정 선생님도 그러셨지만. 두 분 다 키가 크시고 삐쩍 마
        르고 손가락이 긴데 손에 살이 하나도 없고. 선생님이 교단을
        왔다 갔다 하시면 선생님의 그 마른 손이 보였지요. 아직도
        기억납니다. 그렇게 집중해서인지 국어 점수가 늘 제일 좋았
        죠. 대학 들어갈 때도 국어 점수 덕분에 합격했을 겁니다.

문   학생은 자기가 좋아하는 선생님이 가르치는 과목을 열심히
        공부하죠. 문장 훈련은 기억에서 비롯된다는 생각도 드는군
        요. 도쿄 특파원은 어떻게 가게 되었습니까?

이낙연 1989년 7월쯤이었을 거예요. 당시 장행훈 편집국장이 저한
        테 도쿄 특파원 갈 준비를 하라고 하셨어요. 그분이 어떤 분
        이냐 하면 인생 반타작밖에 못 했다고, 자책하는 분이셨지

요. 10개 국어를 하고 싶었는데 5개 국어밖에 못 했다고. 그 분이 고등학교 다닐 때 불어가 너무 아름답더래요. 불어를 공부하고 싶었는데 국내에 불어사전이 없었답니다. 그래서 알음알음으로 재일동포를 통해 일본어로 된 불어사전을 구 했는데, 그 사전을 보려면 일본어도 알아야 하니 일본어와 불어를 동시에 공부했다고 합니다.《동아일보》파리 특파원 을 두 차례 했는데요. 두 번째 파리 특파원을 할 때는 소르본 대학에서 러시아 혁명에 대한 논문을 불어로 써서 박사학위 를 받았어요. 러시아 혁명을 쓰려면 또 러시아어를 공부해야 되잖아요. 파리 특파원 하실 때 제가 파리에 갔었는데 루브 르 박물관을 구경시켜주고 해설도 해주셨습니다. 그냥 충격 이 컸죠. "아, 이대로 가다가는 제가 건달이 되겠습니다"라고 고백했지요. 서울에서 봤던 기자들하고는 완전히 달랐습니 다. 그분이 그 뒤 편집국장으로 들어와서는 "건달 안 되려면 특파원을 가라"고 하셨습니다. 그런데 불과 그 며칠 뒤에 동 교동에서 비서 두 사람이 저를 좀 만나자고 했어요. 그때가 서경원 의원 밀입북 사건 직후였습니다. DJ에게는 굉장히 위 기였지요. 그분들이 제게 보궐선거에 출마해달라는 DJ의 뜻 을 전했습니다. 제게는 아버지 다음으로 소중한 분이 DJ인데 지금은 그 말씀을 받아들일 수가 없다고 했습니다. 세 가지 이유를 들었습니다. "첫째는 내가 부잣집 아들로 태어났더 라면 진작 유학을 했을 텐데 그럴 형편이 못 된 터에 회사에서 외국에 나가라고 하니 이 기회를 놓치는 게 너무 아깝습니다. 둘째는 기자 10년인데 내가 생각해도 이제 안목이 넓어지고 기사에 물이 올랐습니다. 이걸 버리기가 아깝습니다. 셋째는 DJ 선생님을 좋아하는 사람이 국회에 한 사람 더 늘어나는 것보다 언론계에 한 사람 있는 것이 선생님한테 더 나을 겁니다." 그리고 10년 뒤 2000년에 정치에 입문해 국회의원이 됐지요. 1990년 2월에 도쿄에 갔는데 국내에서 일본어를 다섯 달도 공부하지 못했습니다.

문   일본어는 어떻게 배웠습니까?

이낙연   외국어대, 연세대 어학당, 학원, 개인과외를 한꺼번에 했지요. 그리고 시간 나는 대로 일본 사람들을 만나고 술집도 함께 다녔습니다. 틀려도 얘기를 하게 되니까요. 일본 사람들은 상대가 잘못 말해도 지적을 안 해요. 물론 술 한잔 마시고 친해지면 어쩌다 드물게 지적하기도 하지만. 일본인들은 대인 거리라는 개념이 있어요. 서로 안전한 거리. 요즘은 우리 젊은 사람들도 대인 거리가 생기고 있더군요. 서울에서 아이우에오부터 다섯 달 공부하고 도쿄에 갔지요. 6개월쯤 지나니까 먼저 부임한 특파원들이 저녁에 술집에 갈 때도 주문을 저더러 하라고 했습니다. 그렇게 된 이유 중 하나가 도쿄에 부임해 사무실에 나갔더니 사무실 팩시밀리로 A3 용지 한 장이 들어와 있는데, 도쿄에 살던 어떤 선배 한 분이 보내주신 안주 일람표였습니다. 인기 있는 안주 50가지가 일본

말로 적혀 있었습니다. 그것을 호주머니에 넣고 다니면서 연습을 했습니다. 6개월쯤 하니까 도사가 된 거예요.

문   가족과 함께 갔는데 김숙희 선생님, 동한 군이 잘 적응하던가요?

이낙연   처음에는 힘들어했죠. 저도 힘든데 저보다 일본어를 더 모르는 사람이 둘이나 왔으니. 그런데 얼마 지나지 않아서 금방 역전되던데요. 텔레비전을 보면 뉴스는 제가 더 잘 알아듣는데, 드라마는 아내가 더 쉽게 이해하고요. 게임은 아들이 더 먼저 이해하고, 뭐 이런 식으로. 각자 전공 분야가 따로 있으니까.

문   도쿄 특파원으로 일할 때, 남북관계를 보는 눈도 더 다양하고 깊어졌겠군요.

이낙연   그럼요. 그때는 지금보다 한일관계가 부드러웠죠. 노태우 정부의 북방정책에 일본, 미국이 반대하지 않았습니다. 한국이 중국, 러시아와 수교하던 때였지요. 남북한이 유엔 동시가입하던 해가 1991년이었습니다. 일본 자민당 지도부 쪽에서 저한테 좀 만나자 해서 갔더니, 한국이 북한과 일본의 수교를 반대하지 않는다고 했는데 실제로는 견제를 많이 해서 한국 정부의 진짜 뜻이 뭔지 알고 싶다는 겁니다. 그래서 당시 우리 정부가 북한 문제에 대해 이중성 같은 걸 갖고 있구나 하고 짐작했습니다. 그때 우리가 중국, 러시아 등 북방 외교에 열심이었던 것처럼 미국, 일본의 대북한 수교가 이루어졌다면 북핵 문제가 이렇게까지 악화되지 않았을 수도 있는데 하는 아쉬움이 큽니다. 그때 평양에 미국 대사관이 들어서고 워싱턴에 북한 대사관이 생겼다면 말이지요. 물론 미국 군산 복합체의 견제도 있고 북한도 미국을 상당히 의심했지만.

문   당시 일본 정부가 우리 정부를 대하는 관점이 지금과 비교하면 어땠습니까?

이낙연   일본도 물론 겉과 속이 있죠. 일본 우익이 지금처럼 그렇게 뾰족하게 표출되지는 않았습니다. 한국에 대해 지금보다 훨씬 여유로웠어요. 지금은 그런 여유를 많이 잃고 있습니다.

문   그 이유가 뭐라고 생각합니까? 한국 경제 규모가 커져서 그런가요?

이낙연   조바심이겠지요. 그들은 초조하다는 초焦자를 씁니다. 일본은 잃어버린 30년 동안 많은 분야에서 한국과 격차가 좁아지고 부분적으로는 역전되고 있지 않습니까? 메이지 유신 이후 120년 정도 일본이 아시아의 압도적인 선도 국가였지요. 그러다가 1990년대에 들어서면서 중국의 부상에 위협을 느꼈습니다. 이른바 중국 위협론이지요. 그런데 중국 위협론이 오래가지는 못했어요. 왜냐하면 이미 어쩔 수 없는 현실이라는 걸 받아들여야 했으니까요. 그때까지도 한국은 한참 뒤떨어진 나라라고 봤는데, 언제부턴가 한국이 키가 커지고 있으니 거기에서 오는 조바심 같은 게 있겠죠. 그것이 전부는 아닐지 몰라도 기본적인 흐름이라고 봅니다. 일본의 지식인들 가운데 많은 사람들이 그렇게 인정하고 있고요. 그러므로 어떻게 해야 할 것이냐? 어느 나라나 그 경우에 두 갈래 흐름이 있을 수 있죠. 하나는 우리가 그들 앞에서 좀 더 뻐겨도 된다, 좋게 말하면 당당해도 된다는 생각이 있을 수 있겠고, 저들의 초조감을 감안해 다독이면서 가자는 생각이 있을 수 있지요. 저는 속으로 당당하더라도 겉으로는 협조하고 존중하면서 지낼 필요가 있다고 봅니다.

문 　친밀감을 유지하자는 의미입니까?

이낙연 친밀감을 유지하는 것은 외교의 기본이지요. 싸울 때는 싸워야 하지만 함께해야 할 일도 있거든요. 예컨대 북한 문제라든가. 존 볼턴의 백악관 회고록 『그 일이 일어난 방』에 우리의 평화 노력을 매번 일본이 견제하고 방해하는 게 묘사돼 있지 않습니까? 그런 견제와 방해를 최소화해야지요. 그래야 우리의 목표가 더 쉽게 달성될 수 있으니까요. 그렇게 했던 분이 DJ였죠.

문 　미국은 외교관계가 한국보다는 일본과 여러 측면에서 더 유기적이지 않습니까?

이낙연 미국은 중국을 견제하고 태평양을 방어하는 데 일본을 가장 중요한 동맹으로 인식하니까요. 지리적으로도 일본은 미국의 인도태평양사령부가 있는 하와이에서 가깝습니다. 그게 국제관계에서의 현실임을 우리는 직시해야 합니다.

문 　기자 생활을 하는 동안 자신과 한 약속이 있습니까?

이낙연 기자를 하다 보면 감정적으로 화날 때가 있죠. 그러나 기사로 화풀이해서는 절대 안 된다는 겁니다. 기사는 끝내 공정하고 정확해야 합니다. 정말로 사실에 충실한지 세월이 지나서 되물어보면 얼굴이 달아오르는 순간이 많죠. 그러나 적어도 기자라면 기사를 악용해선 안 됩니다. 제가 기자 시절에 어떤 국회의원한테 폭행을 당했는데 그 사실을 쓰지 않았습니다. 그리고 동료 기자에게 "앞으로 저 사람 기사는 내가 쓰지 않을 테니 자네가 쓰게" 하며 넘겨주었지요. 제가 그 의원 기사를 쓰면 객관성을 유지할 자신이 없었습니다.

문   저도 늘 스스로를 경계합니다. 문장으로 공격하거나 미화하지 말자고. 기자 생활 하다 보면 유혹을 받을 때도 적지 않았을 텐데요.

이낙연 아, 있지요. 어떤 정치인은 월급을 주겠다고 제안하기도 했어요. 제가 그러지 마시라고 거절했지요.

문   그것을 거절하는 힘은 어디서 비롯됩니까?

이낙연 그렇게 해서 뭐하겠어요. 한번은 어떤 선배가 저를 좀 만나자고 했습니다. 그때 어떤 일본 사람이 가명으로 『추한 한국인』이라는 책을 썼어요. 그걸 쓴 사람이 누군지 우리는 알고 있었지요. 국가주의적 애국심이 강한 그 선배는 화가 나서 같이 가명으로 '추한 일본인'이라는 책을 쓰자고 했습니다. 그래서 대답했지요. "선배님, 그 속상한 마음은 알겠지만 제가 한일의원연맹 간사 중의 한 사람인데 잘 지내자고 말하고 다니면서 아무리 가명으로라도 뒤에서 그런 짓을 해서 되겠습니까?"라고.

문　기자는 늘 상대방에게 질문을 하지만 자기 자신에 대한 질문은 별로 안 하지요. 기자 시절 자신에게 던지는 질문이 있었습니까?

이낙연　늘 오보의 두려움이 컸습니다. 그때 읽었던 책 중에 토머스 오닐 미국 하원의장의 자서전이 있었어요. 거기 보면 그런 대목이 나와요. '워싱턴의 의사당을 담당하는 기자들 중에 그나마 쓸 만한 기자가 몇 있는데, 그들마저도 호수의 오리 같다. 호수 밑바닥을 알지 못한다.' 그런 자책감이 제게 있었습니다. 불완전한 취재에 대한 회의와 불완전한 앎에 대한 불안이 많았지요. 민주주의를 위해서, 정당하고 정확한 비판을 위해서 스스로에게 묻고 따져봐야 합니다.

문　언론사도 많아지고, 기자는 더 많아졌습니다. '기레기'라는 유행어가 없어졌으면 좋겠습니다. 후배 기자들한테 주는 꿀팁이 있을까요?

이낙연　아이고…….

　그는 손사래를 쳤다. 한참 그의 대답을 기다렸다. 그는 두 손가락 끝을 모아 이마 앞으로 가져가더니 숨을 깊이 내쉬고는 움직이지 않았다. 옆자리에 투명 가림막을 두고 나란히 앉아 있으니 옆모습이 잘 보였다. 앞모습은 가릴 수 있지만 옆모습과 뒷모습은 좀처럼 감출 수가 없다. 기자 생활 20년을 빠르게 되짚는 얼굴이었다. 그는 커피를 한 모금 마시더니 생각을 정리한 듯 대답했다.

이낙연 　내가 모를 수도 있다는 걸 항상 알았으면 좋겠어요. 기자들이 갖고 있는 정보량이 과거보다 많은 것 같지만 그 정보는 표피적으로 변해갑니다. 정보의 생명력은 너무 짧고, 정보의 의미도 빠르게 퇴색하지요.

문 　저는 한 가지 아쉬운 것이 있습니다. 일기예보를 할 때 언제부턴가 남한의 일기예보만 하더군요. 남북한, 한반도 영토를 다 아울러야지요. 예를 들면, 오늘 신의주에 비 오고, 중강진에 얼음이 녹았고, 백두산에 목련이 피었다는 소식도 전하고 그날의 최고 최저 기온도 알려주면 좋겠습니다. 원산 앞바다와 먼바다 파도 높이도 알려주고. 훈춘은 구름이 끼고 하산은 비가 오는데 회령은 바람이 분다든지, 만주 지역은 어떤지. 제가 언론사 사장이라면 꼭 하고 싶은 일입니다. 세계 날씨도 전하는데 우리 땅 날씨를 다 전하면 비무장지대 이남으로 제한되었던 상상력도 넓어지게 되지 않을까 싶습니다.

동양의학적 처방이 필요한
일본과의 관계

문   일본인, 일본문화의 공통적인 특성은 무엇이라고 봅니까?

이낙연 개개인을 만나면 친절한데 왜 집단이 되면 때로 이상해질
까 하고 생각하는 이들이 많습니다. 어떤 칼럼니스트는 코가
나이, 즉 고個가 없어서 그런 것 아닌가 하는 분석을 합니다.
'고'라는 게 개성, 개체, 개인이라는 '개'의 일본 발음입니다.
각 개개인의 정체성이라고 할까요? 일본의 지하철 중에 야
마노테선, 우리 식으로 하면 서울 지하철 2호선처럼 도쿄를
한 바퀴 도는 노선이 있어요. 사람들은 그 지하철에 타고 있
으면 직진한다고 생각하는데 나중에 보면 한 바퀴 빙 돌아
와 제자리에 와 있다는 거죠. 다람쥐 쳇바퀴 도는 것처럼.

문   일본인들이 가장 중요하다고 여기는 가치는 무엇입니까?

이낙연 평판입니다. 자신이 속한 공동체 다수의 평판을 중요시합니
다. 그것이 나쁘게 작용하면 이지메를 받고 왕따가 되죠. 누
구 한 사람을 배제하고 나머지 다수의 집단성을 유지해가면
서 안정감을 느끼는 분위기가 강하지요.

문   요즘 우리 사회도 심각한 모양입니다. 직장인들이 제일 힘들
어하는 게 직장에서 쫓겨나는 게 아니고 조직 내에서 왕따
당하는 거라고 합니다.

이낙연 그래요. 우리도 점점 각박해지고 있죠.

문	현역 의원 가운데 일본에 대한 이해가 누구보다 깊은데 지금까지 교류하는 일본 정치인들이 있습니까?

이낙연	언론인과의 교류가 더 많은 편입니다. 정치인과의 교류는 그다지 깊은 편이 아니에요. 왜냐하면 만나도 일 년에 한두 번 만날까 말까 하니까. 그리고 제가 친하게 지냈던 의원들이 장수하지 못하고 사라지곤 했어요. 잠깐 집권했던 일본 민주당 의원들 중에 좀 의기가 통하는 사람들이 있었는데, 그분들이 낙선하고 정치 무대에서 사라지다 보니까. 자민당 의원들에게는 벽 같은 걸 느끼게 됩니다. 왜 사람이 몸이 아파도 쉽게 낫는 질환은 동네 의원에서도 낫고, 동네 약국에 가서 약 하나 먹어도 낫죠. 좀처럼 낫기 어려운 질환을 가진 사람들이 가는 병원이 있다고 한다면 정치는 그런 병원 비슷해요. 한일 간에도 그렇죠. 쉬운 문제라면 외교당국 간에 쉽게 풀리겠죠. 그런데 정치인들이 나설 정도면 이미 어려운 단계에 가 있는 거예요. 정치인에게 그 문제가 떠밀려왔을 때는 어려운 문제라는 게 전제되는 겁니다.

문	난치병을 관리하는 방법이 있지 않습니까? 살살 달래서 덧나지 않도록 하고 함께 살아가는 방법이지요.

이낙연	그것을 서양의학과 동양의학의 차이라고 비유하지요. 서양의학은 병이 나면 그 병소에 칼을 대서 도려내거나 거기에 약을 투입하지요. 동양의학은 몸 전체를 강하게 해서 병이 커지지 않게 하고 서서히 낫게 합니다. 외교에서 정치인들에게 문제가 올 때쯤에는 이미 서양의학적 처치가 어려워진 단계입니다. 그래서 정치인들이 외교적 문제를 풀 때는 동양의학적 처방을 해가면서 결단하는 방법이 많지요.

문 동양의학적 처방 중에 민간교류를 활성화시키는 방법은 어떨까요?

이낙연 한일관계가 어려울수록 민간교류, 문화교류는 더 많이 해야지요. 2019년 10월에 제가 총리로서 일본에 갔었어요. 한일 간에 굉장히 어려운 문제들이 현안으로 막혀 있을 땐데 나루히토 일왕 즉위식에 제가 정부 대표로 갔었지요. 외교에서 제일 좋은 방법은 현안을 해결하는 것이지만, 그게 안 되는 경우도 있어요. 양측의 입장이 완강하다든가, 거리가 너무 멀다든가, 접점을 찾기가 아주 어렵다거나 그런 경우가 있죠. 해결이 안 되는 경우라면 차선책은 무엇인가? 악화시키지 않으면서 말이라도 기분 나쁘지 않게 해가는 분위기 조성이 차선책입니다. 그때 제가 선택한 게 바로 분위기라도 만들어보자는 거였죠. 제가 가기 전에 미리 아베 총리 앞으로 막걸리를 보냈습니다. 도쿄에 도착해서는 의인 이수현 씨 동상에 참배를 먼저 했지요. 또 게이오 대학의 대학원생, 한반도를 연구하는 연구자들과 간담회를 했습니다. 또 우리 한인타운에 가서 거기에 오는 일본 시민들을 만났고, 한국문화원에서 한국말이나 한국문화를 배우는 일본 시민들을 만났습니다. 그런 것들이 일본 사람의 마음을 먼저 얻기 위한 노력이었습니다. 일본 정치인의 마음보다는 일반 시민의 마음을 먼저 얻기 위한 것이었죠.

문 1998년 김대중 대통령과 오부치 게이조 총리가 한일 파트너십 공동선언을 한 이후 일본의 역사인식이 오히려 후퇴했다는 지적도 적지 않습니다. 현장에서의 직접 경험에 비추어서 위안부 문제를 비롯해 얽히고설켜 꼼짝도 하지 않을 듯한 한일관계를 푸는 단계적 방안은 어떤 절차가 바람직할까요?

이낙연 일본도 한국도 인정할 건 인정해야 합니다. 미국과 중국 사이에 갈수록 갈등이 커지고 있지 않습니까? 그 사이에 끼어 있는 게 한일 두 나라인데 그 두 나라끼리도 계속 싸운다면 어떻게 할까? 협력해야 할 일이 굉장히 많지 않을까? 그런 판단을 할 필요가 있습니다. 협력할 수 있는 것은 먼저 협력해야 합니다. 물론 두 나라가 모든 것을 다 똑같이 할 수는 없죠. 때로는 역할 분담이 있을 수도 있습니다. 우리가 북한의 비핵화 문제를 푸는 데 미·일·중·러 그 어느 쪽도 반대하지 않게 해야 됩니다. 특히 볼턴의 회고록에서 나오듯, 우리가 미국의 협력을 얻는 데 일본이 방해하는 상태로 두어서는 안 됩니다. 두 나라가 서로에게 전략적인 이익이 된다는 걸 싫더라도 인정하는 과정이 필요하지요.

문 일본 정부가 가장 우선적으로 추구하는 가치는 무엇이라고 봅니까?

이낙연 1990년대는 생활의 여유, 풍요로움을 많이 추구했지요. 일본이 기업들은 부자인데 개인들은 가난하잖아요? 그래서 생활의 여유를 좀 더 갖도록 하자고 굉장히 노력했죠. 그 당시 미야자와 기이치 총리 정부에서 '생활대국'이라는 슬로건을 내놨습니다. 그때 사실은 잃어버린 30년이 이미 시작되고 있었죠. 생활대국을 추구한다고 했을 때 이미 생활대국은 후퇴하기 시작했는지도 모르지요. 일본 사람들에게는 가장 공통된 기저 철학이 있습니다. 선우후락先憂後樂, 먼저 걱정하고 나중에 즐기자는 겁니다. 우리에 비하면 굉장히 근심이 많아요. 너무 비관적이지 않을까 싶을 정도로. 그래서 늘 완벽을 추구하는지도 모르지요. 그 대신에 미시적으로 보는 경향이 있죠. 그러나 제가 볼 때 일본인은 선우후우, 먼저도 걱정하고 뒤에도 걱정만 하는 것처럼 느껴져요. 근심 많은 일본인들에 비하면 우리는 더 낙천적이죠. 요즘은 조금 달라지고 있지만.

시간복지 – 100원 택시

문   기자를 그만두고 정계로 나설 때의 각오는 무엇입니까?

이낙연 시골에서 자랐고, 그곳에서 헤어날 수 없도록 절망적이고 막막한 얼굴들을 많이 보았습니다. 출마한 지역이 고향을 중심으로 한 시골인데 점점 인구는 줄어들고 도시로만 이주하고 있었지요. 도시로 나가지 못하는 농부들은 뼈 빠지게 일해도 생활이 나아질 기미가 보이지 않았습니다. 자식들도 농촌을 떠나면 저처럼 도시에 정착하고 돌아가지 않으니까요. 농촌을 편안한 세상을 꿈꿀 수 있는 곳으로 변화시키고 농업의 미래를 준비하기 위해서는 입법 기능을 가진 국회의원이 되어야 한다고 생각했지요.

문   정치인이란 직업을 가지면서 부끄러웠던 때도 있었겠지요?

이낙연 그럼요. 예를 들면 지방자치단체가 새로운 복지사업을 할 때는 사회복지법에 따라 보건복지부와 협의를 거치게 돼 있습니다. 제가 지사를 하면서 보니까 그 법이 보통 불합리한 게 아니더라고요. 그런데 그 법에 저도 찬성했어요. 내용을 잘 몰랐다기보다는 안방에 가니까 시어머니 말이 맞고, 부엌에 가니까 며느리 말이 맞았던 거죠. 제가 지사 할 때 공공산후조리원, 대한민국 제1호를 만들었어요. 그곳이 전라남도 해남입니다. 그런데 보건복지부에서 허가를 안 해주는 거예요. 보건복지부는 만약에 감염병이 생겼을 때의 문제를 걱정했습니다. 그래서 감염병이 한 건이라도 생기면 반납하겠다고 조건부 동의를 2015년에 받았습니다.

문   2008년 5월, 미국산 쇠고기 전면 수입 때 전남 함평의 축산 농민이 자살한 사건을 기억합니까? 그때 어떻게 해서 그곳까지 달려갔습니까?

이낙연 제 지역구였으니까요. 그 농부의 아내가 필리핀 여성이었습니다. 그 남편이 축산파동으로 파산하자 일가족 집단 자살을 하려고 가족들 머리를 망치로 내리쳤는데 다행히 부인과 자식들은 목숨은 건졌습니다. 필리핀 아내가 머리를 붕대로 둘둘 말아 싸매고 남편의 장례식을 치렀어요. 아이들은 그때 병원에 있었을 겁니다. 남은 가족은 나중에 모자원에서 살았습니다. 어떻게 사는지 걱정이 되어 모자원에 가봤더니, 엄마는 많이 회복이 됐는데 막내 아이가 아빠를 보고 싶어 한다더군요. 자기 머리를 망치로 때린 아빠를. 아, 인생에는 참 힘든 일이 많이 있습니다.

문 전남도지사 출마할 때 혁신 도지사가 되겠다고 했는데, 도지사 4년 동안에 가장 역점을 둔 사업은 무엇이었습니까?

이낙연 일자리였죠. 주로 기업을 유치하려고 노력했는데요. 2014년에 고용노동부가 주는 일자리 종합대상을 전라남도가 받았지요. 그 당시에 어떤 언론은 농업 중심의 전라남도가 일자리의 종합대상을 받았다는 것은 극히 이례적이다라고 썼지요. 한겨레신문은 제조업 분야의 취업자 수가 증가했는데 그중에 절반이 전라남도에서 증가했다고 보도하기도 했습니다.

문 그렇군요. 공공기관을 이전한 것 중에 제일 잘된 사업이 나주의 한국전력이라고 봅니다. 부러울 정도로 한국전력과 지역업체와의 협력이 잘 되고 있더군요.

이낙연 광주, 전남 두 개의 광역단체가 통합혁신도시를 만들었거든요. 열 개의 혁신도시 가운데 두 개의 광역단체가 함께한 곳은 그곳이 유일합니다. 그것이 한국전력을 배치한 명분으로 작용했습니다.

문 지사 때 도입했던 '100원 택시' 사업은 시간복지 측면에서 보면 중요한 사업으로 여겨집니다.

이낙연 충남 지역에서 먼저 시범사업을 했습니다. 그것을 보고 제가 전남에 본격 도입했지요. 사람들이 별로 살지 않는 오지에 버스가 들어가게 되면 거의 빈 차로 나옵니다. 사람들이 안 타도 거기에 보조금을 줘야 합니다. 그렇게 노선버스를 넣고 보조금을 주는 것보다 100원 택시가 더 싸고 효율적입니다. 그래서 도와 시, 군이 절반씩 예산을 부담해서 시작했는데 인기가 폭발적이었지요. 시골 어른들이 얼마나 절약이 몸에 배었느냐 하면 100원을 아끼기 위해 네 명을 채워 택시를 부르곤 합니다.

문 100원 카풀이군요.

이낙연 넷이서 택시 타고 읍내 나가면 장도 보고 목욕도 하고. 일가친척 만나고 어쩌다 친구 만나서 짜장면에다 소주 한 잔 마시곤 하시지요.

그는 100원 택시가 경제적 지원보다는 시간적 배려를 해주기 때문에 더 중요하다고 했다. 노인들은 남은 생이 길지 않아 아주 짧은 시간도 소중하다. 정책적으로 소홀히 해왔고 눈앞의 일이 급해서 정부가 미처 챙기지 못했던 복지는 시간복지다. 시간복지는 어르신들에게 이동시간을 줄여주고 행복한 시간을 늘려준다. 그는 수도권 65세 이상의 노인들은 지하철 카드로 천안까지 무료로 갈 수 있지만 지하철이 없는 시골에서는 그런 혜택을 누릴 수가 없다고 했다. 또 부산이나 목포에서 서울 나들이를 할 때도 천안까지만 오면 수도권 지하철을 무료로 이용할 수 있도록 노인세대에게는 지역의 한계를 두지 말고 모든 지하철 카드로 전국의 지하철을 이용할 수 있게 하는 게 공평한 지원이라고 했다.

위로의 방식 – 세월호, 그리고 도지사

문   지사로 일하면서 가장 힘들었던 일은 무엇입니까?

이낙연 세월호 유가족들과 함께했을 때가 가장 가슴이 아팠습니다. 세월호 미수습자 가족들과는 3년을 진도와 목포에서 만났습니다. 세월호 참사가 있던 2014년 4월 16일, 그때 저는 도지사 후보였고 7월 1일에 지사로 부임했습니다. 아이들을 수습한 부모들은 현장을 떠났고, 수습하지 못한 가족들이 남아 있었지요. 은화 엄마, 다윤이 엄마……. 유가족들과 한두 달에 한 번은 만났어요. 그분들을 만나면서 배웠지요. 모든 위로는 선의에서 나오지만 상대에게 꼭 위로가 되는 것은 아니라는 것을. 선의의 위로라 해도 피해야 할 말이 있지요. 첫째는 비교하는 것. 예를 들면 저도 그 얘기를 한번 했다가 후회했어요. 제 어머니는 아이를 셋 잃었다고 말한 적이 있거든요. 그러나 그건 좋은 비교가 아닙니다. 왜냐하면 자식을 먼저 떠나보내는 참척의 슬픔은 숫자로 비교될 수 있는 고통이 아니거든요. 우주에 하나밖에 없는 고통이지요. 그걸 비교하려고 생각한 것 자체가 잘못된 거지요. 두 번째는 세월이 가면 나아질 거라고 말하는 겁니다. 아이를 먼저 떠나보낸 부모에게는 자기가 살아 있다는 것이 죄처럼 느껴지거든요. 살아 있어서 끼니때가 됐다고 목 안으로 밥을 넘기는 행위 자체가 죄라고 여깁니다. 그런 부모에게 세월이 가면 나아질 거라고 말하는 것은 죄책감을 더 자극하는 거지요. 명백히 선의지만 그런 위로는 옳지 않습니다. 그러면 무엇을 할 것인가? 무의미해 보이는 것을 해야죠. 무의미해 보이는 일이라도 하면서 옆에 있어드리는 겁니다. 저리 가라고 하지 않는 한. 오늘처럼 추운 날 같으면 커튼을 내려드린다거나, 창문을 닫아드린다거나, 방이 좀 어질러져 있으면 조용히 치워드린다거나, 마구 울부짖으시면 다 들어드리다가 조용히 물을 한잔 앞에 놓아드린다거나, 이런 거지요. 옆에 누가 있는 것을 어렴풋하게 느낄 정도로. 무의미해 보이지만 옆에 있어주는 일. 영화 〈생일〉을 봤어요. 감독님은 여러 등장인물을 에피소드처럼 보여줍니다. 그 영화에서 권하고 싶었던 위로의 방식이 보이는 것 같아요. 첫째는 그 딸의 역할이지요. 주인공 부부의 딸…….

문 빨간 장화 신은 그 딸이지요.

이낙연 예, 어머니한테 말도 아니게 야단도 맞습니다. 어머니가 막 화도 내고 하는데 딸은 다 받아주잖아요. 혼자 문밖에 나가 주저앉아서 울다가, 울음이 가시면 다시 돌아서 엄마한테 갑니다. 또 한 사람은 이웃집 아주머니. 뭐든지 상의하고 들어주고. 어머니가 그냥 화를 내도 다 받아주는 역할이지요. 제 총리 인사청문회가 이틀 동안 있었는데요, 중간 저녁 시간, 그때 미수습자 학생의 뼛조각이 누구 것 같다는 보도가 있었지요. 전화를 드렸더니 맞아요. 이럴 땐 제가 무슨 말씀을 드리는 것이 옳습니까? 여쭈었더니 축하한다고 해주세요, 하셨습니다. 그래서 축하한다고 말씀드렸어요. 자식을 떠나보내는 최소한의 절차 같은 것이 필요한데 유해를 수습하지 못하면 그 절차도 할 수 없으니까요. 그 뒤로 총리 공관에 가족들을 모셨지요. 가족들끼리는 막 농담도 하실 정도가 됐어요. 제가 총리를 마치고 나왔을 때는 어머니들께서 고맙다는 문자를 보내주셨습니다. 그분들께는 가장 참담한 고통의 기간이었고 제게는 인생을 들여다볼 수 있는 수업의 기간이었습니다.

지나간 시간들에 대한 그의 기억은 구체적이고 많았다. 서해안에 큰 눈이 온다는 일기예보를 들었다. 그의 고향도 눈이 오면 아예 보름 정도 길이 막히곤 했다. 그는 눈이 오면 한겨울에 두 끼, 언 도시락을 가지고 다니며 게를 잡아서 식구들을 건사했던 어머니가 더 생각난다고 했다. 가을 농사를 마치면 어머니는 이듬해 여름까지 먹을 밑반찬을 만들기 위해 바다로 갔다. 영광군 '백수' 해변은 집에서 6, 7킬로미터. 고창군 '심원' 해변은 뒤에 길이 나서 국도로 달려도 집에서 무려 23킬로미터나 되었다.

도시락 두 개를 들고 걸어서 갔다가 걸어서 돌아오는 그 길에도 지금쯤 눈이 내리고 있겠다. 그는 주말에 집에 왔다가 다시 광주의 중학교로 가기 싫어하면 자전거 사줄 테니 그만 집에서 중학교 다니라고 하시던 어머니 목소리가 창밖에 뿌리는 눈발처럼 선하다고 했다. 그는 말도 꺼내지 못하고 집을 나서 골목 어귀에서 울었던 생각이 아직 난다면서 "제가 별걸 다 기억하고 있지요?" 하고 되물었다.

나무도 수십 년은 자라야 비로소 재목으로 쓰이고, 오래된 나무일수록 속을 비우고, 가지에서 피는 꽃 냄새는 멀리까지 간다. 사는 일의 근원은 어쩌면 이미 태어나기 전에 상징으로 찾아온다. 갑자기 나는 그의 태몽이 무엇인지 궁금했다. 다들 세상에 태어날 때 어떤 상징의 모습으로 먼저 찾아오니까. 그는 아버지가 꾸었다는 태몽을 말했다. 집을 지키는, 굉장히 덩치가 큰 흰둥이 개를 보았다고.

짧은 물음,
조금 긴 대답 02

13. 좋아하는 음식은?

뭐든지(헐~)! 그리고 김치찌개, 세상의 모든 나물.

14. 노숙자 하면 생각나는 장면은?

을지로 입구 지하상가, 외환위기 이후 그 겨울에 자리를 펴고 잠자던 얼굴들.

15. 이낙연 표 라면 끓이는 법?

물 끓이고, 면 집어넣고 분말수프 넣는데 조금은 아껴둔다(총각 때는 남긴 분말수프로 밥 비벼 먹음).

16. 쫄깃한 것? 푹 퍼진 것?

완전 쫄깃쫄깃 좋아!

17. 나 혼자만 아는 버릇은?

속 눈물 조금…….

18. 좋아하는 시인은?

조병화. 시 「추억」, '잊어버리자고 바다 기슭을 걸어보던 날이 하루 이틀 사흘' 하고 혼자 읊기도 함.

19. 이럴 때 어떡해요, 하고 정말 물어보고 싶은 사람은?

점점 원로분들이 다 떠나서 외로워. ㅠㅠ

20. 그래도 한 사람 친구 있다면?

대학 시절 친구, 이임성 변호사.

21. 스스로 진단하는 자기 성격은?

쑥쓰……. 작은 일은 소처럼, 큰일은 범처럼.

22. 까칠까칠?

오, 아님! 절대 안 까칠! 못 까칠!

23. 얼굴에서 가장 잘생긴 곳은?

쑥쓰……. 별로, 웃을 때 코와 입.

24. 막걸리 주량?

전에는 서너 되, 지금은 한 되 조금 아래.

25. 단골 머리 깎는 곳은?

광화문 근처 이발소(여의도 쪽 목욕탕 이발소는 없어졌음).

04

소명으로서의 정치—
정치인의 품격

"처음에는 저 자신이 지금보다 훨씬 멀리 내다보고 더 넓게 알아야 한다고 생각
했죠. 이제는 어떤 판단을 할 때 종과 횡을 모두 생각하려 합니다. (…) 이렇게 하
면 이쪽에서는 이런 손해가 있을 수 있겠구나, 저쪽에선 이게 서운할 수 있겠구
나 하는 것을 알아야 하는데 (…) 그게 횡이지요. 종이라는 것은 과거에 이랬었는
데 미래는 어떻게 되겠구나 하는 것이지요. 횡축과 종축의 판단, 그게 부족하다
보니 더 오래 고민합니다. (…) 해일이 오기 전에 짐승들이 높은 산으로 피하는
것처럼. 그것을 발견하고 이해하는 삶이 지혜롭다고 생각합니다."

호리유차 천지현격 –
열정이 곧 하늘과 땅 차이

막스 베버는 『소명으로서의 정치』에서 정치인이 꼭 가져야 할 세 가지 덕목으로 열정, 책임의식, 균형판단을 든다. 그는 급속한 관료화와 자본주의 앞에서 정치조직도 관료화되어 영혼 없는 관리자들이 정책을 기계적으로 수행하는 현실을 타개하기 위해 소명의 정치를 말한다. 정치를 직업으로 삼고자 하는 사람은 모든 강제력 속에 숨어 있는 악마적 힘과 관계를 맺기 때문에, 어떤 정치인이 개인적인 신념을 가지고 어떤 윤리적 목적을 추구할 수는 있어도, 그것과 상충되는 타협을 거부하고 남을 해치면서까지 목적을 고수한다면 그 윤리는 무책임하고 위험하다는 것이다. 베버는 모든 열성을 다해 복무해야 하는 정치인이라는 직업은 좌절하지 않고 모든 희망이 사라져도 "그럼에도 불구하고!"라고 외치는 확신을 가진 청교도적인 삶을 사는 사람에게만 열려 있다고 말한다. 베버의 관점에서 보자면 이낙연, 그는 어떤 덕목을 가지고 있을까?

문　선출직이거나 임명직이었거나 구설에 오른 적이 별로 없는데 자신을 관리하는 기준이 있습니까?

이낙연　저도 많이 시달리죠. 조심하는 편이고, 스스로를 경계합니다. 거울을 봐야 제 모습이 보이듯 타인의 눈으로 자신을 보려고 하지요.

문　서울대 출신이라는 엘리트 의식, 이런 건 없습니까?

이낙연 없다고 말하면 누가 믿겠습니까? 저도 간혹 그 누군가와 얘기하다가 제가 무시당하고 있다는 느낌을 받는 때가 있어요. 그걸 모르느냐는 투의 느낌을 가지고 말하는 상대를 만날 때가 있지요. 그때 환하게 보입니다. 아, 나도 남에게 저럴 수가 있겠구나 하고. 그것을 어떻게 완전히 제거할 수 있을지 늘 숙제로 가지고 있지요. 저는 비교적 싼 등록금 내고 학교 졸업장을 받은 게 다행이었다고 생각합니다. 실제로 그렇게 말하기도 합니다. 그런 증명서 같은 게 무슨 소용이 있는지 살수록 별거 아니라는 걸 알게 되죠. 학교를 어디 나왔느냐 하는 것이 점점 의미가 없다는 것을.

문　팬데믹 사태로 몇 번 자가격리를 했습니다. 자가격리 기간 중에 자신을 성찰하는 시간도 있었습니까?

이낙연 충분히 그러지 못한 것이 아쉽습니다. 창밖 서울 야경을 보며, 청년 때 내 한 몸 눕힐 곳이 없었던 무정한 서울 야경이 지금도 많은 청년들에게 그렇게 보인다는 게 안타깝다 생각했지요.

문　1665년, 페스트가 창궐할 때 런던 인구 45만 중 7만 5천 명이 죽었습니다. 그때 뉴턴은 미적분 방정식을 발견합니다. 꼼짝없이 방에 처박혀서 공식을 만들어냈는데 뉴턴식 질문을 한번 해보고 싶군요. 지금까지 삶을 적분積分하면 무엇으로 요약할 수 있겠습니까?

이낙연 아…… 책임이지요. 그때그때의 책임을 다하고자 노력했습니다. 이 말에는 자기 비하도 좀 있지요.

문   어릴 때는 장남으로서의 책임이겠지요.

이낙연 좀 설렁설렁 살아도 될 텐데 지나치게 속에 품고 산 것 같은
생각이 들 때도 있어요.

문   정치인으로서 책임을 안다는 건 중요하지 않습니까?

이낙연 그렇죠. 그런다고 해서 책임을 더 많이 이행하는 것도 아니
련만, 왜 그렇게까지 했는지 모르겠어요. 저 자신에게 그걸
요구했을 뿐만 아니라 대상에 대해서도 '책임'을 붙여주곤
했죠. 신문은 책임언론, 더불어민주당은 책임정당, 그런 용
어를 많이 쓰지요.

문   이 주사라는 별명이 여기서 비롯된 게 아닌가 싶군요.

이낙연 저의 열정이죠. 모든 공직자들이 주사 같은 데가 있어야 합
니다. 예를 들어 보고서라면 보고서가 갖춰야 될 기본적인
요소가 있는데 그걸 빼먹는 경우가 있습니다. 빠진 것을 제
가 집어넣거나 앞뒤가 안 맞는 걸 맞추자고 하니 저를 주사
라고 불러요. 하하하, 그게 싫으면 담당자들이 이 주사를 할
일 없는 실업자로 만들어줘야지요. 자기들이 해야 하는데 안
하니까 제가 해야 합니다. 한번 이야기했지요? 호리유차毫釐
有差면 천지현격天地懸隔이라고. 현실을 모르면 아무리 좋은
정책도 실패하기 쉽지요. 열정이 있어야 철저히 현실을 파악
할 수 있고, 훌륭한 결과가 나올 수 있습니다. 그래야 국민들
이 편안할 수 있으니까요.

문　　이 별명이 우리나라 공무원들의 현실을 역설적으로 잘 나타
　　　내기도 합니다. 그 빈틈없다는 독일 공무원 유머 시리즈가
　　　있습니다. 독일 공무원들이 일하러 간다고 그러면 사람들이
　　　막 웃는답니다. 하루 종일 일 하나도 안 하기 때문에요. 또
　　　독일 공무원들이 집으로 퇴근하면 할 일이 하나도 없답니다.
　　　낮에 출근해서 신문 보고 낮잠 자고 다 하고 나니 집에 와서
　　　할 일이 없다고 하지요.

이낙연　제가 바라는 것은 신문도 보지 말고 책상에 열심히 앉아 있
　　　으라는 얘기가 아니지요. 현장도 중요하고 뭐라도 좋은데 일
　　　을 할 때는 빠뜨리지 말고 했으면 좋겠다는 거예요.

문　　디테일을 강조한다는 뜻에 이테일이라는 별명도 있던데 저
　　　는 이렇게 해석이 됩니다. 누군가 빠뜨리고 있는 게 너무 많
　　　으니 자꾸 신경 쓴다는 뜻이지요.

이낙연　하하하. 제가 잘 몰라서 그러는 수도 있지요. 일본 방문 때
　　　아베 총리에게 막걸리를 선물할 때입니다. 무슨 막걸리 몇
　　　병을 사라. 오동나무 상자를 만들고, 상자에 검정 옻칠을 했
　　　으면 좋겠다. 설명서를 우리말과 일본어 두 가지를 써서 넣
　　　어라. 그런데 설명서가 맘에 안 들어 제가 직접 썼지요. 그리
　　　고 제가 일본 도착하기 4일 전에 총리관저에 배달되도록 해
　　　라. 그게 외교에서는 아주 중요합니다. 외교에서 그런 배려
　　　가 국가관계를 편하게 해주거든요, 제가 주사 오래 했으니
　　　제발 좀 우리 공무원들이 진급 좀 시켜주셔서 저를 그런 데

서 벗어나게 해주면 좋겠습니다.

그와 함께 총리실이나 도지사실에서 근무했던 공무원들은 어쩌면 대단한 행운이기도 할 것이다. 왜냐하면 현실을 파악하고 정리하고 새로 구성하는 훈련을 하고 나면 다른 어떤 부서에 가서도 발군의 실력을 드러낸다는 것을 뒤늦게 알게 되기 때문이다.

문　　도지사와 총리의 행정 경험을 비교하면 어떻습니까?

이낙연　총리가 훨씬 복잡하죠. 부처 간 갈등의 규모가 커서 조정하기도 어렵지요. 그 대신에 좋은 점이 있다면 그걸 조정할 역량이 지방보다는 중앙정부가 더 낫습니다. 체계화, 제도화돼 있습니다. 지방은 아직 덜 제도화되어 있습니다. 도지사는 업무 갈등이 비교적 적습니다. 서로들 아는 사이고, 반대하는 경우는 왜 저러는지 금방 알지요. 그래서 갈등이 극단적으로까지 번지지는 않아요.

문　　총리로 일하면서 갈등을 조절한 예는 어떤 겁니까?

이낙연　100원 택시도 중앙정부로 가져오니까 국토교통부와 농식품부가 서로 자기가 하고 싶다고 싸웠거든요. 서로 욕심나는 좋은 사업이라고 봤고 각자 자기네 소관이라고 주장할 근거가 있지요. 국토교통부로서는 100원 택시는 교통이니까 당연히 자기 업무다, 농식품부는 농촌을 편하게 하는 건 자기 업무라고 합니다. 그래서 시 단위 이상은 국토부, 군 단위 이

하는 농식품부, 이렇게 조정을 했지요.

문 부처끼리도 자꾸 업무가 중첩되거나 많이 분절돼 있어요.

이낙연 예, 그건 어떤 의미에선 불가피합니다. 그런다고 해서 그걸 전부 하나의 기구로 만들면 그 기구가 엄청나게 방대해질 것이고 그러면 다시 나눠야 합니다. 그럼 도로 똑같아져요. 결국은 조정 기능을 활성화시키는 길밖에 없고 분절 자체를 막을 수는 없습니다. 그렇게 분절화해도 새로운 문제가 생기죠. 그 어느 쪽에도, 어느 쪽 업무에도 속하지 않았던 문제가 또 생깁니다. 예를 들면 프리랜서 노동자들의 고용보험은 어떻게 할 것인가? 그것이 이번에 비로소 법의 테두리 안에 들어가기 시작했는데 지금까지는 노동자를 보호하는 제도가 이른바 전속성, 내가 어떤 기업에 속해 있는가, 그 노사의 관계에서 해결했거든요. 그런데 프리랜서는 전속성이 깨지는 거예요. 내가 이쪽에서도 일할 수 있고 저쪽에서도 일할 수 있게 되니 기존의 노동자 보호의 틀에는 안 맞는 것이죠. 그래서 이번에 기존 틀을 넓히는 식으로 접근했는데 그런 틀로 계속 지속 가능할지, 아니면 또 다른 문제가 생길지 실행하면서 살펴야 합니다.

선제방역 여섯 시간을 벌기 위해
랜턴 들고 농장으로

문   총리로 재직하는 동안 조류인플루엔자(AI, Avian Influenza), 아프리카돼지열병(ASF, African Swine Fever)이 하나도 없었습니다. 어떤 특별한 선제방역이 있었습니까? 아니면 운이 좋았습니까?

이낙연   선제방역을 지독하게 했죠. 전남지사 때인 2017년 1월 1일 당시 문재인 대통령 후보께서 무등산을 등반하시고 난 뒤 오후에 저와 만났습니다. 후보께서 예방살처분을 꼭 해야 되느냐고 저에게 물으시길래 제가 단호하게 대답했습니다. 머뭇거리면 걷잡을 수 없다고요. 통계를 보면 전염의 70~80퍼센트가 예방적 살처분을 하라는 그 범위 안에서 확산이 시작됩니다. 그래서 가차 없이 해야 하고 최대한 빨리 해야 합니다. 제가 총리 취임했을 때가 2017년 5월 말입니다. 2016년 겨울에 닭과 오리 3,080만 마리를 살처분했더군요.

2018년 2월 평창 동계올림픽을 앞둔 때였습니다. 전 세계의 청년들 수천 명이 평창에 오는데 닭과 오리를 잡아 죽이는 뉴스가 매일 나온다면 끔찍하잖아요. 사전에 정책판단을 한 거지요. AI에 걸린 것으로 의심되는 닭과 오리 의심축 검사를 합니다. 최종 결과가 나오기 전에 전문가들은 이미 알아요. 아프리카돼지열병도 마찬가지입니다. 의심축 검사 들어가고 동시에 전문가들, 방역당국이 여러 자료를 토대로 이 건 틀림없다고 판단하면 바로 살처분에 들어갔습니다. 검사 확진까지의 시간이 여섯 시간 이상 걸려요. 그 시간을 허비해서는 안 됩니다. 전문적 판단으로 틀림없으면 먼저 살처분에 들어가라고 했습니다. 책임은 제가 진다고. 여섯 시간을 바이러스로부터 뺏은 거지요. 그리고 의심현장의 500미터 이내 반경을 철저히 사전방역합니다. 반경 500미터는 매뉴얼에 나와 있습니다.

문 전문가들의 판단을 존중했군요.

이낙연 당연하지요. 또 하나 제가 처음 시행한 정책이 있습니다. AI 상습발병지에 대한 선제조치입니다. 즉 최근 5년 사이에 세 번 이상 AI가 발생한 농장은 미리 보상을 해주고 전부 소개를 시키는 겁니다. 닭과 오리를 전부 빼내고 그 농장에는 시가로 보상을 해드렸어요. 사전 검사로 병에 안 걸렸으면 시장에 내다 팔 수 있도록 조정했습니다. 그런 농장에서는 평창올림픽 때까지 한 마리도 병에 걸리지 않았지요. 제가 총리에서 물러나고 한참 뒤까지 2년 8개월간 한 마리도 살처분이 없었어요. 아프리카돼지열병, 이것도 비슷한 전략으로 접근했어요. 아프리카돼지열병이 북에서 왔다고 가정한다면 폭 4킬로미터의 DMZ가 있고, 거기가 1차 예방지역이 되죠. 그다음 발병지역 남쪽이 2차 예방지역이 됩니다. 그런 식으로 해서 확산을 막았습니다. 세계에서 기록적으로 빨리 안정시켰어요. 그것이 국제수역기구國際獸疫機構에 성공사례로 발표됐지요. 모든 전염병은 전광석화처럼 예방해야 합니다.

아프리카돼지열병 때에는 제가 수행직원의 랜턴을 직접 받아쥐고 심야에 돼지 농장으로 쳐들어갔어요. "잘하고 계십니까?" 하고 확인했지요. SNS에도 올렸는데, 제 자랑하려고 한 게 아니라 경각심과 긴장감을 최대한 높이기 위한 겁니다. 아프리카돼지열병은 2019년에 생겼어요. 연천에서 보고를 받는데 공무원 간부가 심각단계에 준하는 태세를 갖추고 있다고 하길래, 사흘 전 서울에서 제가 주재한 회의에서 이미 심각단계라고 했는데 사흘 뒤 현장에서 심각에 준하다니 뭐하는 거요! 하고 불같이 혼을 냈습니다. 그것도 일부러 그런 거예요. 생명을 지키고 보전하기 위해서는 먼저 방역태세를 분명히 잡아야 제대로 감염병을 방어할 수 있습니다.

문　기자, 도지사, 국회의원, 총리를 거치며 '왜, 내가 이거 하고 있지?' 하고 자문할 때도 있습니까?

이낙연　그럼요. '정말 왜 하고 있을까?' 하고 질문합니다. 그게 무슨 자기의 의지나 계획으로 했던 것만은 아니지요. 인생을 끌고 다니는 어떤 물결 같은 게 있는 게 아닌가 생각해요. 거기에 올라타 있는 것이 인생이고요. 자기 의지가 모든 것을 좌우하지는 않지요. 어떤 시기에 어떤 상황에 놓여 있었기 때문에 다음으로 이동하게 되는 요인들이 계속 있나 봅니다. 저는 방향이나 상황보다 시간의 문제를 깊이 생각해봅니다. 우리는 유한하니까요. 누구나 그렇겠지만, 잘하고 싶은 열정이 굉장히 강하죠. 결과가 꼭 열정에 비례하느냐는 건 별도로 하고.

그는 국회 농식품위원회 위원장을 할 때 국정감사 최우수상을 받았다. NGO가 해마다 국정감사가 끝나면 국정감사 우수 국회의원 시상을 하는데 전무후무하게 최우수상을 받았다. 본래 최우수는 없고 우수만 있는데 심사위원들이 최우수상 이름을 붙였다. 그 이유의 하나는 그가 국회 예고제를 실시했기 때문이다. 국회 상임위원회 회의가 몇 시에 시작하고 끝나는지 아무도 모른다. 해당 부처의 공무원들이나 출입기자들은 아침부터 죽치고 기다려야 한다. 한 사람이 열 시간 묶여 있다면 서른 명이 기다릴 경우 300시간이 낭비된다. 회의 예고제에 따라 예측 가능성이 생겼다. 그는 2008년부터 2년 동안 농식품위 상임위원장으로 일했다. 그때 농식품위는 국회 모든 상임위 가운데 법안 처리율이 가장 높았다. 2년 동안 표결을 한 번도 하지 않고 100퍼센트 만장일치였다. 법안에 이견이 있는 경우 사전에 조정해서 상정했기 때문이다.

이낙연 쌀 직불금을 부정수령한 의혹이 있어 의원들이 증인 신청을 했던 적이 있어요. 제가 속한 야당이 요구한 핵심증인이 나오지 않았습니다. 다른 증인들은 전국에서 밤새도록 올라와서 기다리고 있었는데, 핵심증인이 출석하지 않아 야당에서 증인신문 전체를 연기하자는 의견이 나왔지요. 그러나 제가 증인신문은 예정대로 하겠다고 결정했어요. 그랬더니 야당에서 퇴장했어요. 회의를 편파적으로 운영한다고 항의하며. 하하하, 그래도 진행했습니다. 약속을 했으니 반드시 지켜야지요. 예측 가능한 정치가 국회에서 정착해야 시간 낭비가 없습니다.

신념과 공동의 가치가 충돌할 때

문   다른 사람이 되고 싶은 때가 있었습니까?

이낙연 아, 많지요. 좀 부당하게 시달리는 경우가 있죠. 그때는 내가 왜 이래야 하나, 그런 생각을 할 때가 더러 있지요. 할 수만 있다면 작가 선생처럼 정신적으로 자유롭고 싶어요.

문   지금까지 경험했거나 배우고 익혀온 신념과 공동의 가치가 서로 충돌할 때 어떤 지혜가 필요할까요?

이낙연 개인의 신념과 공동의 가치가 충돌할 경우 어느 것이 신념이고 어느 것이 공동의 가치인가를 먼저 파악해야지요. 예를 들면 얼마 전 DJ 노벨 평화상 수상 20주년 소모임에 갔다가 처음 들은 얘기가 있어요. DJ가 어떤 결정을 할 때는 메모를 하셨답니다. 큰 공책을 갖다 놓고. 한쪽에는 어떤 사안, 의제, 쟁점을 쓰고, 그 옆에는 당신이 생각하는 것, 당신이 하고 싶은 것, 맨 오른쪽에는 신의 생각은 무얼까를 쓰셨답니다. 신이 알려줄 리가 없죠. 그것은 당신이 생각하는 신의 생각이죠. 그것들이 서로 다르면 신의 생각을 선택하셨다는 것입니다. 그 이야기가 깊은 생각을 하게 했습니다. 제게는 충격적이었어요. 이게 신념과 가치의 문제일까요? 신앙인의 모습 같은 게 보였지요. 공동의 가치는 언제나 책임과 연결이 되니까요.

문   신념은 어떤 성장 과정이나 경험에 의해서 형성되지 않겠습니까? 그러나 책임은 보다 보편적이라서 신념과 거리가 많이 떨어져 있을 수도 있겠지요?

이낙연 책임은 시작부터 결과까지에 대한 모든 책임을 포함합니다. 다만 신념과 책임을 조정하는 어떤 기준이 있지 않을까 싶습니다. 그런 것이 충돌하거나 갈등을 일으킬 수 있지만 개인의 신념 때문에 다수의 이익이 희생되는 것은 옳지 않다고 생각합니다.

문   개인의 신념이 힘과 권력을 가지고 있을 경우는 어떻게 되겠습니까?

이낙연 그 경우에도 마찬가지죠. 저는 개인의 생각, 개인의 신념은 늘 불완전할 수 있다고 생각합니다. 마음이 가는 후배 기자들에게 늘 얘기하는 것이, 나의 판단이 불완전할 수 있다는 걸 항상 염두에 두었으면 한다는 것입니다. 공동체, 또는 다수의 이익, 다수의 생각이 더 중요합니다. 왜냐하면 그것은 공동체의 미래로 연결되니까요.

문　과거에 했던 생각이나 어떤 말을 바꾸고 싶을 때가 없습니까?

이낙연　있지요. 선거를 해본 사람들은 그 직전 선거나 그 전전 선거 때 했던 얘기까지 기억하는 분들 만나면 겁이 나지요. 시골 가면 '자네 말이지 8년 전 선거 때 우리 동네 뭘 해주기로 했는데 아직까지 덜 됐어.' 4년 전도 아니고 8년 전. 그러면 애교를 떨며 '어르신 그걸 다 기억하시면 어떡해요. 죄송해요' 하고 말씀드리지요.

문　약속은 짧고 망각은 긴 법이기도 합니다.

이낙연　저는 약속을 남발하는 편이 아닙니다. 약속을 남발하지 않아서 답답하게 생각하는 사람들도 있을 거예요. 그것도 책임감이라고 해석해주면 고맙지요.

문　정말 지혜로운 삶은 어떤 삶일까요?

이낙연　지혜로운 삶……. 처음에는 저 자신이 지금보다 훨씬 멀리 내다보고 더 넓게 알아야 한다고 생각했죠. 이제는 어떤 판단을 할 때 종과 횡을 모두 생각하려 합니다. 횡이라는 것은 그러니까 이해가 충돌할 수 있는 수많은 그 영역들이 있지 않습니까? 이렇게 하면 이쪽에서는 이런 손해가 있을 수 있겠구나, 저쪽에선 이게 서운할 수 있겠구나 하는 것을 알아야 하는데 그게 늘 부족하다고 느끼죠. 그게 횡이지요. 종이라는 것은 과거에 이랬는데 미래는 어떻게 되겠구나 하는 것이지요. 횡축과 종축의 판단, 그게 부족하다 보니 더 오래 고민합니다. 그러다가 어느 순간 알게 되는 것이 있어요. 우리 눈에 보이지 않는 것들은 반드시 눈에 보이는 징표를 새겨둔다는 것을. 그게 기미일 수도 있지요. 해일이 오기 전에 짐승들이 높은 산으로 피하는 것처럼. 그것을 발견하고 이해하는 삶이 지혜롭다고 생각합니다.

문　팬데믹 사태로 사람들의 고뇌가 더 깊어졌습니다. 지금 우리가 어떤 시대를 살고 있다고 인식하고 있습니까?

이낙연　이미 대변화의 시대로 들어섰습니다. 당황스러울 정도로 격렬한 대변화의 소용돌이 속에 들어가 있지요. 지금 인공지능에게 말을 걸어 채널도 바꾸고, 위치를 검색하고 방향을 정합니다. 아직 준비되지 않은 상태에서 변화가 빠르게 진행되는 것을 개인이든 공동체이든 사회조직이든 목도하고 있습니다. 이 알아차리기 어려운 변화는 이제까지 인류가 살아온 방식과는 안 맞습니다. 예를 들면 비대면, 이동제한이 인간의 본성에 맞을 리가 없죠. 그런데 젊은 세대나 어린 친구들은 벌써 적응하는 것 같습니다. 비대면이 훨씬 더 광범위하게 일상화되는 세상의 방식을 이제 그들이 만들겠지요. 그것은 그러면 인간의 행복에 어떤 영향을 줄까요? 삶의 방식에는 어떤 영향을 줄까요? 이런 질문이 더 많아지고 있습니다.

문　한 존재로서 어떨 때 제일 행복하고, 어떨 때 가장 불행하다고 느낍니까?

이낙연 인간으로서의 행복은 이야기했듯 손자들의 성장을 보는 게
　　　　큰 행복이지요. 그렇게 저의 원래 작았던 모습을 만나지요.
　　　　행복하지 않을 때는 자꾸 오해를 받는 경우입니다. 관훈토
　　　　론에서 주택정책을 묻기에 당정 협의에서 나온 정부의 많은
　　　　계획을 나열하며 그 가운데 호텔을 매입하여 리모델링해서
　　　　주택으로 보급하는 것도 있다고 소개했는데, 어떤 언론은 그
　　　　것만 크게 부각시키며 호텔거지를 만들려고 하느냐고 몰아
　　　　세우더군요. 실제로는 호텔을 개조한 집에 사는 대학생들은
　　　　매우 만족해했습니다.

문　　　치명적으로 잘못했다는 자책감이 들거나, 다른 사람은 모르
　　　　지만 자기만 아는 그런 막막함도 있지 않나요?

이낙연 있지요. 이천 화재 참사의 경우입니다. 그 이후 말을 일절
　　　　안 하는 이유는 변명 같아서요. 더구나 그분들은 가족을 잃
　　　　은 깊은 슬픔에 빠져 있던 때였죠. 그 자리에서 그분들을 위
　　　　로하지 못한 잘못이 큽니다. 그분들이 처음부터 저에게 요구
　　　　했던 것이 보상과 관련한 대안을 가져왔느냐는 거였어요. 지
　　　　자체와 해당 기업이 보상업무를 진행 중이었는데, 저는 그때
　　　　현직에 있지 않았기 때문에 대안을 제시할 처지가 아니었
　　　　지만 힘을 다해 그분들을 위로하지 못한 잘못이 큽니다. 그
　　　　냥 그 자리에서 나왔으니 후회스럽기도 하고 자책감이 깊었
　　　　습니다. 귀로만 들었던 비탄을 눈으로 직접 보았을 때의 '읍'
　　　　같은 심정이었어요.

문 약속장소 앞길 나무 옆에 서 있다가 이런 질문이 저절로 떠올랐습니다. 아직도 기다리고 있는 일이 있는지…….

이낙연 아…… 제가 1987년 대선 기간 중 여의도 평화민주당 당사에서 취재를 마치고 나와 큰길에서 택시를 기다리고 있었어요. 문익환 목사님의 동생인 문동환 목사님이 절 보고는 '이 기자, 뭐하고 있어요?' 하고 물으시기에 '택시 기다리는데요' 했습니다. '뒷모습을 보니까 택시 기다리는 사람이 아니에요. 아주 먼 것, 오지 않을 걸 기다리는 사람 같아요.' 이러시는 거예요. 문 목사님네 가족들이 그런 통찰력이 있어요. 한 방 맞은 것 같았지요. 그 말씀이 두고두고 잊히지 않습니다. 저의 무엇이 그렇게 보였을지는 모르겠어요. 아주 먼 것을 기다리는 사람 같다는.

문 아주 먼 데서 오는 누군가를 기다리고 있었던 모습을 문동환 목사님이 먼저 보셨을까요? 목사님이 아주 먼 데서 오는 사람을 먼저 보셨을 수도 있겠지요.

이낙연 택시를 기다리는 사람 같지가 않다는 거예요. 그게 뭔지는 모르겠어요. 그때 제가 30대 후반이었습니다.

그는 뜻밖의 기억을 꺼냈다. 뒷모습은 감출 수가 없다. 얼굴은 두 손으로 가릴 수도 있고 위장할 수도 있지만. 뒷모습은 언제나 자신이 겪어온 시간의 모든 모습들, 그리고 그것들이 전달해주는 해석할 수 없는 미래까지 품고 있다. 취재를 마치고 신문사로 돌아가는 그의 뒷모습에서 문

동환 목사는 무엇을 보았을까? 예기치 않은 그의 대답은 이 글을 쓰는 내내 가슴 어딘가에서 아릿아릿한 궁금증을 일으켰다. 그날, 성탄절 선물로 프란치스코 교황의 『렛 어스 드림LET US DREAM—더 나은 미래로 가는 길』을 한 권씩 받았다. 그는 책 표지를 쓰다듬으며 메아리처럼 말했다.

"프란치스코 교황은 이렇게 말씀하시지요. '신은 언제나 용서한다. 사람은 가끔 용서한다. 자연은 결코 용서하지 않는다(God always forgives, men sometimes forgive, but nature never forgives)'고."

26. 별명, 생영감하고 메주 중 어느 게 더 좋아?

둘 다. 줄여서 생메주도 좋아.

27. 자유 배낭여행 가면 다시 한번 가보고 싶은 외국 도시는?

프랑크푸르트 맥줏집. 소시지 안주에 맥주 한잔.

28. 존경하는 인물은?

이순신, 김구, DJ.

29. 청년들에게 주고 싶은 한마디는?

그래도 인생은 살 만하다오. 십전일승!

30. 추억의 미공개 사진은?

서너 살 때 큰 집 큰누나 결혼식 때 동백꽃 들고 서 있는 하의 실종 사진.

31. 지금 보고 싶은 얼굴은?

언제나 어머니. 지금쯤 뭐라고 하실까…….

32. 종교가 주는 가르침은?

정의와 용서. 그 두 가지의 조화는 어렵다 해도.

33. 가장 부끄럽고 후회하는 일?

하도 많아서…. 마음의 빚을 사는 동안 다 갚자.

34. 좋아하는 꽃은?

꽃은 다 좋아 다 좋아. 그래도 목화와 장미.

35. 최근 혼자 소리 내어 울었을 때는?

지난 1월, 오해와 비난을 받았을 때.

36. 다시 태어나서 직업을 가진다면?

국어선생님.

37. 즐겨 부르는 노래?

김소월의 〈엄마야 누나야〉.

38. 기상시간과 취침시간?

아침 6시, 밤 11시 30분.

05
반지의 제왕—
절대반지는 국민에게

"「반지의 제왕」에 보면 골룸이 프로도에게서 반지를 빼앗으려다 절대반지와 함께 용암 속에 빠져 죽습니다. 절대반지를 유일하게 녹일 수 있는 펄펄 끓는 용암이 국민이겠지요. 진정한 신복지제도의 자유민주주의 사회에서는 저런 골룸이 없어져야지요. 일류가 국민이고 당연히 모든 권력이 국민에게 있으니 무소불위의 절대 권력을 국민한테 돌려줘야 합니다."

미래를 발견하고 싶다면
주변부로 가라

"그토록 나쁜 일이 일어난 이 세상이 어떻게 예전처럼 돌아갈 수 있을까요? 그러나 마지막에는 이 그림자들은 다 지나가버릴 뿐이죠. 암흑도 마침내 사라질 수밖에 없죠. 새로운 날이 올 거예요. 태양은 대기 속에서 찬란하게 빛날 테니까요. 당신과 함께했던 이야기들은 정말 무언가 의미가 있어요. 어렸을 때에는 이해할 수 없는 그런 의미 말이죠. 하지만 프로도, 나는 이제는 이해한다고 생각해요. 나는 알아요. 사람들은 뒤돌아설 수 있는 많은 기회가 있었지만 그들은 그렇게 하지 않았죠. 그들은 무언가를 꽉 잡고 있었기 때문에 앞으로 나아갔죠."

"샘, 우리는 무엇을 붙잡고 있지?"

"이 세상에는 아직 선善이 남아 있죠. 우리는 선을 위해 싸울 만한 가치가 있어요."

— 『반지의 제왕』 중에서

이번 겨울은 너무 춥고 눈도 자주 내렸다. 집값과 검찰개혁, 두 가지가 사람들이 아는 거의 모든 이야기 같았다. 그 논란 덕분에 다들 수사권과 기소권을 가지면 어떤 문제든 해결할 수 있는 절대반지를 가지는 것과 같다는 것을 알았다. 수사권과 기소권을 합친 이 반지는 '모두를 지배할 하나의 반지, 모두를 찾아낼 하나의 반지, 모두를 불러낼 하나의 반지'였다. 누구든 이 반지만 끼면, 무엇이든 해결이 가능한 반지의 제왕이 되었다.

　나는 배낭에서 한참 책을 찾다가 책상에 놓여 있는 것을 보고는 씩 웃었다.

문　　『내가 검찰을 떠난 이유』, 요즘 읽는 책인데 가방에 들어 있는 줄 알고 한참 찾았습니다.

이낙연　저도 완벽을 떠는 사람인데 뭔가를 빼먹기도 합니다. 오늘 아침처럼. 수첩은 가져왔는데 필기구를 두고 왔다든가 해서. 그러면 아내한테 퉁맞지요. 맨날, 당신 나한테 건망증 있다고 하면서 이제는 당신도 잊어먹는다고. 하하하.

문　　건망증과 기억은 아주 다른 모양입니다.

이낙연　내가 시계를 어디다 뒀지? 하면 건망증이고, 시계를 보고 이게 뭐지? 그러면 치매라고 한답니다.

문　　하하하, 그렇군요. 카뮈는 행복은 모든 것을 기억하는 것이라고 합니다. 기억을 잊어버리면 알츠하이머처럼 그게 불행이지요. 그런 점에서 젊은 날, 누추했던 기억도 행복의 근거 같습니다.

이낙연　찰리 채플린이 인생은 가까이에서 보면 비극이고 떨어져서 보면 희극이라고 합니다. 실제로 텔레비전 시트콤이라든가 코믹 프로그램은 거리를 두고 찍는답니다. 그것을 희극의 거리(comic distance)라고 하나 봐요. 비극은 눈을 클로즈업시키는 식으로 카메라를 대상 앞에 바짝 대지요.

문 　지금 이 시대의 현실들은 너무 눈앞에 바짝 다가서 있으니 좀 비극적이겠군요. 거리를 둔다는 것은 심리적 거리 두기도 포함할까요?

이낙연 　마음도 거리를 두어야 객관적일 수 있겠죠. 서로를 이해할 수 있는 기회도 되지요. 실제 거리든, 마음의 거리든 적정 거리가 있으면 아직 견딜 만하지 않겠습니까? 우리에게 좀 더 희극적인 여유가 있으면 좋겠어요. 지금이 최악의 상태라고 말할 수 있을 때는 우리가 아직 최악의 상태에 놓여 있는 것은 아니라고 합니다. 조금은 여유가 있을 때 그런 말을 할 수 있지요.

문 　정치인으로서 만났던 국민들 가운데 가장 거리 두기가 없었던 모습들은 누구입니까?

이낙연 　세월호 유가족들 얼굴이죠. 제가 그분들을 뵌 기간만도 3년인데 그 3년 동안 비극은 그대로였으니까요.

문 　이번에 제정된 세월호 참사 진상규명을 위한 '사회적참사진상규명특별법'도 그런 이해의 시간이 포함되어 있었군요.

이낙연 　제가 그런 말씀을 유가족들께 드린 적이 있지요.

문 　멀리 있거나 높이 있으면 슬픔에 찬 모습이나 사회적 약자들의 모습이 보이지 않습니다. 프란치스코 교황은 새로운 미래를 발견하고 싶다면 주변부로 가라고 하십니다. 헐벗고 가난하고 낯선 그곳으로 가라고. 사회적 약자들은 눈에 보이지 않는 변두리에 있습니다. 그들이 자꾸 희생당하면 이 사회에 무슨 새로움이 있을까요?

이낙연 그렇죠. 원래 변화는 주변에서 먼저 생기는 거죠. 변두리로 가야지요. 그곳에 청년들도 있습니다. 그곳에 새로움이 있습니다. 제가 자랐던 고향도 그랬습니다. 들이 넓고 풍족한 곳의 사람들은 그대로 살았죠. 저희 마을은 큰길 옆 주막집을 중심으로 생긴 마을이거든요. 늘 버스가 다니고 버스를 바라보던 소년들은 항시 어디론가 떠나는 생각을 하지요. 저걸 타면 어디로 갈까 하고. 실제로 우리 마을 사람들의 삶이 가장 많이 변화했어요. 이농현상이 제일 심한 곳이었지요.

문 아, 그렇군요.

이낙연 최근에 나온 『힘든 시대를 위한 좋은 경제학』이란 책이 있습니다. 노벨 경제학상 수상자인 아비지트 배너지와 에스테르 뒤플로 부부가 공동으로 쓴 책이죠. 부인이 기획재정부 회의에서 화상으로 기조연설을 했습니다.

그 책에 보면 아이슬란드에 화산이 폭발했을 때, 그 화산 피해지역 사람들의 인생이 피해가 없었던 지역의 사람들보다 훨씬 더 큰 변화를 겪었다는 얘기가 나옵니다. 피해가 없었던 곳은 그대로 어업을 계속하면서 살았는데 피해가 있었던 곳은 삶의 터전이 없어져버리니까 다른 데 가서 도전해 새로운 삶을 살게 됐다는 것입니다. 이 책에서 좋은 경제학은 사회복지를 강화하고 사회적 약자를 돕고 우수한 복지전문가를 양성하고 형평성에 맞게 정책을 입안하는 경제학입니다. 좋은 경제학은 개인이 가진 자원이 다 소진되어 고통과 빈곤의 삶을 살고 있는 사람들의 교육과 보건 치료계획, 급여 서비스 체계를 마련합니다.

　그러나 복지를 줄이고 대중매체에 나와 단정적으로 말하고 예측하기를 좋아하는 정치인은 나쁜 경제학의 정책을 세웁니다. 성장은 그저 노력만 하면 되는 문제이며 그 과정에서 발생하는 고통은 마땅히 감수해야 하는 것이라고 말하지요. 이렇게 경제든 정치든 다들 대중매체에 단정적으로 현실을 말한다면, 현실의 다양한 문제는 사라지고 코끼리 다리처럼 하나가 전부가 되고 덜 신중한 목소리가 크게 들릴 뿐입니다.

문　이미지가 난무할수록 약자들은 잊히니까요. 공과는 있겠지만 한국 최고의 경제인이었던 이건희 삼성 회장이 1995년 베이징에서 정치는 사류, 관료행정은 삼류, 기업은 이류라고 평가했습니다. 그로부터 25년이 지났습니다. 사람은 세상을 떠났지만 이 평가는 여전히 유효하게 남아 있습니다. 그때 일류가 누군지는 말하지 않았습니다.

이낙연 아, 그러네요.

문　일류는 누구겠습니까?

이낙연 예나 지금이나 당연히 국민이지요.

문　저도 그렇게 생각합니다.

이낙연 이건희 회장이 정말 그렇게 생각하셨는지는 모르겠어요.

문   일류를 언급하지 않아서 알 수 없지만, 언급하지 않은 까닭
     은 이류, 삼류, 사류가 대답하라는 뜻 아닐까요? 이 분류는
     굉장히 중요한 의미가 있습니다. 이 무렵부터 삼성은 세계
     초일류 기업으로 도약했습니다. 그전에 삼성은 그냥 국내 일
     류였지 세계 일류는 아니었습니다. 한국인 누구든지 세계 1
     등이 될 수 있다는 자신감도 이때 출발했습니다.

이낙연 맞습니다.

문   정치, 정치인은 사류에 속한다고 합니다. 왜 그런지 짐작하
     겠습니까?

이낙연 예, 국민은 오랜 세월 동안 '정치인들은 되는 게 없는 집단'
     이라고 보셨을 겁니다. 되는 게 없는 집단, 정기국회 회기 말
     에 여러 법을 처리하기 전까지 제가 받았던 항의가 그거였
     어요. 의석을 많이 줘도 되는 게 없는 사람들, 그러다가 이제
     마지막에 오래된 숙제들을 하나씩 해결하니 한쪽은 잘했다,
     반대편에서 입법폭주다, 그러니 정치인을 보면 참 답답한 사
     람들이라 하겠지요. 정치에는 늘 과정이 따르니까 그 과정을
     헤쳐가는 정치인들의 여러 모습이 국민에게 답답함을 주기
     도 할 겁니다. 그중에는 나쁜 정치인도 있고요.

문   정치인의 어떤 태도 때문에 그럴까요?

이낙연 현실을 무시하는 태도, 독선적인 태도, 으스대고 잘난 척하
     는 것, 말 함부로 하는 것.

문   더불어민주당 국회의원들도 말을 함부로 하던데요?

이낙연 그런 경우가 없다고 말할 순 없지만, 횟수는 과거보다 줄었습니다. 정치인에 대한 국민의 실망을 빗대 이런 유머를 말한 적이 있지요. 장기기증 운동 때 제가 장기기증 서명을 하고 이렇게 말했습니다. 정치인은 썩었다고들 하시는데 혹시 그런 정치인의 장기도 받아주신다면 기꺼이 내겠습니다라고.

문 하하하. 유머가 성공했겠네요. 유머의 성공 여부는 듣는 사람의 귀가 어떤가에 달려 있답니다. 마크 트웨인은 정치인과 기저귀는 같다고 합니다. 자주 바꾸어줘야 한다는 점에서.

이낙연 우리 전통 면 기저귀는 씻어서 다시 쓸 수도 있는데 말이지요. 일회용은 환경오염만 되고.

문 대통령을 비롯한 선출직 정치인들은 늘 유권자의 심판을 받습니다. 삼류의 평가를 받은 관료행정, 즉 관리는 권력 노하우가 있어 삼류에 들었나 봅니다. 사법시험, 행정고시 등등 국가시험을 통과해서 한번 임명되면 관리들은 정무직 외에는 거의 완벽하게 신분보장을 받습니다.

이낙연 그렇죠. 한국 현대사에서 가장 많이 희생한 사람들은 평범한 국민이었습니다. 이류에서 사류에 속하는 이들은 별로 희생이 없었어요. 한국전쟁에서도 일류인 국민들이 가장 많이 희생했습니다. 그러고 보니 얼마나 많이 희생했는가를 분류기준으로 해도 되겠네요. 1970년대 산업화 이후에도 가장 많이 희생한 이들은 사회적 약자였습니다. 노동자, 농민이죠.

문 왜 가난한 사람들이 자꾸 죽을까요?

프란치스코 교황은 새로운 미래를 발견하고 싶다면
주변부로 가라고 하십니다.
헐벗고 가난하고 낯선 그곳으로 가라고.
사회적 약자들은 눈에 보이지 않는 변두리에 있습니다.
그들이 자꾸 희생당하면
이 사회에 무슨 새로움이 있을까요?

이낙연 그만큼 우리 사회가 취약한 거지요. 자연재해마저도 약자에게 먼저 갑니다. 자연재해와 사회적 위험을 막아주는 보호망이 약한 그들을 사회가 충분히 지켜주지 못하고 있으니까요. 1960년대, 70년대는 온돌방에 스며드는 연탄가스도 약자를 공격했고요. 요즘 같으면 교통사고도 약자를 공격합니다. 재앙, 재해는 말할 것도 없지요. 자연재해, 사회재난 모두 약자를 공격합니다.

문 사회적 약자를 보호하지 않으면 우리 사회는 무엇보다 점점 더 새로움을 상실하겠지요. 고정된 현실 속에서는 아무리 해도 안 되니까 이들은 과거의 방식과 다른 길을 찾고, 바로 그 다른 길에서 새로움이 나올 수 있습니다. 이들 사회적 약자를 보호하는 책임은 누구에게 있습니까?

이낙연 정치인과 행정관료에게 있습니다. 그들의 법적 권한은 국민들을 보호하라고 주는 것이죠. 자기 이익을 챙기라고 주는 것이 아니지요.

문 그래서 책임을 다하지 않으니 사류이고 이들을 보호하지 않는 임명직 고위공무원을 삼류로 분류해도 무리가 별로 없겠군요.

이낙연 갈수록 불평등이 심해지니 약자는 점점 취약해지고 위험과 불행에 더 많이 노출되고 있습니다. 거기에 중산층마저도 약자로 편입되기 시작했습니다. 이런 현상은 위기 신호라기보다 위기 자체죠. 국가는 사회적 약자를 현실에서 최소한 지탱할 수 있도록 지원하고, 무너지고 있는 중산층을 복원하기 위해 그 최저기준을 예산에 반영하는 것이 의무가 되어야 합니다. 신복지제도가 자리 잡아야 하는 이유이지요. 소득, 주거, 노동, 돌봄, 교육, 보건의료, 문화체육, 환경 등 국민들의 기본적 요구를 총괄하는 행복의 제도화를 더 이상 외면해서는 안 됩니다.

문   행복의 제도화, 반가운 단어이지만 제게는 조금 낯설군요. 신복지제도가 인간다운 삶을 지향하는 접근 방법이 구체적인가요?

이낙연 그렇습니다. 사회복지는 유럽형 모델이 그나마 성공했습니다. 21세기는 디지털 사회로 급속하게 재편되고 있으니 바로 협력이익공유제, 사회연대기금, 손실보상제 등 상생연대 3법과 함께 지속 가능한 삶, 최소한의 행복을 위해 정부의 지원을 체계화해야 합니다. 신복지제도 안에서 안전과 미래를 함께 추구해야 합니다.

문   언제부터 우리 사회 전반적으로 사회적 약자가 죽든 말든 관심 없다는 인식이 출발했을까요? 누가 이들을 자꾸만 죽음으로 내몰고 있을까요?

이낙연 전반적으로는 좋아지고 있는데도, 산업재해와 자살 등은 뚜렷이 줄어들지 않고 있습니다. 외환위기 이후 각자도생 분위기가 더 나타났지요. 비정규직, 파견, 하청이 많아지고 노동의 중간착취가 흔해졌습니다. 이런 분위기가 20여 년 지나면서 사회 전반적으로 '갑질' 행동이 잡초처럼 번져나갔습니다. 그러나 이제는 더 이상 기업들이 노동자의 안전을 소홀히 할 수 없게 해야 하고 하청기업에 대한 중간착취, 노동의 중간착취도 없게 해야지요. 생명을 소중히 하는 정신이 신복지주의의 근본입니다. 법으로 모든 것이 해결되지는 않으니까요.

문 법조문이 우리 현실을 전부 다 이해하고 설명하고 보상해주지는 않으니까요.

이낙연 사업주 입장에서는 부담이겠지요. 그러나 중대재해처벌법은 배상과 처벌을 위해 나온 게 아니라 생명존중의식에서 나온 법입니다.

문 징벌적 배상금은 제일 먼저 피해를 본 노동자에게 가야 된다고 생각합니다. 국가에서 받아가는 벌금이 피해를 입은 그 노동자에게 제일 먼저 배상하는 데 쓰여야지요. 지난해 11월 13일이 전태일 열사 산화 50주년이었습니다. 정부에서 무궁화 훈장도 추서했습니다. 정말 획기적이지요. 그러나 무궁화 훈장을 주는 것만으로 무슨 해결이 되겠습니까? 그 당시 외침은 "근로기준법 지켜 달라! 우리는 기계가 아니다!" 두 가지였습니다.

이낙연 그렇죠. 과거에는 생각할 수조차 없었던 정부의 무궁화 대훈장 추서는 노동을 존중하자는 중요한 이정표임은 틀림없습니다. 그것은 노동 존중의 새로운 시작을 알리는 것이고,

새로운 시작이어야 합니다.

문 지금도 현실은 그렇게 바뀌지 않았습니다. 노동자들이 자꾸 희생되고 있어요. 아침에 일하러 나가서 저녁에 돌아오지 못하면 어떡합니까? 이 문제는 노동자만의 문제가 아니게 됩니다. 우리 모두의 안전과 생명이 달린 문제로 커져갑니다. 이제는 중대재해처벌법이 정부와 기업, 노동자들이 서로 존중하고 협의하는 시스템을 마련하는 기초가 되면 좋겠습니다. 무엇보다 전태일 열사는 어린 여성 노동자를 향한 연민이 굉장히 컸습니다.

이낙연 사실은 제 바로 밑의 누이동생이 방직공장 여공이었습니다. 학교도 포기하고 방직공을 하면서 남동생 학비도 보태고 그렇게 살았지요. 지금은 형제들 중에 가장 빨리 병이 들어 툭하면 응급실에 실려 다니곤 합니다. 그 아이가 얼마나 배움에 포원이 졌는지 아이들 다 키우고 난 뒤에 검정고시로 고등학교를 마치고 마흔여덟 살에 4년제 대학을 마쳤어요. 그래서 당시 노동자의 삶을 제가 조금은 알지요.

문 그러면 더 간절하겠습니다. 제 여동생 둘도 전태일 열사가 나왔던 청옥공민학교를 다녔습니다. 낮에 일하고 밤에는 학교 다니고, 일요일은 야간 잔업하고. 검정고시하고.

국회에서 통과된 중대재해처벌법이 과연 안전사고를 얼마나 막을 수 있을까? 노동자들도 반발하고 기업도 반발하고. 지난해 고용노동부 자료에 따르면, 중대재해가 발생한 사업장은 671곳이었다. 이중 80퍼센트(539곳)가 50인 미만 사업장이다. 그런데 처벌을 또 3년간 유예하면 이 법이 정말 목숨을 보호하는 장치가 될 수 있을까 하는 의문이 든다. 그래도 그는 할 수 있는 한 의회 제도를 존중하고 한 걸음씩 나아가야 한다고 말했다.

이낙연 그래도 의미가 있습니다. 의회 민주주의에서는 여러 다양한 의견을 들어 최대 공약수를 찾아내야 하지만 그렇게 해서 합의를 이루면 양쪽 모두가 불만족스러워하는 그런 흠이 있죠. 의회제를 운영하는 한, 그런 고민이 늘 있습니다. 법이 통과되고 난 뒤 다행히 산재 유가족들이 단식농성을 풀었습니다. 거기 가서 인사를 드렸어요. "죄송합니다. 어쩔 수가 없었고, 한걸음이라도 출발을 하는 게 필요하다고 판단했습니다. 일단 출발하고 시행령으로 보완할 수 있는 건 하고 또 시행해가면서 개선해나가겠습니다." 그렇게 말씀을 드렸어요. 유가족 분들도 수긍해주시는 모습이어서 가슴 아프면서도 감사했지요.

문 이 법의 취지가 노동자의 안전을 보장하기 위해서 나온 것이지요?

이낙연 그렇습니다. 안전을 보장하려면 예방을 해야 합니다. 처벌 자체가 목적은 아니니까요. 예방 의무를 굉장히 강화했습니다. 피해유가족들은 서운함이 많이 있지요. 산업재해로 1년에 2,000명 이상이 돌아가시니까요. 조금씩 개선되고는 있는데 결정적 개선이 잘 안 되고 있습니다. 첫걸음을 뗐으니 이제부터라도 희생을 줄여야 합니다. 아침에 일을 나간 부모가, 자식들이 집으로 돌아오지 못하는 것처럼 고통스러운 일이 없지요. 작별인사도 못 하고.

그는 고통은 언제나 다발로 묶어 따라 다닌다고 했다. 그에게는 성장하면서 겪었던 남루함이, 노동에 내몰리고 매일 생사를 걱정하고 안전을 보장받지 못하는 이들을 위해서 무엇인가를 하게 하기 위한 오랜 이해의 시간으로 뿌리내렸을까?

문　불행은 어깨동무하고 온다고도 합니다.

이낙연　예, 약자들의 삶을 보면 비참함이 도처에 한꺼번에 있어요. 그래서 제가 소득만의 문제가 아니라 국민생활기준을 만들어서 최저기준은 국가의 의무로 하는 것이 낫겠다고 판단한 겁니다. 불행들은 떼 지어, 한꺼번에 뭉쳐 다니거든요. 어느 하나가 좀 낫다고 하더라도 다른 쪽이 취약하면 그게 계속 따라다닙니다.

문　사회적 약자가 평화롭고 환해지면 그 위의 상류, 최상류층은 더 밝고 환해지겠지요.

이낙연　가난한 자가 배불러야 부자가 편하게 잔다는 브라질 속담이 있습니다. 이 이야기를 하려니 저의 어린 시절 이야기보다 훨씬 더 힘들어집니다. 남루했던 어린 시절을 얘기할 때는 아련하지만 좀 여유로웠는데 지금 질문에 답을 할수록 점점 더 고통스러워지네요. 막 몸이 아프고 그래요.

문　우리는 살아남았으니까요. 「살아남은 자의 슬픔」이란 브레히트의 시가 있습니다. '나는 알고 있다. 오직 운이 좋았기 때문에 그 많은 친구들보다 오래 살아남았다고. 그러나 지난 밤 꿈속에서 이 친구들이 나에 대해 이야기하는 소리가 들려왔다. 강한 자는 살아남는다. 그러자 나는 나 자신이 미워졌다.' 살아남은 사람은 정말 운이 좋아서 그런 걸까요?

이낙연　운이 좋았겠지요. 1980년에 제가 광주에 있지 않고 서울에 있었던 것이 제가 강해서 그랬을까요?

문　그 이야기를 들으니 좀 막막합니다.

이낙연　제가 동아일보사에 입사하자마자 자유언론 투쟁이 있었습니다. 그중에서 상당수가 해직됐죠. 뒤에 강성재 선배한테 들었어요. 제일 마지막 기수는 너무 어려서 자유언론투쟁대열에서 뺐다는 겁니다. 그때 제가 공채 마지막 기수였습니다. 1979년 10월에 견습 꼬리를 뗐는데 1980년, 언론자유 투쟁이 있었습니다. 저희 기수는 해직을 면했습니다. 그게 강한 것하고는 아무 상관이 없고 우연이라고 말하기에는 속절없습니다.

문　우연은 반드시 어떤 필연적인 계기로 이어집니다. 우연하게 살아남은 이유가 있다는 생각이 자꾸 들어서요.

이낙연 요즘도 저는 제가 뭘 해도 좋으니 역사의 진전에 기여하는
방법이 뭘까, 그걸 골똘하게 생각하고 있습니다.

검찰은 왜
반성하지 않나

문   잠시 유행했던 화환, 꽃 이야기할까요? 서로의 의사를 집단
      적으로 표현하는 데 화환을 많이 이용하더군요. 법무부와 검
      찰청 앞도 꽃이 많았지요. 꽃으로 의사를 표현하는 방식이
      좋게 보였습니다. 그것도 생화를 많이 보내면 꽃가게가 잘
      됩니다. 팬데믹으로 학교 졸업식도 못 하니 꽃들도 갈 데 없
      었는데 다행이지요. 좀 더 많이 싸우고 그것을 꽃으로 보내
      면 어떨까 싶었습니다. 조화와 생화 구별하는 노하우가 있습
      니까?

이낙연 저 같으면 가만히 만져봐요.

문   빙고! 만져보면 확연하게 차이가 있지요. 꽃잎에 가만히 손
      을 대면 생화는 손이 시리도록 차갑습니다. 꽃은 스스로 압
      니다. 냉정해야 자신을 피어 있는 상태로 유지한다는 것을.
      시들어버리면 더 이상 차갑지 않습니다. 권력도 꽃처럼 피어
      있을 때 냉정해야 하지 않을까요?

이낙연 그렇지요. 개화까지는 열정이고 절정의 순간에는 냉정하고

귀를 기울여야 한다는 의미이지요?

문   꽃다발로 대화하듯이 정치권도 저렇게 격조 있게 대화하면 듣기도 좋고 보기도 좋고 꽃가게 시름도 덜어줄 수 있습니다. 그런데 목소리가 다들 격렬하니 금방이라도 무슨 난리가 날 듯합니다.

이낙연   격조까지 가지 않더라도…… 서로 화를 내지 않고 이성적으로 대화하기를 바라지요. 요즘은 갈수록 큰 말이 많습니다. 큰 말(Big words), 작은 말(small words)이 있는데 지금 우리 사회가 전반적으로 큰 말이 많아집니다.

문   신뢰와 대화가 사라지면 큰 말이 난무하는 모양입니다. 요즘 큰 말은 '헌법정신', '법치주의'입니다. 법학도 출신인데 헌법정신이 무엇입니까?

이낙연   자유와 평등의 조화가 헌법정신이지요. 자유민주주의입니다. 대한민국은 민주공화국이고 모든 권력은 국민에게서 나온다고 헌법에 나와 있습니다. 자유민주주의의 가치 아래 국가가 국민의 생명과 재산을 보호하는 정신이 헌법정신입니다. 무엇보다 국가는 국민의 행복을 추구할 권리를 보장해야 합니다. 그게 헌법정신이지요. 행복한 삶은 동시에 죽음의 존엄성을 지켜주는 것과도 연결되어 있습니다. 팬데믹 시대의 헌법정신은 국민을 질병으로부터 지키기 위해 감염병 국가책임제를 시행하고, 나아가 국민의 존엄성 있는 죽음을 맞을 권리를 보장해야 하므로 과거의 헌법정신보다 더 확대되어야 합니다.

문   법치주의를 어떻게 설명하겠습니까?

이낙연 법에 의한 통치가 법치주의입니다. 그 법이 누구에게는 무기
가 되고 누구에게는 공포가 되는 것은 법치주의가 아닙니다.
누구에게나 똑같은 것이어야 합니다. 법을 왜곡해서 적용해
서는 안 됩니다. 아직 우리에게는 없지만 독일에는 법왜곡죄
(독일형법 제339조)가 있습니다. 검찰과 법원이 법을 왜곡해
서 적용할 경우 검사·판사를 처벌하는 죄입니다.

문   자유민주주의와 법치주의 둘 중에 어느 것이 상위 개념입니
까?

이낙연 당연히 자유민주주의가 상위죠. 법은 자유민주주의를 위한
수단이지요. 수단이 목적이 되면 법의 행사가 선택적이며 위
협적인 것이 되고 법을 왜곡하게 되고 자유민주주의를 하위
개념으로 전락시키는 위험이 따르지요. 그것은 법의 과잉지
배를 초래하기 쉽고 사회 모든 분야에서 동력을 잃게 만듭
니다. 천하를 통일했던 진나라(기원전 221~206년)는 강력한
법적 통치 때문에 15년 만에 망했습니다.

문   30년 전인 1991년에 강기훈 유서대필 사건이 있었습니다.
그 사건이 조작으로 이미 다 밝혀졌죠. 지금 그는 암으로 고
통 받고 있습니다.

이낙연 안타깝지요. 유서와 대필이란 것이 과연 함께 있을 수 있는
일인가 하는 기초적 의문조차 망각했지요.

문 지금까지 아무도 책임을 지는 사람이 없습니다. 그 조작사건
   에 관련된 사람은 그게 자기 고통이 아니어서 그럴까요?

이낙연 예, 타인의 고통에 굉장히 둔해져버린 사람들이 있습니다.

문 《동아일보》신연수 전 논설위원의 칼럼, 〈검찰은 왜 반성하
   지 않나〉라는 글을 읽었습니다. 문장, 문장이 생각에 빠지게
   하더군요. '국민이 위임한 공권력을 부당하게 썼다면 그것은
   큰 범죄다. 그런데 조작사건들에 대해 누가 왜 어떻게 조작
   했는지 진실을 밝히고 범죄자를 처벌하는 일은 이뤄지지 않
   고 있다. 수십 년간 검찰은 자정능력이 없음을 증명해왔다'
   는 내용입니다. 그동안 국회의원들은 무얼 했을까요? 국회
   의원 5선이면 책임이 있지요?

이낙연 그렇죠. 뭘 했는가 하는 성찰이 이번에 많은 변화를 불러왔
   습니다. 검찰개혁 입법, 중대재해처벌법 등 한 걸음씩 나아
   갔지만 그것으로는 충분하지 않다는 것을 알고 있습니다. 그
   래도 할 수 있는 것부터 한 걸음씩 착실히 나아가야 합니다.
   지금도 많은 검사들은 좋은 검사가 되고 싶고 국민들의 사
   랑을 받고 싶어 할 거라고 믿습니다.

   그런 검사들이 더 자긍심과 사명감을 가지고 일할 수 있
   도록 해줘야 합니다. 정치화된 일부 검사들이 과도한 일들을
   서슴지 않는 경우가 생기고, 그것이 국민들에게도 큰 실망을
   주고 있습니다. 그런 일을 할 수 없도록 하는 제도와 문화가
   필요합니다.

문 　강기훈 유서대필 사건, 그 당시에는 신군부정권인 1980년대
　　와 달라서 언론에 크게 재갈을 물리는 시절도 아니었습니다.
　　기자가 논리적인 의심도 하지 않았을까요? 이 사건은 국가
　　기관에서 조작한 사건이었습니다. 그 어떤 시대에도 언론은
　　소중한데 말이지요.

이낙연 유서대필 사건은 국가기관이 적극적으로 조작했습니다. 간
　　첩조작사건도 있었어요. 결코 해서는 안 되는 일이지요. 조
　　작 관련자에게 책임을 물어야 그런 일이 다시는 없게 됩니
　　다. 국가기관의 완벽한 속임수여서 기자들이 취재의 한계에
　　부닥쳤는지, 아니면 보도자료를 그대로 믿었는지 성찰해야
　　지요. 한 인생이 다 망가져버렸습니다.

　　그것은 그분의 인생만이 아니지요. 우리 모두의 생이 표시
　　나지는 않았지만 그 위협 앞에 노출돼 있었어요. 자유민주
　　주의 사회에서 그런 무지막지한 폭력에 누구든지 노출될 수
　　있게 둔다는 것은 있을 수 없는 일입니다. 입법기관도 책임
　　이 큽니다.

문 　지금 논란이 되고 있는 검찰이나 법원이 국민의 신뢰를 얻
　　는 노력을 해왔다고 생각합니까?

이낙연 자기들만의 폐쇄적인 문화 속에 함몰돼 있었습니다. 검찰
　　이 우리나라에서도 원래는 수사권까지 갖지는 않았습니다.
　　1964년 무렵 군사정권 시대에 검찰에 수사권까지 줘서 기소
　　와 수사를 다 해왔습니다. 한 번 검사가 되면 특별한 일이 없

는 한 그대로 검사직을 유지하며 수십 년 동안 선후배 기수 문화 속에 편입되고, 퇴임 이후에도 그 질서를 잘 지켜줘야 퇴임 이후의 생활에 도움을 받는다고 하지요. 검사 출신 변호사에게 사건을 의뢰하는 사람들이 기대하는 것도 바로 수사나 기소단계에서 도움을 받고자 하는 것이죠. 검사로서는 자신의 퇴임 이후를 위해서까지 필요해지는 게 결국 제 식구 감싸기입니다.

그게 헌법정신과 법치주의를 위협하게 됩니다. 특권 집단이 되고 선민의식을 가지게 되는 폐단이 쌓여가지요. 무엇보다 수사와 기소를 다 한꺼번에 한다는 건 엄청난 권력이거든요. 수사권과 기소권을 다 갖는다는 건 대체로 기소를 하기 위해서 무리하게 수사하기 쉽습니다. 공수처법, 검경수사권 분리 등이 요구된 토양이지요.

문 우리나라 공무원은 중앙공무원과 지방공무원으로 나누어져 있고 경찰도 중앙경찰과 자치경찰로 나누어집니다. 검찰과 법원의 공무원은 왜 예외일까요?

이낙연 과거 국가기관의 기능적 효율성만을 중시했기 때문이었지요. 이번에 경찰법이 개정돼서 국가수사본부가 생겼습니다. 그러면 거기는 오로지 경찰들의 조직인 것처럼 받아들여질 수 있으니 조직과 문화가 폐쇄적이어서는 안 됩니다. 앞으로는 검사도 수사하고 싶다거나, 수사 중에서도 어떤 분야의 범죄에 대해서 관심과 실력이 있다면 검사직을 떠나 국가수사본부로 옮겨가는 영역이동이 가능하도록 해야지요. 균형과 견제가 수평적으로 만들어지고 독점을 완화함으로써 권력 집중에서 오는 폐해를 줄여야 합니다. 미국 연방수사국(FBI)에도 검사들이 많이 있습니다. 국가수사본부에 충분한 법률 지식이 필요한 분야는 검사 출신들도 과감히 받아들이는 유연성이 있어야 합니다. 조직이 폐쇄적이고 성을 쌓으면 부패하게 마련입니다. 검찰과 법원 공무원을 중앙과 지방으로 구분하는 문제도 공론화하고 연구를 거쳐서 그게 국민의 이익이라면 시행해야 합니다.

문 검찰개혁을 지지하는 성명 가운데 지방검찰청장을 주민투표로 뽑아야 한다는 제안도 있습니다.

이낙연 자치경찰제도가 자리 잡으면서 자치검찰제도도 도입해야 하지 않느냐 하는 사회적 논의와 함께 국회에서도 충분히 논의할 만합니다. 다만 선출직이라는 건 대단히 정치적이어서 좀 더 신중해야 합니다. 인기를 얻으려 한다든가 하는 문제가 생길 수 있습니다. 공수처, 자치경찰제가 자리 잡고 활성화되면 국회에서 의지를 가지고 검토해야 합니다.

문 살아 있는 권력에 대한 논란이 많았는데 정말 살아 있는 권력은 무엇이라고 생각합니까?

이낙연 선출직 권력은 4, 5년 계약직에 불과하고 임기가 끝나면 투표로 심판을 받습니다. 그러나 심판을 받지 않고 1960년대부터 지금까지 살아 있는 권력은 국가시험을 거쳐 임명된

검찰과 법원, 고위직 공무원이지요. 검찰이 변화하지 않는 것으로 보이지만 사실은 제도적으로 변화하고 있습니다. 비록 시작이지만, 국회의 입법을 통한 견제로 조금씩 새롭게 변하고 있고, 변해야 합니다. 검찰개혁은 21세기의 시대적 요청입니다.

문 　미국이나 독일처럼 검사는 검사로, 판사는 판사로 일하고 절차에 따라 종신근무 자격을 얻으면 정년을 두지 않고 건강이 허락하는 한 일하게 하는 제도는 어떻습니까? 전관예우라든가 이런 것들도 많이 줄어들지 않겠습니까? 변호사 자격을 얻은 뒤 일정 연한 동안 유예기간을 둔 뒤 선택하게 하는 방법이죠. 더군다나 고시낭인을 없앤다고 사법시험을 없앴는데 아쉽습니다.

이낙연 　인력의 충원과 운영을 어떻게 하는 것이 효율적이고 국민들의 신뢰를 얻을 수 있는지 다른 나라의 제도도 연구하고 따져봐야 합니다. 로스쿨의 문을 열고 사법시험의 문을 닫아버렸는데 그것이 전적으로 옳았느냐를 둘러싼 논의가 있지요. 계층상승의 사다리를 없앤 것 아니냐는 거지요. 사법시험의 문제와 방송통신대학의 로스쿨 설립 제안도 활발한 사회적 논의가 있어야 합니다.

문 　지난겨울과 봄 사이 검찰 인사권으로 논란이 많았습니다. 검찰 인사 누가 해야 합니까?

이낙연 　검찰은 행정부입니다. 검찰청법에 따르면 5급 이상의 인사권은 당연히 법무부 장관에게 있습니다. 그것을 역대 정부의 법무부 장관들이 검찰총장에게 사실상 넘겨주었지요.

문 법관 사찰문제에 대해서 춘천지방법원의 송경근 판사가 올린 글이 있습니다. 그는 '법관사찰이 법관이나 재판부에 한정된 문제가 아니고 국민의 기본권에 심각한 영향을 미친다'고 지적합니다. 법관사찰은 역으로 판사가 기소한 검사의 개별 정보를 파악해서 기소의 정당성을 따져도 된다는 논리도 성립하게 만듭니다.

이낙연 민주주의 국가에서 있어서는 안 되는 일이죠. 누구든지 사생활은 보호받아야 하고 사람에 대한 평가, 정보 수집은 법에 의하지 않고는 절대 해서는 안 되는 것이지요. 그건 불법입니다.

문 사법부의 법률적 판단에 대해서도 지식인들, 법률학자들이 논리적으로 비판하고 토론하는 장이 열려야 되지 않습니까?

이낙연 점점 그쪽으로 가고 있다고 느껴져요. 미국 대법원마저도 진실의 70퍼센트를 가려내면 성공이라고 말한 사람이 있었지요. 언론들은 요즘 활발한 편이지 않습니까? 특히 젠더 문제에 대한 법원의 보수적인 판단에 대해서는 언론들이 가장 활발하게 문제제기를 하고 있지요. 좋은 변화라고 생각합니다.

문 무죄 판결이 난 살인사건이나 간첩 조작사건, 유서대필 사건 등이 보통 사람들은 자기와 관련이 없다고 할지 모르지만 우리 모두에게 언제든지 일어날 수 있는 일이니까요.

이낙연 아, 그럼요. 4차산업혁명시대엔 경제와 산업뿐만 아니라 사람들의 삶까지 빠르게 변화합니다. 권력기관이 변화하지 않고 과거의 틀에 매여 있다면 그것은 모두에게 불행이지요. 민주화가 이뤄진 지 30년이 지났는데 아직까지 보이지 않는 감시와 처벌로 둘러싸여 있다면 미래사회는 갈수록 위축되고 맙니다. 그러나 국민은 그런 권력을 용납하지 않을 것입니다. 특히 우리 국민의 민주의식과 역량은 권력마저 변화시키고 있지 않습니까? 그래서 국회도 권력기관 개혁을 입법했습니다.

절대반지를 녹일 수 있는 건 용암이라는 국민

문 『내가 검찰을 떠난 이유』를 쓴 검사 출신 이연주 변호사는 MBC와의 인터뷰에서 검찰을 떠난 이유를 '정의와 공정의 얼굴을 하고 안은 무법천지구나'라고 생각했기 때문이라고 했습니다. 이 변호사는 검사는 법을 적용할 뿐이지 법의 적용을 받지는 않는다는 그들만의 세계를 갖고 있다고 합니다. 서울대 법대 법학과 출신인데 어떻게 생각합니까?

이낙연 전공이라고 말할 처지는 아니지만 법치국가에서 공직자 중에 특별한 대우를 받아야 하는 존재는 없습니다. 검찰이라고 해서 특별히 옹벽 같은 보호막 속에 있어야 한다는 생각은 지속될 수 없다고 봅니다. 이제 공수처가 출범했으니 자리를 잡고 검찰도 제자리에 서게 하는 과제가 남았습니다. 오랜 노력 끝에 큰 고비 하나를 넘은 거죠.

문　『내가 검찰을 떠난 이유』를 읽으면서 마광수 교수가 자꾸 생각이 났습니다. 그는 소설 『즐거운 사라』 때문에 구속되었다가 집행유예로 풀려난 뒤 "조사과정에서 받았던 치욕은 뼈를 깎아내어도 지워지지 않는다"고 하더군요. 그 사건은 심약한 그를 깊은 우울증 속으로 빠뜨렸고, 그는 그 속에서 다시는 빠져나오지 못했어요. 1992년부터 25년간 그때 일이 불쑥불쑥 떠올라 두려움에 떨다가 스스로 삶을 마감했습니다. 그는 20년이 더 지나서도 한밤중에 제게 전화해서 어제 일처럼 목소리를 떨곤 했지요. 마광수 교수의 탁월한 박사학위 논문 「윤동주 연구」는 우리 청소년들에게 윤동주 시를 널리 알리는 계기가 되었는데, 애처롭습니다.

이낙연　안타깝지요. 연세대 국문과 교수였죠. 화가이기도 하고. 한수산 작가도 신군부 당시 소설 때문에 기관에 끌려가 고통을 받았지요. 그 얘기는 입 밖에 꺼내려 하지도 않았고. 여전히 상처가 깊게 남아 있는 것 같아요.

문　한수산 소설가와 몇 번 만났다는 이유로 보안대에 끌려가 고문 후유증으로 마흔두 살에 죽은 박정만 시인도 있습니다. 이른바, 선출직 정치인들이 4, 5년짜리 계약직이라서 그런지 오히려 이런 횡포를 방조한 책임도 있습니다. 선출직 권력들이 가장 우선적으로 품어야 할 덕목은 무엇입니까?

이낙연 권력의 공포 앞에 놓인 약자들의 처지에 대한 직시와 공감이 있어야 합니다. 그게 기본이지요. 권력의 횡포를 정글처럼 내버려두면 제도도 필요 없고, 국가도 필요 없습니다. 제도를 만들고 그 제도를 운영하는 사람으로 공직자를 두는 이유는 이 세상이 정글처럼 가지 않도록 하기 위한 것입니다. 권력의 횡포로부터 국민을 보호하고, 시장의 난폭한 질서로부터 약자를 보호하는 것, 바로 이것이 제도가 존재하는 이유이고 공직자가 존재하는 이유이기도 합니다. 갈등을 조정하고 이해관계를 조정하는 순서는 그다음 일이지요. 정치인은 그 일을 거의 본능처럼 해야 합니다.

문 검찰개혁을 위한 종교인 선언이 있었습니다. 과거 군부정권도 아닌, 민주화되어 있는 대한민국에서 종교인이 특정조직에 대해 시국선언을 하는 경우는 드뭅니다. 종교인 선언은 "우리 사회가 지금 위험하다"는 경고를 하고 있더군요.

이낙연 그렇습니다. 종교인들이 위중한 상황임을 알고 계시는 거지요. 종교인들의 시국선언에 쓰인 용어들에 핏발이 서 있어서 한없이 죄송해집니다. 이 사태를 종교인들이 세속의 인간들에게만 맡겨서는 안 되겠다고 판단한 거지요. 종교인 시국선언이 나왔다는 것은 세속인들이 너무 잘못하고 있음을 드러냅니다. 기도하고 영성으로 나아가고 우리에게 위로와 용기를 주어야 할 성직자들이 우리 대신 외치고 있으니 부끄럽습니다.

사라져야 할 골룸들

문 선언문의 내용을 정리하면 "검찰의 통제 불능의 폭력성을 참아줄 수 없다. 언론이 거짓을 꾸짖는 본래 사명을 회복하기 바란다. 정의와 인권을 회복하는 데 모든 이가 정성을 다하기를 기도한다." 이렇게 세 가지입니다. 성직자들이 정치인에게 주는 경고의 메시지로 들립니다. 지금 도대체 어디서 무엇을 하고 있느냐고. 이것은 유효기간이 없는 경고 같습니다.

이낙연 그렇습니다. 할 일이 태산인데 여야 할 것 없이 태산 아래 평지에서 깔짝거리고 있었으니까요.

문 소설 『반지의 제왕』 주인공인 순정한 정신의 소유자 프로도처럼 무엇보다 사회적 약자들의 억울함을 잊지 않는 검사들이 많이 있겠지요?

이낙연 그럼요. 대다수의 검사들은 그럴 거라고 기대합니다. 『반지의 제왕』에 보면 골룸이 프로도에게서 반지를 빼앗으려다 절대반지와 함께 용암 속에 빠져 죽습니다. 절대반지를 유일하게 녹일 수 있는 펄펄 끓는 용암이 국민이겠지요. 진정한

권력의 횡포로부터 국민을 보호하고,
시장의 난폭한 질서로부터 약자를 보호하는 것,
바로 이것이 제도가 존재하는 이유이고
공직자가 존재하는 이유이기도 합니다.

신복지제도의 자유민주주의 사회에서는 저런 골룸이 없어져야지요. 일류가 국민이고 당연히 모든 권력이 국민에게 있으니 무소불위의 절대 권력을 국민한테 돌려줘야 합니다.

문 검사의 권한이 국민들로부터 위임받은 것이라는 생각을 확고히 갖고 있는 검사들이 많을수록 우리 사회가 훨씬 밝아지지 않겠나 하는 기대를 합니다.

이낙연 반드시 달라지리라고 봅니다. 지금이 더 나은 검찰로 가는 가장 힘든 계곡을 건너는 단계라고 봅니다. 물론 이것으로 완성되지 않습니다. 개혁은 영원한 과정이지요. 어떤 결승 지점이 있는 것도 아니고. 그러나 제도상으로는 큰 고비를 넘기 시작했습니다. 그다음에는 의식과 문화까지 어떻게 새로워지는가 하는 문제가 있습니다. 많은 검사들은 직무에 성실하게 임할 것이라고 믿고 있습니다.

문 법은 도덕의 최소한이라고 했는데, 지금은 법이 도덕의 최상위에 있는 거 같아요. 모든 것을 법으로 해결해야 하니까요.

이낙연 예, 여야도 정치협상으로도 안 되면 막 고소 고발을 하지요. 막스 베버는 나중에는 우리가 밥 먹는 각도까지 법으로 다 정한다고 합니다. 그래서 인간은 철창(iron cage)에 갇힌 신세가 될 거라고. 이제 국회도 국민이 위임해준 입법기관으로서 대화와 협상의 민주적 기능을 회복해야지요.

문 개혁입법 과정에서 민주당이 야당일 때 기를 쓰고 반대했던 테러방지법에 전염병과 관련해서는 국정원에서 수사권을 가

진다는 것을 추가했습니다. 정권은 달라졌는데 우리가 뫼비

우스의 띠 위를 걷고 있는 건 아닌가 하는 불안감도 듭니다.

이낙연 그때 민주당이 반대했던 때의 테러방지법은 정보기관이 테

러방지를 이유로 투명하지 않은 상태에서 수사권을 행사할

수 있다는 우려가 있었습니다. 이번에 국정원법 개정으로 수

사권을 모두 경찰에 넘겼습니다. 국정원은 대공정보와 해외

정보 두 가지 업무만 갖는 걸로 했지요. 실제로 전염병은 중

대한 위협이니 국민의 안전을 위해서는 강제적인 조치의 근

거를 마련할 필요가 있습니다.

　　우리는 중요법안에 대해 최대한 야당의 우려를 반영해서

기다려왔고 그래도 야당이 끝내 찬성하기 어렵다 해서 지금

야당이 여당이었던 때에 만들었던 국회선진화법의 절차에

따라 처리했습니다. 국정원법의 경우에는 소위원회를 일곱

번인가 했고, 다 야당이 동참했습니다. 경찰청법은 여야가

합의했어요. 그리고 공수처법은 야당이 수정안을 내서 표결

했지요. 야당은 입법독주라고 말하지만 국회법이 정하는 절

차를 벗어나지 않았습니다.

문　　그 기준은 법적 절차인가요?

이낙연 합의가 이루어지면 좋지만, 그것이 어려우면 마지막 방법은

법적 절차에 따르는 것이죠. 국정원법도 소위를 통해서 야당

의견을 충분히 들었습니다. 야당은 찬성을 못 하겠다 해서

필리버스터를 했죠. 공수처 처장 후보도 마지막까지 합의로

내세우려고 노력했어요. 그래서 더불어민주당 지지자들로부터 많은 욕을 먹었지요.

법사위에서 안건조정회의를 열어 공수처법 개정안을 처리하려는 그 순간에도 여야 원내대표들은 합의를 이끌어내려고 노력했어요. 공수처장 후보는 어렵게 한 분으로부터 본인의 동의를 얻었는데 다음날 아침에 가족회의에서 부결되기도 했습니다.

문   하하하. 인사청문회보다 가족청문회를 통과하기가 더 어렵지요. 이제 대공수사권도 경찰로 넘어가면 모든 정보 수집이 경찰로 일원화되니 경찰 권력이 비대화된다는 염려가 있는데, 견제와 균형을 이루는 대안이 있을까요?

이낙연   거기도 이제 공수처의 업무 대상이 될 수 있죠. 무엇보다 경찰 스스로가 대단히 투명하게 경찰민주화와 선진화를 위해 노력해야 합니다. 경찰이 갖는 부정적인 이미지가 없는 것은 아니니까요.

문   경찰만이 정보를 수집하면 정보 창구가 단일화되니 국가안보 차원에서도 부족하고 취약하지 않겠습니까?

이낙연   그럴 수 있죠. 과제가 많습니다. 그동안의 불행했던 경험 때문에 그 힘을 분산시키고 견제하게 하자는 뜻에서 경찰에 많은 역할이 가게 됐지요. 앞으로 국정원의 대공수사 전문가가 국가수사본부에 합류하고 검찰의 수사 전문 인력도 이동하고 새로운 체제에 따른 전문적 수사 인력을 경찰이 체계적으로 확충해야 합니다. 기소권을 가진 검찰이 경찰 권력을 견제할 수 있습니다. 또 공수처가 고위공직자들이 권력을 남용하지 않는지 감시하니까요.

문　사실, 국민들이 가장 많이 접촉하는 곳은 경찰이거든요. 국민들은 국가보안법이나 중대범죄를 처벌하는 형법이 무서운 게 아니지요. 국민들은 교통사고, 음주소란, 층간 소음, 스토킹 이런 일들에 많이 시달립니다. 이런 사건들이 경찰에다 집중될 텐데 민원인들, 사건당사자들의 불협화음이 자체 감찰로 해소될까요?

이낙연　경찰 내부에서 견제와 균형 장치를 빨리 도입해야지요. 그와 동시에 기소 단계에서는 검찰이 견제하고 최종적으로는 공수처가 견제하는 시스템이 정착되어야 하고요. 그리고 시민과 언론의 견제 또한 필요합니다.

문　2,300개가 조금 안 되는 절대반지를 검찰에서 받아 와서 15만여 개로 확대시켜 경찰에 주는 건 아닐까 하고 염려하는 여론도 적지 않습니다. 자치경찰청장이나 지방검찰청장은 물론 지방자치단체 법원장도 교육감처럼 지역민들에게 선거권을 주는 방안은 어떻습니까?

이낙연　연구 과제가 될 수 있다고 생각합니다. 다만 선출직이 되면 정치화 또는 인기영합주의의 우려가 따르기 때문에 종합적인 고려가 필요합니다.

문　국민들이 일상생활에서 무서워하는 건 사실 경범죄처벌법입니다. 과태료나 벌금도 자꾸 올라갑니다. 국민을 앵벌이 대상으로 여기는 것은 아닌가 싶군요. 소득에 따른 과태료 제도를 도입하면 어떻습니까?

이낙연 그런 의견은 국회 내에서도 꾸준히 나왔습니다. 세부적인 논의가 필요하고 공론화되어야 합니다. 절차와 과정을 이제는 분명하고 철저하게 지켜나가고 그 과정에서 충분히 검토해서 졸속입법이 없도록 해야지요.

문 고위공무원 인사 세평은 경찰에서 업무를 대행하고 있습니다. 인사혁신처의 업무를 경찰청에 위임하는 모양새인데 공직자 인사세평업무는 인사혁신처에서 직접 하는 게 상식적이라는 생각이 듭니다.

이낙연 비슷한 업무라도 경찰이 하거나 검찰이 하는 것보다 인사부처에서 하면 덜 부담스럽지요. 저도 저에 대한 정보기관의 사찰문서를 본 적 있습니다. 기가 막히더군요. 제가 도쿄 특파원을 할 때 도쿄를 방문한 고위 인사들의 동선에 대한 비판 기사를 쓴 적이 있어요. 그에 대한 정보기관의 기록은 이렇게 돼 있더라고요. 이 아무개는 출신 지역이 어디여서 그렇게 비판기사를 썼다고.

선대 이준 열사의
못다 한 뜻

문   우리나라 최초의 검사가 누군지 압니까?

이낙연 그럼요, 이준 열사를 어찌 모르겠습니까?

문   남북한에서 동시에 존경받는 독립투사는 이준 열사와 도산 안창호 선생입니다. 아마 그 이유는 일제강점기 좌익, 우익의 이념적 갈등이 치열하기 전에 순국했기 때문이겠지요. 북한에서도 존경받는 이유 중의 하나는 두 분 다 고향이 북한인 이유도 있을 겁니다. 이준 열사는 생활력이 강하기로 유명한 함경남도 북청 출신이고 도산 선생은 평안남도 강서 출신입니다. 이준 열사는 전주 이씨 완풍군파 18대 후손입니다. 대한민국 최초 검사 이준 열사의 후손이지요?

이낙연 예, 이준 열사께서 저희 조상이라는 것은 제가 성인이 된 뒤 알았습니다. 나라를 빼앗긴 그 울분을 죽음으로 표현했다는 것 자체가 얼마나 결연하고 고통스러웠을지, 그 뜻을 늘 속에 품고 있습니다.

   이상설, 이위종, 이준 세 분이 고종황제의 특사로 헤이그에 가셨지요. 충청북도 진천에는 이상설 선생 생가가 있습니다. 여기서 어떻게 생활했을까 싶을 정도로 집이 작고 낮아요. 이상설 선생은 돌아가실 때 "조국 광복을 못 봤으니 조국에 묻힐 자격이 없다. 내 뼈를 태워서 아무르강에 뿌려다오."

그러셨습니다. 블라디보스토크 근교에 그분의 유허비가 있
고, 진천의 생가 뒤에 큰 무덤이 있는데 그것도 빈 무덤입니
다. 빈 무덤인 채로 있는 두 분이 안중근 장군과 이상설 선생
입니다. 그게 역사의 텅 빈 아픔입니다. 이준 열사는 그래도
유해가 대한민국으로 돌아올 수 있었지만.

문　이준 열사가 졸업한 학교가 대한제국 법관양성소입니다. 이
　　법관양성소가 나중에 서울대 법과대학이 됩니다. 선대 이준
　　열사의 못다 한 뜻을 이어받으라는 유훈이 내려와 서울대
　　법학과에 들어간 것 아닐까요?

이낙연　그때는 제가 어려서 뭘 몰랐을 때입니다. 그렇지만 정의감
　　같은 게 있었지요. 혁명가를 꿈꾼 적도 있었다고 했잖아요.
　　청년의 분노 같은 것이었죠. 세상이 너무 절망적이고 절망에
　　허덕이는 농촌 사람들을 늘 주변에서 보니까 뭔가 도움이
　　될 방안이 없을까 속만 태웠습니다.

문　열사의 뜻이라는 생각도 듭니다. 직계 후손에다 누구도 좀처
　　럼 들어가기 어려운 대학의 법학과 동문이니까요.

이낙연　조금이라도 그 뜻을 거스르지는 않는지 스스로 질문하고, 역
　　사의 진전에 무엇으로 기여할 것인가 늘 생각하고 있습니다.

　이상설 선생은 1917년 우수리스크에서 병으로 죽으며 조국 광복을 이
루지 못했으니 무덤을 가질 자격도 없다고 했다. 또 한 분, 이위종 열사
는 러시아에서 의병 활동을 벌이다가 러시아 혁명이 일어나자 독립 투쟁

에 필요한 군사지원을 받기 위해 혁명군에 들어갔지만, 그 뒤 언제 어디서 어떻게 죽었는지도 모른다. 죽어서도 그렇게 열망하던 대한민국에 돌아오지 못했다. 이위종 열사는 빈 무덤조차 없다. 1907년 8월 8일, 대한제국 사법기관인 평리원은 궐석재판을 열어 이준, 이위종 열사에게 종신형, 이상설 선생에게 사형을 선고했다.

06

화해로 가는
길 위에 서서

"프란치스코 교황은 자신의 손을 잡고 놓지 않았던 여성에게 화낸 데 대해 용서
를 청하지요. (…) 화해의 길에 서서 져야 하는 책임과 임무. 견디며 나아가야지
요. 용서와 화해, 신뢰를 위해서는 인내의 다리를 놓아야지요. 그곳이 어디든 의
로움의 길을 이어가고 싶습니다. 다들 갈등이 깊고 충돌과 파열이 거듭되어서는
안 된다는 것을 알고 있으니까요. 저 자신의 득실을 따지는 능력은 부족해도 인
내와 정성은 단련되고 있습니다."

취소문화 위협의
시대

최근 미국에서 출발해 전 세계로 번져나가는 신종문화로 캔슬 컬쳐 cancel culture가 있다. 우리말로 취소문화라고 할 수 있는데, 집단적인 사고방식, 행동방식으로 공격대상의 인격이나 존재 자체를 몰락시키는 문화를 말한다. 취소문화는 다수의 생각과 다른 견해를 가진 기업, 연예인, 정치인, 개인 등을 집단적으로 따돌린다. 공인의 행동과 제안이 마음에 들지 않는다는 이유로 공개적으로 지지를 취소한다는 낙인을 찍을 뿐 아니라 아예 삭제해버린다.

혐오나 차별적인 행동을 하는 기업이나 집단, 개인의 문제를 비판하기 위해 동시다발로 해시태그를 다는 운동에서 시작된 취소문화는 이제 누구든지 취소시킬 수 있다. 취소문화 아래서 사람들은 시류와 다른 의견을 자유롭게 말하지 못하고 눈치를 본다. 새로운 사조, 실험적인 예술도 허용되지 않는다.

이런 취소문화 현상은 정상적인 뉴스보다 몇 배나 전파력이 빠르고 파괴력이 높은 허위사실을 대량복제하기도 한다. 거대 뉴스미디어도 조직의 생존이익을 위해 이에 동조하거나 증폭시키고 양산하는 복잡한 양상을 띤다. 깊이 생각할 필요도 없고 스마트폰이나 인터넷으로 누군가 인신공격을 시작하고, 여기에 집결하는 집단적 증오문화는 비현실적 결벽성을 공격의 무기로 삼기도 한다. 소셜 미디어로 확산되는 직장 내 왕따, 이지메 현상도 취소문화의 일종이다. 팬데믹과 함께 심화된 증오와 파괴의 취소문화는 열광적인 지지 또는 그 반대로 나타나 철학과 예술, 상식적 판단마저 위험하게 만든다.

예술과 정치, 종교 영역까지 감염시키는 취소문화는 공론의 장에서 대화하고 화합하는 기회도 없애버린다. 팬데믹 시대, 사람 사이를 단절시키는 물리적인 거리는 심리적, 정서적 거리마저 기하급수적으로 멀어지게 한다. 취소문화는 광통신망을 타고 고독한 개인들에게 빠르게 다가서고 있다. 시간을 두고 토론하고, 만족하지 못하더라도 최소한의 공통적인 합의에 이를 수 있는 과정 대신, 그 자리에 집단적이고 파괴적인 정서가 광범위하게 뿌리내리는 것이다.

다수가 좋아하는 생각과 반대되는 의견을 말하면 인신공격을 하고 주홍글씨 태그를 달아 취소, 삭제하니 표현의 자유는 위축되고 다양한 의견도 사라진다. 상대의 결함을 찾아내는 데만 집중하고 이를 증폭하고 퍼뜨리고 또 새로운 먹잇감을 찾는다. 태생적 권리인 피부색에 따른 인종 차별적 증오범죄는 미국에서 취소문화가 유행하면서 폭발적으로 늘어나고 있다.

용서를 청하는 현실적 전제

2020년 12월 30일은 김근태 선생의 9주기였다. 그는 남영동 분실에서 고문을 받았고 그 후유증으로 오래 고생했다. 그는 온몸을 고문한 남영동 대공분실의 국가공인 고문 기술자들을 어떻게 용서할 수 있었을까? 1월 초순, 김근태 선생의 기억부터 먼저 꺼냈다.

문   며칠 전 김근태(GT) 선생 9주기였지요. 남영동 고문 기록을 읽어보면 직접 겪지 않아도 비명이 들리는 것 같고 가슴이 철렁합니다. 폭력은 존재 자체를 파괴하니까요. 김근태 선생의 모습은 어떻게 남아 있습니까?

이낙연   외면은 한없이 부드럽고 어찌 보면 연약해 보이는데, 내면은 강철같이 강한 분이셨습니다. 그렇게 혹독한 고문을 가했던 사람을 용서했지 않습니까?

    보통 우리가 강하다고 느끼는 분위기를 가진 분이 아니라 강함이 거의 안 느껴지는 넉넉한 분이셨어요. 속이 타들어가도 온화하게 웃고, 조금은 수줍어하는 모습이 새겨져 있습니다. 원칙과 정직이라는 인생관이 몸에 배어 있는 분이셨지요. 어느 날, 정치자금을 받았다는 고백을 해서 주변에서 아주 난처해진 일도 있었지요.

문   현실 정치와는 어울리지 않은 분이었군요.

이낙연   그렇게 볼 수도 있지요. 제가 기자였던 시절부터 저를 살갑게 대해주셨습니다. 12남매의 막내였지요. 김국태 소설가가 친형님입니다.

문   김근태 선생이 추구하는 이상은 무엇이었습니까?

이낙연   김근태 선생은 자유와 인권, 평화통일을 위한 집념과 의식이 더없이 강한 분이셨습니다. 민주주의에 일생을 바치셨지요. 고문과 폭력으로 온몸이 만신창이가 되었고 그 후유증 때문에 결국 파킨슨병으로 고생하셨어요. 고통을 온몸으로 체험했기 때문에 정말 고문 당사자를 용서하기 어렵다며 자신과의 갈등과 고뇌를 수없이 거쳤습니다. 마침내 선생이 고문 기술자에게 먼저 손을 내밀었으니 다른 누구보다 그 울림이 컸지요.

이런 말씀도 하셨어요. 그 고문 기술자들을 용서하는 일은 신의 영역일지도 모른다고. 용서가 신의 영역이라고까지 표현한 인간 김근태의 모습이 눈에 선합니다. 이런 마음도 있었을까요? 그 말씀은 스스로 용서는 했는데 속 깊은 곳에는 그 고통이 아직 남아 있구나 하는 자기 성찰과 고백이고 또한 시대 자체에 대한 연민이었을 수도 있겠다는 짐작을 해봅니다.

문　폭력적인 시대를 용서하고 싶었다는 뜻도 있었으리라고 여겨집니다.

이낙연　아, 충분히 그렇지요. 유신시대와 신군부시대는 폭력의 시대였습니다. 1980년대는 국민들의 눈과 귀를 가린 고문 전문가들이 판치는 남영동 시대였어요. 정치적으로는 DJ와 GT, 그리고 많은 민주인사들이 고통받았습니다. 그러나 시대가 바뀌고, 두 분 다 피해자였음에도 가해자를 용서했지요.

DJ 또한 "나는 박정희 아래서 가장 가혹한 박해를 받은 사람이지만 나에 대한 납치범, 자동차 사고 위장에 의한 암살 음모자들, 기타 모든 악을 행한 사람들을 하느님의 사랑과 용서의 뜻에 따라 일체 용서할 것을 선언했다"고 밝히셨지요. 두 분 다 광야의 시대를 거치는 동안 도량이 폭넓고 깊어졌지요.

문 GT는 고문 후유증으로 파킨슨병을 앓았습니다. 파킨슨병을 앓고 있던 때, 그 모습을 기억합니까?

이낙연 예, 병이 나쁘게 진행되고 있다는 것을 알았지요. 말씨가 조금씩 어눌해지고 알아듣기 어렵고 손을 떨고 그러셨어요. 몸의 균형도 잘 못 잡고. 그러니 고문 기술자가 얼마나 미웠겠습니까? 그 모습에서 대선배들의 용서와 화합의 정신이 무겁고 어려운 화두가 되어 제 가슴속을 채우곤 했습니다. GT는 민주주의의 순교자이시지요.

문 종교와 관계없이 성인 칭호를 바치고 싶군요. 사노라면 한 맺히는 일도 있지만 절대 용서할 수 없는 게 있는데 말이지요.

이낙연 용서를 청하지도 않는데 용서하기는 불가능할 정도로 어렵지요.

문 누군가를 용서한다는 것은 참 힘들지요. 그런데 공적인 특별한 용서, 두 전직 대통령에 대한 특별 사면은 대통령의 고유 권한이기도 하지만 사회 전체의 합의가 있어야 하는 문제이기도 합니다. MB처럼, 가해자가 용서를 청하지도 않고 오히려 언젠가 진실이 밝혀질 것이라고 하는 태도는 국민적 정서가 용서를 허용하는 범위 밖에 있는 것이겠지요. 정치적 타격을 감수하고서라도 사면 논의가 갈등을 수습하고 용서와 대화합을 위해서 필요하다고 생각했습니까?

이낙연 2016년 가을부터 2017년 봄까지 촛불혁명이 전국을 밝혔습니다. 그 촛불혁명의 결과로 박근혜 대통령이 탄핵됐고, 문재인 정부가 선거를 통해 출범했습니다. 그 광화문 광장에 정부 출범 몇 개월 뒤부터 촛불혁명보다 훨씬 긴 기간 동안 대립과 갈등이 거듭됐습니다. 태극기부대는 그중 일부입니다. 그 기간 동안 제가 총리로 일했습니다. 정부종합청사 9층에서 보이는 광화문 광장은 내내 갈등의 현장이었습니다. 촛불혁명의 현장이 갈등의 현장으로 바뀌었고, 그것 또한 우리의 큰 숙제가 된 것이지요.

촛불명령을 이행해야 하는 의무와 함께 갈등을 어떻게 치유하고 국민의 화합을 이룰 것인가 하는 과제가 생겼습니다. 촛불명령으로 적폐청산은 이루어나갔습니다. 공수처의 출범, 검찰개혁의 진행, 국정원이 국내 정치에 개입하지 못하게 제도화한 일, 공정경제3법이라 해서 경제민주화의 과제였던 세 가지 법, 지방자치법, 4.3특별법, 5.18특별법 등 그 모든 것들이 이루어졌습니다. 그렇게 촛불명령은 이행되어 갔지만, 갈등은 치유되지 않았습니다. 총리로 일하던 때에 집무실까지 시위대의 함성이 들렸습니다. 저 문제들을 어떻게 풀어야 대한민국이 미래로 나아갈 수 있을까 하는 고민을 계속했지요.

정부 출범 초기에는 정부종합청사 앞에 있었던 천막이 모두 사라졌습니다. 시위자들이 새 정부에 대한 기대를 가졌기 때문에 철거했겠지요. 그러다 몇 달 만에 천막들이 다시 세워지고 자꾸 천막이 늘어났습니다. 저의 역부족으로 대통령의 고뇌를 제대로 덜어드리지 못하고 나온 것이 한스러웠습니다. 정치적 타격을 감수하고서라도 갈등과 분열, 충돌을 풀어가는 상징적인 출발점이라도 열어야 하기에 그 방법의 하나로 두 전직 대통령 사면 문제를 공론화해야 한다는 결심을 하게 됐습니다. 그러나 무엇보다 국민의 공감대가 형성되지 않았습니다. 그 일로 저는 아프게 배웠어요. 제 생각이 무엇이든, 거론의 시기와 방법은 좋지 않았습니다. 저는 아픈 만큼 성숙해졌습니다.

문 갈등과 분열은 결국 다음 세대들이 고스란히 지고 가야 하는 문제입니다. 정부 수립 이후 지금까지 자유민주주의 국가 가운데 대한민국처럼 비극적인 대통령이 잇따라 나온 나라가 없습니다. 용서와 화해, 대화합의 정신은 동시에 정서적 문화적 현실과도 결합되어 있다는 생각이 듭니다.

이낙연 국민들의 분노를 충분히 이해합니다. 팬데믹 시대가 전 세계적으로 오래가고 있고 중소자영업자 등 국민의 희생도 너무 큽니다. 이런 현실을 극복하고 새로운 미래로 나아가기 위해서는 국민의 갈라진 마음이 모아져야 한다고 전 생각해왔지요. 서로 신념이 다르더라도 언젠가 대화합으로 가기 위해 갈등 회복의 이정표가 필요하니까요.

문   용서와 화해, 구원을 다룬 소설이 있습니다. 제가 존경하는 이청준 선생의 「벌레 이야기」라는 단편소설이 있습니다. 그러고 보니 이청준 선생도 세상에 안 계시네요. 그리운 사람들은 자꾸 떠나가는 모양입니다. 이 소설을 원작으로 한 영화가 이창동 감독, 전도연과 송강호 주연의 〈밀양密陽〉입니다.

이낙연 아, 〈밀양〉이 바로 그 소설을 원작으로 했군요. 찾아서 보겠습니다.

문   영화와 소설은 끝이 다릅니다. 영화는 햇빛 한 자락 같은 희망을 보여줍니다. 한 줄기 빛 아래 여주인공이 자신의 머리카락을 자르는 장면으로 끝납니다. 〈밀양〉이 실제 행정명이기도 하지만 속에 빛을 품고 있는 의미를 동시에 드러내지요.

원작소설은 이렇다. 유괴로 어린 아들을 잃은 아내가 고통을 견디지 못해 종교를 가졌다. 아내는 마침내 사형수인 살인범에게 '용서하겠다'고 말하기 위해 교도소 면회실에서 만나지만, 살인범은 신으로부터 용서를 받았다고 말한다. 아내는 더 이상 용서해줄 사람이 없어 고통받는다. 사형수는 사형을 당하기 전에 장기도 기증하고 자신으로 인해 고통받은 아이의 가족들에게 위로를 보내고 기도한다.

문　이 소설은 '용서와 구원은 무엇이란 말인가?' 하고 질문합니다. 정말 어떻게 해야 할까요? 생각해보면 사면을 반대하고 비난한 많은 분들의 정서도 소중합니다.

이낙연　아……. 이해하고 공감합니다. 용서도 빌지 않는데 어떻게 용서할 수 있겠습니까 하는 정서도 다 느끼지요. 언젠가 진실이 밝혀질 거라는 식으로 본인이나 그 주변이 말하는 변명은 용서하고자 하는 마음에 분노의 불을 지르는 것이나 다름없으니까요.

문　실제 이 소설은 현실에서 직접 일어났던 이야기를 바탕으로 한 소설입니다. 지금의 현실을 해석하는 중요한 시선을 제공하지 않나 싶습니다. 영화에서 보여주는, 지금 우리에게 보이지 않는 희미한 햇빛의 출구를 그래도 국민들은 가슴에 품고 있으리라 여겨집니다. 감추어진 희미한 빛은 처음에는 잘 느끼지 못합니다. 아직 과거의 상처들이 아물지 않은 채 있고 그 상처로 한국 사회가 퇴화했으니까요. 성경에는 일흔 번에 일곱 번이라도 용서하라고 그러지 않습니까? 그러면 한 생애에 490번을 용서하라는 건데 이게 한 생애에 가능하겠습니까?

이낙연　거의 불가능하겠지요. 용서를 청하는 사람은 철저히 자기 잘못을 인정하고, 용서를 받아들이는 사람은 다시는 그런 일을 되풀이하지 않는다는 믿음이 있어야 가능하겠지요?

문　그 확인은 어떻게 할 수 있을까요?

이낙연 용서를 청하는 현실적 전제가 당연히 있어야겠지요. 대한민국 현대사의 불행했던 시절을 마감하고 대승적이고 화쟁적인, 화해의 장으로 나아가게 하는 역동성이 생기면 좋겠습니다.

그렇게 우리 사회가 나아가면 대립과 갈등을 회복할 통로를 찾을 수도 있지 않을까, 긴 호흡으로 생각해보렵니다. 어쩌면 용서했다는 걸 기억하지 못할 정도가 되어야 진정한 용서에 이르겠다는 생각도 듭니다. 그와 동시에 사면에 반대하는 분들의 목소리에 보다 더 많이 귀를 기울입니다. 젊은 세대일수록 사면이 불공정하다고 생각해요. 청년들은 법적 처벌과 동시에 먼저 잘못을 바로잡고 피해를 최대한 치유하는 회복적인 정의를 요구하고 있습니다.

문　청년들의 생각이 소중하지요. 언젠가는 상대가 용서를 청하지 않아도 우리는 용서할 준비가 되어 있어야 하고 용서해야 할 때가 오겠지요. 지난해 성탄 선물로 프란치스코 교황의 책『렛 어스 드림』을 받으며 제게 한 이야기가 있지요. 용서에 대한 프란치스코 교황의 말씀, 한 번 더 듣고 싶습니다.

이낙연 아, 그 말씀! "신은 항상 용서한다. 사람은 가끔 용서하고, 자연은 결코 용서하지 않는다." 해마다 새해가 오면 프란치스코 교황의 새해기도 열 가지를 떠올립니다. "험담하지 말고, 음식을 남기지 말고, 타인을 위해 시간을 내며, 검소하게 살고, 가난한 이들을 가까이하고, 사람을 판단하지 말며, 생각이 다른 사람과 친구가 되고, 헌신하고, 하느님을 만나 자주 대화하며, 기쁘게 사십시오"라는 말씀입니다. 새로운 1월이 찾아와서 다시 찾아 읽으니 제게는 눈물 젖은 밥과 같습니다.

문　그렇게 꿈꾸어야 하지 않겠습니까? 교황은 이 책에서 코로나19로 곤경에 빠진 사람을 돕기 위해 자신의 목숨을 내놓았던 사람들을 순교자라고 부릅니다. 그들과 함께한 사람들도 친밀함과 온유함을 보여주었다고 합니다. 위기가 닥치면 누구나 피하고 싶은데도. 언젠가 속 터놓고 이야기할 때가 오겠지요.

화해의 정신 –
DJ, GT

이낙연　GT, 김근태 의장은 감옥에 있는 그 고문 기술자를 면회 갔습니다. 그 사람이 만나고 싶다고 해서 간 게 아니라 스스로 용서의 마음을 품고 찾아갔지요. 그 발걸음이 얼마나 무겁고 힘들었을지요.

문　저는 불교에 가깝지만 미션스쿨을 다녀서인지 성경을 자주 읽었습니다. 바울은 고린도전서에서 "우리가 아는 것도 불완전하고 말씀을 전하는 것도 불완전하지만 완전한 것이 오면 불완전한 것이 사라집니다"라고 합니다. 저는 오랫동안 궁금했습니다. 완전한 것은 무엇인지? 언제 오는지? 그것은 여기, 사람 사는 세상에 얼음 녹듯 눈 녹듯 맺힌 사연들이 다 풀리는 화해의 순간이 아닐까 하고 짐작은 해봅니다만.

우리는 바울에 대해서 잠깐 이야기했다. 바울은 천막장사를 해서 번 돈으로 전도여행을 떠났다. 그는 일생 두통과 안질에 시달렸지만 그가 기도하고 손을 대면 사람들의 난치병이 나았다. 지금의 그리스도교가 저렇게 번성한 가장 큰 공적은 바울이 전도하면서 바친 헌신에 있었다. 그 당시에도 설교자들은 신자들의 도움을 받았지만 그는 오로지 자신이 노동해서 바친 돈으로 그리스도의 사랑을 전했다. 국회의원들이 바울의 정신을 본받으면 좋겠다는 말도 했다. 그들은 월급도 받고 정치후원금도 받으니까…….

문   DJ가 그를 죽이려고까지 한 신군부 출신 전직 두 대통령을 용서하는 근원은 어디서 비롯되었을까요?

이낙연 정치적 결단을 초월한 어떤 경지 아니었을까요? 정치적 결단은 손익을 따지지만 DJ는 어떨 때 보면 정치인을 뛰어넘는 신앙인 같기도 해요. 어떤 때는 사상가 같기도 하고요. 정치 자체가 신앙에서 출발하지는 않았지만 몇 차례 죽음의 고비를 넘기면서 신앙심이 깊어졌겠지요.

문   그 죽음의 고비를 통해서 오히려 화해의 정신이 더 강렬해졌다는 뜻이군요. 용서하는 일도 용기지만 용서를 청하는 행동도 큰 용기입니다. 프란치스코 교황은 과거 가톨릭교회가 집시라든지 이민자, 유랑자들을 핍박하고 오만하게 대하고 혐오했던 그 말과 행위를 지은 죄들에 대해 용서를 청했습니다. 세속의 눈으로 보면 교황은 추기경들의 투표로 뽑는 선출직입니다. 교황은 '우리가 있어야 할 곳에 있지 않았다'고 신자들에게 성직자들을 용서해달라고 청합니다. 교황도 성직자가 저지른 잘못에 대해 용서를 청하는데 우리 사회에서 국민에게 군림하듯 무오류권을 휘두르는 집단은 누구라고 봅니까?

이낙연 무오류권, 교황의 행위에는 오류가 없는데 용서를 청하시는 모습은 종교를 떠나 세속인들에게 많은 생각을 하게 합니다. 프란치스코 교황은 자신의 손을 잡고 놓지 않았던 여성에게 화낸 데 대해 용서를 청하지요. 우리 사회에서 어떤 오류도 없다고 반성조차 하지 않는 권력집단은 검찰과 법원, 기업화되고 있는 언론들이지요. 정치도 예외는 아니지만 정기적으로 국민의 심판을 받지요. 그러나 권력집단은 지금까지 사회적 주류로서 영광을 누려왔고 많은 오류를 저질러왔으면서도 아직도 국민들에게 용서를 빌지 않았습니다. 선거도 거치지 않고 임기가 정해지지 않은 채 법 뒤에 서 있습니다. 국민들은 법 앞에 있는데 그들은 법의 카메라 뒤에 서 있습니다. 국민의 한 사람, 한 사람인 그들도 당연히 법 앞에 있어야 합니다.

문 행정조직이나 사법기관, 언론들이 법의 적용을 공정하게 받

정치적 결단은 손익을 따지지만
DJ는 어떨 때 보면 정치인을 뛰어넘는 신앙인 같기도 해요.
어떤 때는 사상가 같기도 하고요.

아야 한다면 어떤 제도적 보완이 반드시 있어야겠지요.

이낙연　견제가 있어야죠. 그 견제는 오직 유권자들만이 할 수 있습니다.

문　지금 더불어민주당 또는 포괄적으로 민주화세력들을 비난하는 분들이 있습니다. 강준만, 김경율, 진중권, 홍세화 같은 분들이지요. 이분들은 과거 민주화세력 동반자들입니다. 이 비판의 이유가 무엇이라고 생각합니까?

이낙연　그분들은 다수당인 더불어민주당이 오만하고 독선적으로 보이는 게 싫으실 겁니다.

문　이런 비판에 대해서 지금 민주화세력들이 귀를 기울이고는 있을까요?

이낙연　비판은 우리를 성찰하고 지혜롭게 합니다. 어떤 한 집단이 지혜를 다 발휘하도록 상대방이 놓아주지 않는 현실 정치의 맹점이 있다 해도 귀를 기울여야 하지요. 지금은 2030세대가 민주화세력을 비판하는 이유에 더 귀를 기울여야 합니다. 첫째, 토끼에 날개까지 달린 듯한 부동산입니다. 둘째, 교육개혁이나 재벌개혁이 별로 달라진 것이 없다는 것. 셋째, 취업 문제와 정규직·비정규직 갈등이 더 악화됐다는 것. 넷째, 뭔가 새로운 한국 사회가 시작될 거라는 기대가 좌절됐다는 것 등입니다.

청년세대들의 비판은 그렇게 기대했고 좋은 기회가 주어졌는데 왜 못했는가 하는 안타까움이기도 하지요. 적폐청산의 시간이 너무 많이 걸려서 사람들의 피로감이 심해졌을까요? 샐러리맨이 아무리 저축해도 살 수 없을 정도로 집값이 오르니 더 분노하고 절망했을 것입니다.

문 그렇군요. 비판의 방향은 그리 다르지 않은 것 같아요. 아까 언급한 한때 민주화세력의 동반자들을 '민주건달', 거기다 한 걸음 더 나아가 '민주달건'이라 부르기도 합니다. 건달을 거꾸로 쓴 달건은 시시껄렁한 시골 깡패라는 뜻으로 쓰지요. 조롱의 의미가 섞여 있습니다. 그분들과도 공유 또는 연대를 할 수 있습니까?

이낙연 지향하는 가치가 같다면 당연히 그렇게 해야 합니다.

문 그렇다면 연대는 어떤 방식으로 가능할까요?

이낙연 공동의 가치를 공유하면 얼마든지 연대 가능성이 열려 있다고 봅니다.

문 슬로베니아 출신 좌파 철학자 슬라보예 지젝은 좌파 정치인들은 대안이 없다고 합니다. 정책적으로 무능하고 시대의 변화에 따른 출구를 발견하지 못했다고 비판합니다. 우파 정치인은 사람들의 구체적인 삶과 괴리되어서 정권을 잃게 되었고, 좌파는 맹목적이라는 이야기를 합니다. 어떻게 보편성을 찾아나가야 합니까?

이낙연 무엇보다 사람들이 삶에서 느끼는 좌절이나 절망을 직시하는 데에서 시작해야지요. 그리고 그 해법을 놓고 진보건 보수건 간에 허심탄회하게 논의해야 합니다. 얘기도 해보기 전에 일단 상대측 주장을 배척하는 낙인부터 찍어놓으면 아무 일도 할 수가 없습니다. 이익공유제 제안을 했더니 사회주의적이라는 낙인을 찍어놓습니다. 그렇게 하면 진정한 협의가 어려워질 것 아니겠습니까?

국민들이 현실에서 느끼는 경제적 위험을 덜어줄 수 있는 해법이 그렇게 많지 않습니다. 진보적 해법과 보수적 해법이 따로 있다고 생각하지도 않고요. 정치인들이 국회에서 치열하게 논의하고 찾아가는 길에서 좀 더 진보적이거나 좀 더 보수적인 해법이 나올 뿐이지요. 이익공유제도 점점 벌어지고 있는 사회 불평등을 줄이는 해법을 적극적으로 찾아나가기 위한 실천과제입니다.

분권형 대통령제 – 권력의 집중과 견제의 문제

문   정부 수립 이후 전직 대통령들의 불행이 되풀이되는 이유는 무엇이라고 봅니까?

이낙연 과거 군부정권과 산업화 세력의 리더들은 권력을 사유화해서는 안 된다는 투철한 의식이 부족했습니다. 국민을 위하는 위정자로서의 철학도 충분하지 못했습니다. 그래서 국민의 기대와 현실의 틈이 너무 커졌고 불행이 생기게 됐다고 생각합니다.

문 그런 문제를 해소하기 위해 개헌으로 권력구조를 바꿔야 한다는 구상이 있습니까?

이낙연 개헌을 논의할 때가 됐지요. 다만 권력구조 문제에 대해서는 국민과 정치권의 합의를 얻는 과정이 선행돼야 합니다. 저는 18대 국회에서 의원 180여 명이 참여한 헌법연구회 공동회장으로 일한 적이 있습니다. 그 연구회는 대체로 분권형 대통령제에 접근한 편이었습니다.

문 어떤 식의 권력 분산입니까?

이낙연 현행 헌법에서 대통령은 이중적 지위를 가지고 있습니다. 국가수반과 정부수반입니다. 국가수반은 남북관계 및 대외정책이나 국가안보에 대한 결정을 하고 세계무대에서 국가를 대표합니다. 그 일은 초당적이어야 합니다. 정부수반은 노동, 복지, 교육, 치안, 경제, 산업, 에너지 등 내정을 관장하고 인사권을 행사합니다. 그 일은 정파적일 수 있습니다. 대통령이 취임 초에는 국민들의 기대를 많이 받다가 점점 기대가 줄어드는 이유는 정치권의 정파적 대결 때문인 경우가 많습니다. 정부수반으로서의 일이 수월하게 풀리지 않으면, 야당의 공격이 거세지고 국민들의 기대가 줄어듭니다. 정부수반으로서의 대통령에 대한 기대 저하는 국가수반으로서의 역할에까지 영향을 줍니다. 그래서 국가수반과 정부수반의 역할을 분리해 정부수반에게 상처가 생기더라도 국가수

반은 영향받지 않도록 하는 것이 유럽 여러 나라의 방식이
지요. 다만 아까도 말씀드린 것처럼, 어떤 권력구조를 선택
할 것인지에 대해서는 국민과 정치권의 합의가 선행돼야 합
니다.

문   새로운 시대의 요구에 맞게 국민의 기본권을 확대하자는 주
장도 있지요?

이낙연   예. 사실 저는 국민의 기본권 강화와 불평등 완화를 위한 개
헌을 더 중요하게 생각합니다. 사회경제적 민주주의를 확보
하기 위한 제도적 기반이 필요하다는 생각에서입니다. 기
본권 강화는 국민 개개인의 삶이 국가의 더 강력하고 세밀
한 보호를 받도록 하는 것입니다. 불평등 완화는 승자독식
의 사회구조를 상생과 협력의 구조로 바꾸어가는 것입니다.
이에 대한 국가책임을 강화하는 것이 개헌의 핵심이 됐으면
합니다.

  구체적으로 말씀드리면, 헌법에 국민의 생명권, 안전권, 주
거권을 신설하자고 제안합니다. 코로나19 같은 감염병과 잇
단 산업재해 등을 겪으면서 우리는 생명권과 안전권의 중요
성을 아프게 깨우쳤습니다. 주거권은 무주택자의 내집 마련,
고가주택이 아닌 1주택 장기거주자의 세 부담 완화, 전월세
거주자의 주거복지 등을 위한 근거로서 필요합니다. 아동,
노인, 장애인, 소비자의 권리도 강화해야 합니다. 환경권, 노
동권, 교육권은 이미 헌법에 있지만 시대 변화에 부응하도록

강화해야 합니다.

특히 토지공개념은 토지로 인한 불공정, 불평등을 개선하도록 구체화하기를 바랍니다. 지방소멸을 막고 지방재정분권의 실효성을 높이도록 국가균형발전의 내용을 명료하게 규정했으면 합니다.

문 20세기보다 21세기에 들면서 정권과 언론과의 갈등이 더 심각해집니다. 그 이유가 무엇이라고 생각합니까?

이낙연 언론이 기업으로서의 위기에 노출되고 거의 노골적으로 정파화하는 것이 중요한 하나의 원인이겠지요.

문 그래도 권력을 견제하는 데는 언론의 비판이 가장 필요하지 않습니까? 권력 외부에서 지켜보는 비판은 소중합니다. 그런데 이런 사태가 거듭되고 감정적이 되어서는 싸움판이 되어 버립니다. 싸움판은 룰이 없으니까요. 상호 팽팽한 균형이 보기도 좋지요. 균형잡힌 것이 아름답다고 했습니다. 그런 길은 없을까요?

이낙연 당연히 견제와 균형을 이루는 바람직한 생산적 관계가 돼야지요. 역대 정권들이 후반으로 갈수록 점점 더 약체화되는 이유 중 하나가 언론과의 관계 설정이 불안정한 까닭도 있었습니다.

문 대통령 임기말로 갈수록 언론과의 대립이 심해지는 현상은 정권의 불행이라기보다는 국민 전체의 불행입니다.

이낙연 언론의 미래를 생각하는 위원회를 대통령 산하에 두었으면 좋겠습니다. 언론 규제를 심하게 하는 것이 아니냐는 쪽만 연상하곤 하는데, 언론에 대한 신뢰를 높이고 동시에 4차산업혁명에서 언론의 지속가능성을 연구하고 지원하는 역할을 하는 위원회를 두자는 것입니다. 신뢰와 미래, 양쪽을 확보하는 언론미래위원회이지요.

회복적 정의로 가는 길에서

문　정치인으로서 가장 구현하고 싶은 가치는 무엇입니까?

이낙연　서로 공유하는 영역을 넓혀가면서 토론하고 타협하는 대화의 정치를 하고 싶지요. 대화를 통해서 의견 접근이 이뤄집니다. 그러고도 합의가 안 되면 표결해야지요. 대화가 시작되기 전에는 완전히 흑과 백으로 나누어서 싸우지 말아야 합니다. 정치부터 대화와 협상, 화합의 정치를 먼저 해야 됩니다. 서로의 의견을 더해 융합 반응이 일어나면 우리의 현실도 평화로워집니다.

문　광화문으로 나서는 태극기부대는 1960년대와 1970년대에 왕성하게 경제활동을 했던 세대들입니다. 청년 시대를 살았던 사람들이니까 그 시대에 대한 푸른 기억이 의미가 있었겠다는 생각이 듭니다.

이낙연 광화문에 나가는 이유를 '빈곤의 기억' 때문이라고 말하는
분도 있어요. 시대의 향수일 수도 있다는 것이지요. 그러나
이제 시대는 강을 지나 바다로 와 있지 않습니까? 그 시대의
사회적 분위기는 추억의 흑백사진으로 간직하고, 세계의 미
래, 대한민국의 미래, 청년들의 미래를 봐주기를 바랍니다.

문　　어쩌면 향수를 강탈당하는 듯한 느낌을 받지도 않을까요? 이
들 세대를 더 많이 이해해야 하지 않을까 싶어서요. 사면에
반대하는 분들도 두 전직 대통령을 동정해서 사면하자는 의
미가 아닌 것을 알고 있겠지요?

이낙연 두 전직 대통령의 범죄까지 용서하자는 게 아니지요. 다만
국민들까지 둘로 갈라져서 반목하는 시간이 계속되면 피해
가 너무 커집니다. 둘로 갈라진 국민을 서로 가깝게 만드는
데 필요한 일이면 정치인으로서 무엇이든 해야 합니다.

문　　우리는 지금 무엇이든지 화해하고 용서할 준비가 돼 있을까
요?

이낙연 그래야지요. 법적 정의는 지켜야 합니다. 가해자가 아무리
변명한다고 해도 법적 판단은 남는 것이지요. 다만 사회 갈
등이 깊을수록 그 치유에 드는 비용도 커집니다.

문　　지금 우리는 누군가 화해와 중재의 손을 내밀기를 기다리고
있는지도 모릅니다. 대립과 적대감, 증오심을 풀어가는 화해
의 길에 나서면 누구나 두렵고 고독하고 짐은 두 배나 무겁
습니다. 양쪽으로부터 오해와 공격을 받을 수 있으니 아무도

나서려 하지 않겠지요?

이낙연 화해의 길에 서서 져야 하는 책임과 임무. 견디며 나아가야
지요. 용서와 화해, 신뢰를 위해서는 인내의 다리를 놓아야
지요. 그곳이 어디든 의로움의 길을 이어가고 싶습니다.

문 의로움이 외로움이라는 말로도 들립니다.

이낙연 서로 어깨동무도 할 수 있는 말이네요. 정의는 말 그대로 바
른 의로움이지요. 의義는 양半 자 아래 나 아我 자가 있습니
다. 양은 고대로부터 하늘에 바치는 제물이지요. 양과 내가
합쳐서 '올바를 의'가 됩니다. 하늘에 바칠 제물을 받들고 있
는 경건한 태도가 '의' 자입니다. 그러니 하늘에 제물을 바치
는 마음으로 하늘에 이르는 뜻과 '나'의 몸이 일치하는 실천
적인 태도가 의로움이 아닐까 싶습니다.

　먼저 자기 스스로에게 실천하지 않고 타인에게만 적용하
는 의로움, 그건 의義가 아니라 이利입니다. '이利' 자는 벼를
칼로 베어 팔아 집안 살림을 돕는다는 뜻입니다. 상대를 베
어 자기 살림살이로 삼기 쉽지요. 그런 것은 말로 무슨 소리
를 한다 해도, 정의正義가 아니라 정이情利일 뿐입니다. 그것
은 한갓 사사로운 정에 사로잡힌 이익에 불과하지 않겠습니
까? 의로움은 자신을 분별하고 타인의 고통을 헤아리는 데
서 출발하니까요. 지금도 그런 이들을 의인이라고 부릅니다.
지하철에서 일본인의 목숨을 구하고 자신의 목숨을 희생했
던 청년 이수현을 의로운 사람이라고 부르는 것처럼. 진정한

정의의 모습은 우리가 상처와 고통을 회복하는 데 있지 않을까요?

소설가 이청준 선생은 짐이 얼마나 무거운지가 중요한 것이 아니라 그 짐을 얼마나 잘 지고 가는지가 중요하다고 했다. 그는 힘들어 보였지만 조금씩 침착해졌다. 그는 창밖을 물끄러미 보고 있었다. 창밖 플라타너스가 창문 안을 들여다본다.

『우리 시대의 회복적 정의』의 저자 하워드 제어Howard Zehr는 공동체가 용서와 화해의 회복적 정의를 만들어갈 때 진정한 정의가 이루어진다고 한다. 회복적 정의에는 가해자가 피해를 입힌 사실을 인정하고 피해자와 만나서 화해의 길에 이르는 힘든 과정이 있어야 한다는 것이다.

이낙연 사회구성원들이 생각과 감정을 서로 드러내고 서로에게 귀를 기울일 때 정의의 회복이 첫걸음을 시작하겠지요. 정의의 종착지는 피해자의 회복입니다. 그 길에 증오와 체념, 분쟁, 공포와 분노를 직면하는 시간이 우리에게 필요합니다. 현실을 직면하는 용기가 필요하지요. 두 전직 대통령에게 국민들이 가장 큰 피해를 입었습니다. 그 피해는 무엇보다 국민의 신뢰를 저버렸고, 스스로 신뢰를 위장한 데 있을 것입니다. 법적 처벌이 필요하지만 그것만으로 진정한 정의가 회복되지 않고 피해도 복원되지 않습니다.

문 그렇다면 여기서도 회복적 정의가 가능할까요? 한 청년이 검사가 되었고, 그러나 그 청년 검사는 상관의 횡포를 못 견디며 스스로 삶을 마감했습니다. 고 김홍영 검사, 서른 세 살. 부모에게는 자랑스럽고 천금 같은 자식이었습니다. 그의 동료 검사들은 꽃다운 청년의 부서진 꿈을 아무 말도 못 하고 지켜만 보았습니다.

이낙연 그럼요, 가능해야지요. "불의의 어둠을 걷어내는 용기 있는 검사, 힘없고 소외된 사람들을 돌보는 따뜻한 검사, 오로지 진실만을 따라가는 공평한 검사, 스스로에게 더 엄격한 바른 검사"라고 함께 선언한 동료 청년 검사들은 분명하게 기억하고 있을 겁니다. 그들이 방관적 정의, 침묵적 정의 속에 갇혀 있다고 결코 믿고 싶지 않아요. 임은정 검사가 고 김홍영 검사를 위해 내부 통신망에 '어느 젊은 죽음에 바치는 조사'를 올렸지만 동료 청년 검사들은 함께 추모하는 마음조차 제대로 밝히지 못했지요.

조직문화에 희생된 청년 검사의 고뇌는 수많은 초임 검사들에게도 충분히 적용되는 고통의 현재이기도 합니다. 그들은 격조 있고 신사적인 상관을 만나는 요행만을 기대해야 할까요? 그를 죽음에 이르게 할 정도로 힘들게 한 당사자에게 어떤 재판 결과가 나온다 해도 부모님은 자식을 잃은 비탄에서 만 분의 일도 회복될 수 없습니다. 부모님은 피가 솟는 통곡으로 하루하루를 보낼 수밖에 없어요. 누가 그 부모님과 형제, 친구들에게 잊으라고 말할 수 있겠습니까? 너무 아깝게 세상을 등진 청년 검사의 한을 풀어주기 위해서라도, 그와 함께 일했던 동료 검사들의 책임과 임무가 회복적 정의로 가는 길에 있지 않겠습니까? 처음 검사로 출발하며 선언했던 늠름한 기상처럼 말이지요. 처음을 잊으면 모든 것들을 다 잃고 마니까요. 아직 늦지 않았습니다. 무엇보다 생의 남은 날들 내내, 눈물 마를 날 없는 청년 검사의 부모님 가슴에 못을 박은 자가 회복의 길에 먼저 나서야 하지 않겠습니까?

문   임은정 검사가 말하듯 "역사가 책임을 물을 것"이라는 그때까지 기다리기에는, 청년 검사의 비극이 한으로 새겨진 부모와 형제들, 친구들의 상처가 너무 깊어서 짐작조차 할 수 없겠군요.

법으로만 규정하는 정의의 얼굴은 삭막하기만 하다. 철학자 니체는 『차라투스트라는 이렇게 말했다』에서 '인간은 가장 용기 있는 동물'이라고 한다. 그래서 '인간은 모든 동물을 극복했고, 존재의 밑바닥에 자리한 심연의 어지러움마저 넘어선다'고 한다. 용기는 외친다. 오, 이것이…… 삶이었던가(Was das—das Leben?), 정말 다시 한 번(Wohlan! Noch ein mal!)'이라고. 이해와 신뢰를 회복하기 위해 다시 한 번 용기를 내어야 한다고.

5·18 당시 군 복무 중이었던 계엄군 병사가 1980년 광주민주화운동 때 길 지나는 청년을 사살하고 40여 년간 번민 끝에 그들 유가족을 찾아

가 용서를 빌었다. 청년의 유가족과 피해공동체가 그의 용서를 품어 안는 놀라운 일이 현실에서 일어났다. 그 모습은 회복적 정의로 가는 그 길이 멀고 먼 길이라 할지라도 지금 이 시절이 그 길에 들어서고 있음을 등대처럼 보여주는 증거가 아닐까?

39. 짜장면 먹고 싶을 때는?

두리번두리번. 젊은 후배들과 같이 가려고.

40. 가장 배고팠던 때?

대학 시절.

41. 아재 개그 하나?

너무 많은데……. 다이어트의 우리말은 '내일부터^^'

42. 더, 더!

싸우는 오리 커플은 삐그덕, 그래도 같이 살면 천연덕.

43. 자신에게 화가 날 때는 언제?

스스로 제대로 못 한다고 느낄 때.

44. 화날 때 어떻게 풀까?

아내한테 하소연. ㅜㅜ

45. 한 문장의 인생 개똥철학은?

마크 트웨인의 『허클베리 핀의 모험』, 허클베리처럼…….

지옥으로 가도 좋으니 나는 친구를 배신하지 않겠다.

46. 아내에게 들려주고 싶은 노래는?

김소월의 〈부모〉(부끄럽기도 하고, 아내가 듣고 싶어 하지 않을 수도).

47. 지금까지 못 해봤지만 꼭 가져보고 싶은 취미는?

기타 연주. 배우고 싶었는데 기타 살 돈이 없었음.

48. 마흔아홉 살 때 혼자만의 금연 성공법은?

성대 결절 수술 후 저절로. 담배여, 잘 있거라.

49. 건강 유지비결은?

선거 운동 빼고는 아무것도 안 하는 것.^^

50. 내 인생 최고의 책?

송우혜 작가의 『윤동주 평전』. 읽는데 나도 모르게 눈물범벅……(처음으로
작가에게 감동 고백함).

07

연민의 정치,
생명의 신경제

소득격차로 고통받은 이들의 아픔에 대한 연민이 있어야 하고 제도적으로 지속
가능하게 지원할 수 있어야 합니다. (…) 합리적이고 논리적이어야 지속적으로
새롭게 제도를 만들고 유지할 수 있지요. 그렇게 해서 우리는 전 세계적으로 덮
친 위기에서 회복해야 합니다. 살아남아야지요. 회복의 진정한 의미는 상처를 치
유하고 함께 미래로 나아가자는 뜻입니다.

사람의 얼굴을 한 신경제학

어떤 포도원 주인이 포도원에서 일할 일꾼을 구하려고 이른 아침에 나갔다. 그는 일꾼들과 하루 품삯을 돈 한 데나리온(로마시대의 은화, 무게 3.8그램 가량으로 노동자나 군인의 하루 품삯)으로 정하고 그들을 포도원으로 보냈다. 아홉 시쯤에 다시 나가서 장터에 할 일 없이 서 있는 사람들을 보고 "당신들도 내 포도원에 가서 일하시오. 그러면 일한 만큼 품삯을 주겠소" 하고 말하니 그들도 일하러 갔다. 주인은 열두 시와 오후 세 시쯤에 나가서도 그와 같이 말했다. 오후 다섯 시쯤에 다시 나가보니 할 일 없이 서 있는 사람들이 또 있어서 "왜 당신들은 하루 종일 이렇게 빈둥거리며 서 있기만 하오?" 하고 물었다. 그들은 "아무도 우리에게 일을 시키지 않아서 이러고 있습니다" 하고 대답하였다. 그래서 주인은 "당신들도 내 포도원에서 가서 일하시오" 하고 말하였다. 날이 저물자 포도원 주인은 자기 관리인에게 "일꾼들을 불러 맨 나중에 온 사람들로부터 시작하여 맨 먼저 온 사람들에게까지 차례로 품삯을 치르시오" 하고 일렀다. 오후 다섯 시쯤부터 일한 일꾼들이 와서 한 데나리온씩을 받았다. 맨 처음부터 일한 사람들은 품삯을 더 많이 받으려니 했지만 그들도 한 데나리온씩밖에 받지 못하였다. 그들은 돈을 받아들고 주인에게 투덜거리며 "막판에 와서 한 시간밖에 일하지 않은 저 사람들을 온종일 뙤약볕 밑에서 수고한 우리들과 똑같이 대우하십니까?" 하고 따졌다. 그러자 주인은 그들 가운데 한 사람을 보고 "내가 당신에게 잘못한 것이 무엇이오? 당신은 나와 품삯을 한 데나리온으로 정하지 않았소? 당신의 품삯이나 받아가시오. 나는 이 마지막 사람에게도 당신에게 준 만큼의 삯을 주기로 한 것이오. 내 것을 내 마음대로 처리하는 것이 잘못이란 말이오? 내 후한 처사가 비위에 거슬린단 말이오?" 하고 말하였다.

—마태복음 20:1-16

존 러스킨John Ruskin은 포도원 주인 이야기가 나오는 마태복음을 예로 들며 맨 나중에 온 노동자에게도 똑같은 임금을 주는 비유를 든다. 불평등 사회에서 인간이 존엄성을 가지고 살 수 있는 생명의 경제학을 그는 마태복음에 나오는 포도원 주인이 임금을 나누어주는 방식을 통해 설명했다.

러스킨은 『생명의 경제학 — 나중에 온 이 사람에게도』에서 연민과 도덕이 결핍된 자본주의와 자유주의가 인간과 사회에 얼마나 해를 끼치는지를 비판한다. 러스킨이 예로 든 포도원 주인의 비유처럼 생산능력이 떨어지거나, 아무리 애써도 집을 구할 수 없고 절망감과 상대적 박탈감을 벗어날 수 없는 불평등 구조에서 포도원 주인이 약속한 바대로 똑같이 주는 품삯의 의미는 무엇일까?

포도원 이야기와
동등한 노동의 가치

이낙연 포도원 이야기는 지금 우리에게 많은 사유를 하게 하지요. 이 비유는 임금을 똑같이 주자는 이야기가 결코 아닙니다. 존 러스킨은 이 포도원 이야기를 인용하며 자신의 노동 가치를 다른 사람의 노동이나 희생과 비교하고 평가해서는 안 된다는 비유를 보여줍니다. 최소한의 인간다운 생활을 위해서 보편적인 복지 기준이 소중하다는 의미이고, 무엇보다 우리는 나중에 온 사람들을 배려해야 한다는 뜻입니다. 나중에 온 사람들은 일자리를 기다리고 있었지만 그전까지 일할 기회를 얻지 못했습니다. 먼저 오고 나중에 오는 순서는 늘 뒤바뀔 수 있지요. 그러나 포도원이 황폐해지면 먼저 온 사람들도 받아갈 품삯이 없게 됩니다.

문 포도원 주인은 지금 현실에 비추면 누구라고 할 수 있습니까?

이낙연 정부일 수도 있고, 대기업일 수도 있고, 플랫폼 사업자일 수도 있습니다. 우리 자신이기도 하고. 또한 신복지제도, 이익공유제의 공동 주체이기도 합니다. 포도원이 황폐해지기 전에 우리가 발견해야 하고 조정해야 할 공동의 가치이기도 합니다. 포도원 이야기에서 맨 늦게 온 노동자는 기성세대보다 늦게 사회에 진출하는 청년세대입니다. 일차, 이차, 삼차,

사차, 오차 일꾼들은 하청기업들이기도 하지요. 파견직, 비정규직, 알바 노동자를 뜻하기도 합니다.

이 비유를 든 까닭은 가장 현실적인 문제들, 서로 다른 이익집단끼리 이익과 갈등을 조정하는 제도를 적극적으로 시행하고 대화와 타협으로 꾸준히 공동의 가치를 찾아가기 위해서입니다. 이 생명의 신경제학이 세대 간의 격차, 세대 내의 격차를 조정하고 무엇보다 늦게 사회에 진출하는 청년을 육성하고 미래를 밝히는 근거가 되기를 희망합니다. 서로 연대하고 맨 마지막에 온 사람과도, 지위가 낮은 사람과도 함께 이익을 공유하는 세계관을 합리적 제도를 통해서 열어야 한다는 뜻입니다.

그는 러스킨의 생명경제학이 경제적 효율성만을 앞세워서 적게 일하거나, 지위 또는 능력이 차이 나는 노동자를 비참하게 만드는 사회현실을 비판하고 새로운 대안을 모색하기 위해 포도원 이야기를 비유로 든다고 설명했다. 일자리를 구하지 못하고 시간제 알바나 일용직, 임시직이 점점 늘어나는 지금, 그는 "이 포도원 주인 이야기는 팬데믹으로 관계가 단절되고 경제활동이 점점 위축되는 삶 속에서 연민의 시선으로 경제구조를 바라보는, 사람의 얼굴을 한 경제학"이라고 말했다.

이낙연 마하트마 간디는 맨 나중에 온 사람에게도 배려한다는 러스킨의 생명의 경제학에서 영향을 받아 모든 사람의 행복, 모든 사람의 진보를 추구했지요. 저는 여기에 감염병 국가책임제를 더하고, 모든 존재의 존엄한 죽음을 보장하는 이별의 권리를 포함시키고자 합니다. 연민은 생명의 신경제학의 기초입니다. 현실은 냉정하고 소득 격차는 자꾸 벌어져서 포도원 자체가 황폐해지게 두어서는 안 되지요.

그리고 원효선사의 화쟁사상을 현실에 받아들여, 서로 이해가 다른 집단끼리 합의점을 찾는 논쟁을 통해서 공통적 가치를 찾아나가고자 합니다. 연민과 화쟁이 함께하는 목표는 모든 사람의 행복, 모든 사람의 진보, 모든 사람의 존엄한 이별의 권리를 구현하는 제도입니다. 저는 그것을 생명을 위하는 신경제의 가치뿐 아니라 사회적 불평등을 회복하는 중심 가치로 삼고자 합니다. 행복한 삶과 존엄한 죽음의 권리까지 포함하는 신생명경제체제는 팬데믹 이후 격차가 더 심해지기만 하는 사회 불평등 현상을 회복하고 미래의 평화를 가져다주는 정치철학의 기초입니다.

문　그렇군요……. 지금 국민들이 겪고 있고, 견디고 있는 여기 고달픈 현실을 무엇으로 행복하게 할 수 있겠는지 한 문장으로 하면 무엇인가요? 저절로, 몸에서 터져 나오는, 오직 한 문장으로.

이낙연　저는 연민의 정치, 생명의 신경제로 국민들의 생활을 평화롭게 해드리고 싶습니다.

나는 갑자기 질문했고, 그는 쟁기를 끄는 소처럼 눈을 크게 뜨고는 입을 굳게 다물었다가 간결하게 대답했다. 철학자 엠마누엘 레비나스가 말한 '타인의 얼굴'이 생각났다. 레비나스가 말하는 타인은 '나'와 다른 얼굴이다. 레비나스는 상처받고 저항할 수 없고, 병들고 다친 타인의 얼굴을 연민의 시선으로 바라볼 때 타인의 얼굴에 응답하고 책임지며 약육강식의 생존투쟁을 넘어서는 새로운 길로 나아갈 수 있다고 말한다.

문 연민은 언제나 타인의 얼굴과 함께하는 것에서 출발하지요. 그런데 현실은 정말 그게 가능한지, 그 실마리를 찾을 수 있는지 종잡기 어렵습니다. 최저임금이 시행되니까 파견직 노동자들에게도, 직장의 정규직 사원에게도 기본급은 올리고 식대, 교통비, 야근수당 등을 줄여서 총액은 거의 변하지 않게 하는 묘수들이 나오는 게 현실입니다.

이낙연 자본주의의 야비한 얼굴이지요. 그런 임금체계를 신복지제도, 이익공유제, ESG 같은 기업의 지속 가능한 사회공헌에 따른 인센티브제도를 활성화해서 문제를 해소해나가야 합니다. 노동을 소모품으로 써서도 안 되고, 능력제일주의로 심화된 불평등을 사회적 합의를 통해 조정해야 포도원의 수확이 넘쳐나니까요. 포도원은 생산주체이고 소득의 결실이고 직업의 현장이며 사회 공동체입니다. 포도원의 수확이 커질수록 늘어나는 생산가치를 최소한의 인간다운 행복을 먼저 구현하는 재원으로 활용하면, 그것은 새롭게 양질의 노동력을 만들어줍니다. 신복지제도, 신경제체제는 포도원의 결실을 확대재생산하고 절차와 사회적 약속에 따라 타인의 삶을 배려하자는 의미입니다.

공공의료대학 설립과 공직자 평가 개선

문　지금 한국 사회는 초고령화 사회로 빠르게 변하고 있는데, 집값이 높은 지역일수록 결혼율이 더 낮습니다. 10년 전보다 결혼연령이 남자는 1.4세, 여자는 1.9세나 늦어지고 있어서 한국 경제에 상상하기 어려운 부담이 될 수밖에 없습니다. 포도원에 일할 사람이 없어질까 염려스럽습니다. 무엇보다 고령화될수록 청년세대의 부담이 커지니까요.

이낙연　저출생, 사회 불평등, 초고령화, 기후위기가 가장 심각한 사회 문제입니다. 이를 해결하지 못하면 청년층도 미래가 더 불투명해집니다. 미래학자 앨빈 토플러는 1993년 일본 방문에서 일본은 패전 후 40여 년 동안 경제건설에 역점을 둔 나머지 중소기업보다는 종합상사를, 개인보다는 기업을, 여성보다는 남성을 우대해서 정치적, 경제적으로 위기에 처했다고 분석했습니다. 한국도 일본의 잃어버린 30년을 닮아간다는 우려가 있습니다. 일본은 1990년대 부동산 거품이 꺼지면서 엄청난 충격을 받았지요. 1992년부터 2020년까지 일본의 평균 경제성장률은 1퍼센트 정도이고 마이너스 성장도 몇 년 있었어요. 1990년 이후 30년 만인 올해 일본은 증권지수가 과거의 30,000선을 겨우 회복했습니다. 지금 우리도 지난해 많은 돈이 시중에 풀렸지만 실물경제로 흘러가지 않고 있어요. 당장 코로나 극복이 문제이니 산업 전반의 구조혁신도 늦어집니다. 무엇보다 모든 분야에서 생산성을 높이는 정책이 절실하지요.

지금까지 경력단절 등 휴직상태에 있었던 여성 인력이 경제활동 전반에 참여할 수 있도록 사회 모든 분야의 차별을 철폐해야 합니다. 물론 역차별도 없어야지요. 저 포도원처럼 일자리가 없어 장터에서 오래 기다리는 사람들이 없도록 해야지요. 저 장터는 앞으로 현실에 비유하면 플랫폼으로 활성화됩니다. 인력의 흐름을 간결하게 연결하는 노동시장 플랫폼 준비 작업을 동시에 해나가야 합니다. 그래야 노동의 중간착취도 없어지게 됩니다.

문   지금 부동산값이 오르면서 사회불평등 현상이 더 심각하게 드러나고 있습니다. 정규직과 비정규직 문제, 지방소멸 문제, 생명 위협에 내몰리는 노동자 문제, 중소상공인과 자영업자들의 생존 위기에다 진보와 보수의 대립, 공정의 문제까지 쓰나미처럼 한꺼번에 닥치는군요.

이낙연 위기는 한국 사회의 모든 모습을 적나라하게 보여주기 때문에 오히려 현실을 파악하고 극복하는 소중한 기회이기도 합니다. 먼저 문제를 정확히 알고 지금부터 구체적이고 포괄적으로 준비해야 합니다. 앞으로 디지털 혁명이 가속될수록 공동체의 삶이 파편화될 수밖에 없지요. 대화와 논쟁을 통해서 공동의 가치, 새로운 제도의 틀을 만들고 규칙을 정해야 합니다. 그리고 무엇보다 미래 대한민국 30년을 이어나갈 청년세대를 중심으로 자원을 집중해야 합니다.

문   요람에서 태어나서 그 종착역은 이제 요양원과 요양병원이 되고 말았습니다. 한번 들어가면 나오는 경우가 거의 없지요. 생애의 마지막이 역설적으로 삶의 품격을 만들어내는데 팬데믹은 그런 기회조차 앗아가버립니다.

이낙연 요양시설은 우리 사회가 분화되고 노인인구가 급격히 늘어나면서 사회보장 측면에서도 불가피하지만, 이제 수용에 가까운 보호를 넘어 더 다양한 형태로 발전할 필요가 있습니다. 다수 입원환자를 받는 요양 방식도 소규모 다양화의 방식으로 바꾸고 그곳에서도 살아 있다는 기쁨을 드릴 수 있어야지요.

제 어머니도 마지막에는 요양병원에 계셨어요. 초등학교를 졸업하고 어머니 품을 떠났다가 50년 만에 도지사 공관에 어머니를 모셨지요. 그런데 그만 침대에서 굴러떨어져서 3년 정도 요양병원 신세를 졌습니다. 50년 만에 아들과 함께 있었던 때가 어머니에게는 짧지만 행복하셨던 시절이었지요. 요양병원에 계실 때도 제가 가면 얼굴도 환해지시고 맞잡은 손을 놓지 않으려고 힘을 주셨고요. 어디서 그런 힘이 나오는지 그 옛날 밭 매며 호미 잡듯이 손에 힘이 꽉꽉 들어가셨지요.

문 일반적인 요양병원은 효율성 때문에 건물을 지어서 환자를 보호하는 개념입니다. 우리는 헌법정신에 따라 행복하게 살 권리가 있고 동시에 존엄하게 죽을 권리가 있지 않겠습니까? 이번처럼 전염병이 번지면 속수무책이지요. 이별의 권리는 무엇입니까?

이낙연 안전한 삶의 조건은 또한 존엄한 이별의 권리와도 연결되어 있습니다. 갈수록 고령인구가 많아지면 가족이나 자식들이 돌볼 시간과 여력이 없으니 전문적인 치료를 받을 수 있는 요양병원에 안 가시면 건강이 더 빨리 상합니다. 쓸쓸하지만 피할 수 없는 현실이지요. 그것만도 힘든 일인데 코로나 시대에 어르신이 자식도 못 보고 세상과 이별하면 한 맺히는 일입니다. 효율성, 편의성, 경제성만 있는 대형 요양시설보다 어르신 중심의 소규모 요양시설을 시범적으로 운영하는 다양한 정책을 마련해야지요.

　　현재 거주하는 장소와 가까운 소규모 요양공동체라든지, 치매마을, 또는 거동이 가능한 분들이 모여 사는 공동체를 두고 요양보호사, 간호사, 의사들이 순회하며 돌보는 방법도 찾아야 합니다. 정년을 보장하는 공공의사 제도를 도입하고, 마을 진료소를 설치하는 게 가장 먼저 해야 할 일입니다. 2019년 국가시범사업으로 왕진사업을 시작했지만 의료수가가 낮아서 민간병원의 참여가 낮습니다. 공공의료영역에서 왕진 진료를 체계화해야 합니다. 행복한 삶에 대한 권리처럼 개개인은 최소한 가족과 작별인사도 하고, 서로 맺혀 있는 앙금도 풀고 자식에게 유언도 남기는 절차를 보장하는 권리가 이별의 권리입니다. 고독사도 줄여나가야 합니다. 이별의 권리를 보장하기 위해서는 공공의료체계를 체계적으로 강화해야 합니다.

문 문재인 정부의 국민건강을 위한 가장 큰 정책이 치매국가책임제입니다. 감당할 수 없는 이 질병은 환자 자신이나 가족들을 너무 힘들게 해왔지요. 이런 복지제도는 국민들을 안심시키는 정책입니다. 도산 안창호 선생의 장녀 안수산 할머니는 남편의 알츠하이머병을 치료하느라 운영하고 있던 레스토랑 하나가 다 들어갔다고 하더군요. 이제 대형 감염폭풍이 앞으로도 일어날 가능성이 많은데 모든 감염병 치료비용을 개인의 건강보험만으로 막기에는 한계가 있습니다.

이낙연 예, 코로나바이러스 전염병처럼 집단감염이 일어나는 모든 감염병의 진단과 치료는 전부 국가책임제로 해야 합니다. 감염병에 대비해 지역별로 공공병원을 대폭 확충해야 합니다. 한국의 공공의료병원과 병실은 OECD 기준 최하위입니다. 공공의료 분야, 즉 진단과 치료인력은 물론, 감염병 의료장비 생산도 체계적으로 연계하고 방역 인력, 감염병 관리 행정 및 검사를 담당하는 임상병리 인력을 체계적으로 양성하는 공공의료대학을 지방 국립대학으로 설립해 준비하는 게 가장 바람직합니다.

저는 이 명칭을 의과대학이라기보다 공공의료대학으로 하고자 합니다. 감염병 예방과 치료, 행정관리 등을 총체적으로 준비해야 하니까요. 이번 코로나 방역에서도 공공병원 병상이 전체 병상의 10퍼센트 남짓인데 감염환자의 90퍼센트를 감당해오고 있으니 노동 피로도가 너무 큽니다. 그래서 감염병 예방 및 치료인력은 평상시에는 공공병원에서 저소득층과 차상위층, 장애인의 치료를 맡고 감염병이 발생하면 초기부터 철저히 대응하는 시스템을 갖추도록 해야 합니다. 이는 문재인 정부의 치매국가책임제와 함께 국민건강을 보호하고 인간다운 삶을 최소한 유지해주는 신복지제도의 중요한 요소입니다.

노환은 전염되지 않는 개별질병이지만 감염병은 집단으로 번져나가니 사전에 방어하는 시스템을 만드는 것이 사후 비용보다 장기적으로는 훨씬 큰 경제적 이익으로 돌아오고 안전한 삶을 유지해주는 보루입니다.

문 지금 30대가 한 세대 지나면 노인세대가 됩니다. 그때는 지금보다 훨씬 더 고령화 문제가 심각해지겠지요. 지금의 30대, 40대에게도 불안감이 자리 잡을까 우려됩니다. 도대체이 불안의 정체는 뭘까요?

이낙연 예측하기 어려운 변화가 예전보다 훨씬 더 많아졌습니다. 기술 변화에 따른 격차가 심해지고 예측 가능한 삶이 무너지고 있으니까요. 인간은 본질적으로 불안한데 현대인들은 예측할 수 없는 변화 때문에 더 불안합니다. 그 변화에 팬데믹이 덮쳐서 훨씬 더 심각한 타격이 왔습니다. 그전에는 직접적인 생명의 위협까지는 이르지 않았지요. 초고령사회에 적응하기 위해서는 집단관리 중심의 복지형식도 바꾸어야 합니다. 이번 팬데믹 사태로 인간으로서의 존엄한 이별의식도 없이 생을 마감하는 어르신들을 보며 가까운 사람들끼리 공동으로 함께 생활하는 요양마을, 이런 개념을 도입해보는 정책 연구도 필요하겠다고 생각했습니다. 일생 국가에 세금을 바치고 가족을 부양하며 살았던 어르신들에 대해 국가는 예의를 다해야 합니다. 그래야 30대, 40대도 불안해하지 않지요.

문 인생은 지치도록 자꾸만 길어져 가는데, 생활 자체를 뒤흔드는 초조함이 마스크를 쓴 사람들 얼굴에서 느껴집니다.

이낙연 구체적으로 말하면 안정적이어야 할 40대, 50대마저도 고용과 수입의 불안정성이 커져버렸죠. 언제 내가 실업자가 될지 모른다는 두려움도 있고 소상공인들에게는 임대료 부담에서 교육비, 집값까지 한꺼번에 닥쳐오니까요. 여기에다 4차산업혁명이 이미 시작되었습니다. 생존연령은 길어지는데 직업의 수명은 짧아집니다. 한 사람이 자기 생애 동안에 도대체 몇 개의 직업을 가져야 될지 모릅니다. 그러니 의사, 변호사, 교사, 공무원처럼 더 안전한 직장을 구하려고 경쟁이 치열하지만 이마저도 변화의 소용돌이 속에 있습니다. 평생직업이나 천직이 사라지고 십 년 후에 내가 무슨 일을 하고 있을지 모르니 불안이 더 커졌습니다.

더구나 지금의 50대는 자신들의 노후를 자식에게 맡길 수 없다는 것을 뼈저리게 느끼고 있지요. 그들은 더 오래 현역에서 남아 있으려 하고 그래서 청년들에게 자리를 넘기려 하지 않습니다. 이런 현상은 청년세대의 사회진출을 더 늦추게 하지요. 청년의 문제는 동시에 부모의 문제이기도 해서 세대 간의 공유를 통해 문제를 해결해야 합니다. 청년의 사회출발선을 지원하면 그것은 동시에 50대 이후의 부담을 덜어주는 정책도 됩니다.

문   이런 경우에도 지도자는 미래의 방향과 안심시켜주는 어떤 대안을 명백하게 제시해서 불확실한 미래를 최대한 제거하고 이정표를 보여주어야 합니다.

이낙연 그렇지요! 대한민국은 지난해 국내총생산이 1조 6,240억 달러로 세계 9위입니다. 우리는 미래를 준비하고 현재를 감당할 여력이 있습니다. 다만 사회적 불평등이 심해져 조정이 필요합니다. 앞으로 소득, 주거, 노동, 교육, 의료, 돌봄, 문화체육, 환경에 대해 인간다움을 훼손하지 않고 회복할 수 있게 하는 기준을 제도로 확보하는 정책이 바로 신복지제도입니다. 먹고살 수 있어야 마음도 일정하게 유지합니다. 건강과 마음의 여유가 있어야 미래를 꿈꿀 수 있습니다.

문　맹자에 나오는 바로 그 항산항심恒産恒心이군요. 지금 국민들이 이렇게 불안해하는 까닭도 먹을 게 일정하지 않다는 거겠지요.

이낙연　그렇죠. 언제 소득이 사라질지 모르니까 두렵지요. 인류가 이렇게 기술이 발달하고 생산력이 높아졌는데 행복을 느끼는 사람은 오히려 더 적어졌습니다. 팬데믹을 겪으면서 지금까지 인류가 희생하고 저항하고 지혜를 짜내고 해서 만든 세상이 이것일까, 하고 생각하는 분들이 많을 겁니다. 그러나 탄식에 머물러 있을 시간이 없습니다. 아직 감염병은 현재진행형이니까요.

　사실 문제는 항산무항심恒産無恒心이지요. 먹을 건 일정한데, 끝도 없고 일정하지도 않은 욕망, 예를 들면 공직자 신분으로 내부정보를 이용한 부동산투기라든지, 검찰권을 위임한 국민들을 외면한 검찰의 법왜곡식 일방통행은 사람들을 좌절하게 합니다. 앞서 잠깐 이야기했지만 국회에서도 독일에서 시행하고 있는 법왜곡죄 입법을 적극적으로 검토해야 합니다. 독일에서는 검사, 판사 또는 고위공직자가 고의로 법 규정을 일방적으로 유리하거나 불리하게 해석해 법을 왜곡해서 적용하는 경우에는 1년에서 5년의 형을 받게 하고 있습니다. 한 번의 시험으로 평생을 군림하는 이 터널의 덮개를 이제 열어서 햇빛 아래로 나오게 해야 합니다.

문 욕망은 우주보다도 더 큰 거 같아요. 중국 고대사를 보면 황제보다 귀족이 더 부러운 계급이었습니다. 나라가 망하고 황제가 처형장에 끌려가면서 다음에는 귀족으로 태어나고 싶다고 했습니다. 나라는 바뀌어도 귀족은 그대로였으니까요.

이낙연 영원한 권력은 국민밖에 없습니다. 잘못되고 지나치게 비대했던 모든 것들을 제자리로 돌아가게 해야 합니다. 그러기 위해서 국가가 공평한 분배와 지원을 통해서 중산층을 회복하고 무엇보다 교육 불평등을 해소해야 이런 불안과 탐욕도 줄어들 것입니다. 연공서열로 되어 있는 공직자 평가방식도 바꾸어야 긴장과 활력이 생깁니다. 저는 이런 방식을 제안합니다. 연공 40퍼센트, 규제개혁 20퍼센트, 예산절감기획 20퍼센트, 민원근무 20퍼센트로 해서 점차적으로 연공서열의 비율을 줄이고 혁신 비율을 높여가는 방식입니다.

안전, 연대, 공유, 미래 – 새로운 시대의 정신

문 지금 이 시대에 시대정신, 시대상식을 다들 외치는데 지금 우리에게는 새로운 시대를 여는 정신이 필요합니다. 무엇이 새로운 시대를 여는 정신이어야 합니까?

이낙연 지금 여기, 불안한 이 시대에 새로운 시대를 여는 정신은 안전, 연대, 공유, 미래입니다. 외환위기 이후 한국 사회는 안전장치 없이 급속하게 질주해왔지요. 두레정신도 생명존중 사상도 내팽개치듯 살았습니다. 그 과정에서 사회적 약자들이 소외되고 너무 쉽게 목숨을 잃었습니다. 이제 사회적 대원칙은 생명을 소중히 하는 신경제정책을 기초로 하고 어떠한 권력도 남용하지 않도록 하는 것입니다. 반성하지도 않고 성찰하지도 않는 권력은 폭력에 불과합니다. 제도는 어떤 사람이 운용하는가가 중요하지 않도록 해야 합니다. 제도의 틀 자체를 기울어짐이 없도록 공평하게 만들어주어야 합니다. 그래서 세대 간, 세대 내 연대하고 공유하는 신플랫폼을 만들어가야 합니다. 제도개혁도 거칠게 서두르면 성공하기 어려워집니다. 한 걸음씩 나아가야 합니다. 더디다고 여길지 모르지만 그게 가장 빠른 길입니다. 서울의 궁궐문인 광화문光化門(궁성의 정문, 경복궁 남문), 돈화문敦化門(창덕궁의 정문), 홍화문弘化門(경희궁 정문), 흥화문興化門(창경궁 정문)은 가운데에 '될 화化' 자가 있어요. 빛으로 화하고, 돈독하게 화하고, 널리 화하고, 크게 화하는 뜻처럼 화합해서 공동으로 계속 나아가야지요. 이제 저성장시대에 접어들었습니다. 양적 성장보다 질적 성장에 집중해 사회안전망, 신복지제도를 견고하게 하고 노동과 기술혁신을 조화롭게 하는 데 집중해야 합니다. 국민들의 무의식 속에 자리 잡은 가장 큰 욕망은 무엇보다 안전하고 싶다는 것이라고 생각합니다. 국민들의 생활을 안전하게 해서 새로운 미래로 화합하는 정책을 펴야 합니다.

문 저는 학문 중에도 화학이 최고라고 생각합니다. 화학은 기존의 서로 다른 물질을 화합해서 새로운 물질을 만들어내고 새로운 시대를 열지요. 현실도 그와 같아요. 새로운 시대가 오면 새로운 정신이 와야지요.

그런데 여기 30여 년 동안 바뀌지 않은 한 가지 예를 들겠습니다. 한진중공업의 마지막 해고자 김진숙 씨입니다. 김진숙 씨는 어느 편지에서 이렇게 말했습니다. "연애편지 한 통 써보지 못하고 20대는 갔고, 대공분실에서 고문받고, 감옥 징벌방에서 청춘이 가고, 전날 함께 저녁 먹었던 사람의 추모사를 쓰며 세월이 다 갔다." 노동현장을 바꾸겠다 나선 동료들이 죽어나갔고. 지금 2000년대 와서도 노동자들의 죽는 방식이 똑같다고 합니다. 김진숙 씨 역시 암 투병 중이더군요. 무궁화 대훈장을 받은 고 전태일 노동자처럼 김진숙 씨의 공헌이 직장을 잃은 많은 노동자들을 복직하게 했습니다. 그 노동현장의 개선과 복직을 약속했던 정치인들, 그 약속을 다 잊었을까요? 김진숙 씨는 전태일 다리 앞에서 이 편지를 읽었습니다.

이낙연 현실적 이유가 무엇이든 약속의 의미는 그것이 어떤 조건이

제가 2021년, 새해의 키워드를 '회복과 출발'이라고 잡았어요.
코로나의 상처를 빨리 회복하자,
그리고 거기서 새로이 출발하자는 외침입니다.

든 간에 지켜야 한다는 것을 전제하고 있습니다. 언어의 최전선이 정치이지요. 정치의 최전선은 약속이고. 제가 2021년, 새해의 키워드를 '회복과 출발'이라고 잡았어요. 코로나의 상처를 빨리 회복하자, 그리고 거기서 새로이 출발하자는 외침입니다. 과거와 결별하고 그 새로운 출발이 잘못된 현실을 바로잡고 우리 사회가 사회적 약자들에게 정교하고 세련된 보호망을 제공하도록 하자는 것입니다. 과거부터 지금 팬데믹 현실까지의 상처에 대해 저는 치유라는 용어보다 회복이라는 용어를 쓰고 싶었습니다. 회복 자체가 팬데믹 이후 미래시대로 가는 출발의 이정표로 자리 잡도록 말이지요. 진보와 보수, 대립과 갈등의 이념에서 회복과 공유의 가치 세계로 나아가야 합니다.

문 요즘 청년들에게 비상구 불빛이라고는 증권투자와 암호화폐 투자뿐일까요?

이낙연 청년들이 이런 현실에 직면하고 있는 데 대해 미안하게 생각합니다. 청년들은 리스크를 알면서도 암호화폐에 투자하고 있습니다. 암호화폐에 대해서는 이렇게 하면 좋겠습니다. 첫째, 시세조종 등으로 인한 투자자 피해가 없도록 암호화폐 거래소를 제도권 내에서 건전하게 관리해야 합니다. 미국은 면허제, 일본은 등록제로 거래소를 관리합니다. 참고할 만합니다. 둘째, 과세는 증권세와 형평을 맞춰 조정하는 것이 옳다고 생각합니다. 셋째, 디지털금융의 신기술은 보호하고 암호화폐 거래소 또는 전자금융업자가 위·변조 사고나 도난, 안전성 확보를 안 했을 때 책임지도록 해야 합니다.

　무엇보다 '내'가 일자리를 잃어도 회복할 수 있다는 믿음을 주는 제도를 청년들에게 선사해야 합니다. 청년세대들은 산업화세력은 물론 민주화세력에 대한 실망과 배신감이 크지요. 용서를 청하고 싶은 심정입니다. 다만 분명한 것은 어떤 세대든 어떤 세력이든 과거에 무엇을 했건 국정을 맡겠다는 사람들은 훨씬 더 실력이 있어야 하고 유능해야 한다는 점입니다. 경험으로 단련해나가야 합니다. 이것이 굉장히 뼈아파요. 저 자신도 예외가 아니지요. 큰 수업 과정입니다. 그만큼 지혜로워야 하고 독선을 가지지 않아야 합니다. 예측하지 못한 요인들이 생기니까 시간이 다소 걸리더라도 충분히 감안하면서 준비해가야 합니다. 성급하면 부작용이나 본질을 집어삼켜버리기도 하는 사태가 일어납니다. 무엇보다 저는 청년세대의 막막함 앞에 정치인이 무엇을 실천해야 하는지 스스로 질문합니다. 최근 통계청 자료를 보면 계층 간의 소득격차 완화가 이전 소득, 즉 정부의 보조금 때문에 생긴 것으로 나옵니다. 정부가 노력한 결과입니다. 그런 노력을 계속하려면 소득격차로 고통 받은 이들의 아픔에 대한 연민이 있어야 하고 제도적으로 지속 가능하게 지원할 수 있어야 합니다. 제도로 격차를 줄이려 하면 완강한 저항세력이 있게 마련입니다. 항산무항심처럼 저항이 굉장히 집요하고 조직적이지만 포기하지 말아야 합니다. 또 합리적이고 논리적이어야 지속적으로 새롭게 제도를 만들고 유지할 수 있지요. 그렇게 해서 우리는 전 세계적으로 덮친 위기에서 회복되어야 합니다. 살아남아야지요. 회복의 진정한 의미는 상처를 치유하고 함께 미래로 나아가자는 뜻입니다.

그러나 당장 청년들은 직업을 구하기 매우 힘들고 생활이 급박하다고 외친다. 그들은 단순히 체감하는 현실이 아니라 구체적 자료까지 내놓으며 국민연금을 받을 수 없다는 미래의 불안까지 덧붙인다. 기획재정부가 2020년 9월 내놓은 '2020~2060 장기재정전망'을 보면 2040년 국민연금 적자 전환, 2056년 적립금 소진, 그 이후는 경제활동인구가 내는 세금으로 국민연금을 부과하는 부과식 연금이 된다. 청년세대들은 그들이 은퇴하고 받을 연금도 없다고 한다. 현재 보험요율은 소득의 9퍼센트, 2050년부터는 수입의 20.8퍼센트를 보험료로 내야 한다. 이 미래 부양자들의 불만은 충분히 이해가 된다. 그에 비해 공무원연금, 군인연금은 지난해 3조 8천억 원, 10년 뒤 9조 3천억 원, 20년 뒤 15조 6천억 원의 적자가 나고 이를 정부 예산으로 보전해주어야 한다. 청년들은 이것이 더 불공평하다고 말한다.

문   세금으로 일부 직업군의 퇴직연금을 지원하는 제도는 불공평하지 않습니까? 보험료 인상이 없이는 재정건전성을 확보할 수 없지요. 청년세대에 대한 미래 지급 가능성이 제로에 가까운 게 현실입니다. 국민연금을 받을 수 없는 청년들의 미래 불안감을 해소하기 위한 정책은 무엇입니까?

이낙연 불공평하지요. 민감한 문제이지만 사회적 논의와 대타협이 있어야 합니다. 국민연금이 고갈되고 나면 그 이후는 어떻할 것인가, 본격 논의가 계속 미뤄지고 있지요. 그런데 지금 청년들은 그들 생전에 이 시기를 맞게 될 가능성이 높습니다. 지금 청년세대들의 미래를 위해서도 국민연금 고갈 위기를 해소하기 위한 국민적 대타협이 필요합니다. 국민연금을 포함한 공적 연금의 통합 논의, 사회적 대타협의 과제를 피해서는 안 됩니다. 무엇보다 합리적이고 공평한 원칙이 있어야지요. 사회적 대타협을 기반으로 해서 현행 소득의 9퍼센트로 되어 있는 국민연금 보험요율 인상은 물론 소득대체율 인하, 수급연령 상한, 물가지수 조정, 급여산식 조정, 연금 통합, 저소득층의 국민연금료 지원 등 모든 가능한 정책을 재구성해서 새로운 정책을 시행해야 합니다.

청년세대는 기성세대가 말하는 노동 조건에 대해서도 할 말이 많다. 중소기업에 일하러 가지 않는다고 타박하지만, 임금보다 중소기업 노동자를 향한 경멸 어린 시선이 싫다는 것이다. 마이클 샌델이 말하듯 "일은 경제인 동시에 문화이다. 일은 생계를 꾸려나가기 위한 방법이자 사회적 안정과 명예를 얻는 원천"이기 때문이다. 샌델은 미국에서 백인노동자를 멸시한 민주당 엘리트들이 트럼프 현상을 낳았다고 분석한다. 트럼프 현상의 책임은 오히려 민주당에 있는 셈이다. 더구나 산업화, 민주화 세대는 자산을 축적하는 보편적인 통로가 있었다. 숟가락 두 개로 단칸방에서 저축과 대출로 집을 샀던 이야기는 집집마다의 전설이고 자부심이다. 더구나 86세대가 주도한 벤처 열풍은 주식거품을 만들어내고 극소수에게 부를 가져다주었다. 통계청이 2년에 한 번씩 내놓은 자기 세대 계층이동 가능성 조사에 따르면 2009년에는 20대의 45.6퍼센트가 계층이동 가능성이 비교적 낮거나 매우 낮다고 응답했는데 2017년에는 65퍼센트로 늘었다. 당장 집이 필요한 청년들은 외곽이 아닌 직장이 가까운 도심에 살기를 원한다.

아울러 대학입시에서도 내신과 수능, 그 어떤 쪽으로 대학입시를 바꿔도 수도권 명문대학 진학률은 고소득층 자녀 100명당 저소득 자녀 20명대에 불과하니 수능비율 확대나 부모찬스를 금지하는 공정성 강화는 별 도움이 안 된다고 한다. 그들은 또 2030세대들의 정치 활동은 경제적인 이유 때문에 어렵다고 한다. 드물게 정치 입문에 성공한 청년세대는 청년들로부터 '젊은 꼰대'라고 배척받는 현상이 일어난다.

문   1980년대의 신군부 독재를 겪지 않았던 청년세대들은 민주
      화 투쟁을 했던 정치인들에게 기대했는데 그들도 무능하다
      고 합니다.
이낙연 그들이 특별히 무능하다기보다는 현실에 비해서 열정이 더
      컸다고 할까요? 삶의 경험이 한 부분에 집중되어서이기도
      하겠지요. 청년세대들이 실망하는 이런 현상은 어떻게 보면

진보다 보수다 하는 이념적 구분으로는 해결되지 않는 새로운 문제들이 있다는 것입니다. 이제 진보, 보수의 관점을 뛰어넘을 시기가 왔습니다. 새롭게 사회로 나서는 청년들에게 공평한 기회를 줘야 한다는 거죠.

예를 들면 대학을 가는 학생도 있고 실업계 고등학교를 나와서 바로 사회로 나가는 청년들도 있습니다. 대학 가면 4년 동안 부모의 소득에 따라 다르지만, 국가장학금을 받기도 합니다. 그럼 대학을 안 간 청춘들에게도 공평하게 출발자산을 줘야 합니다. 국가장학금도 국가에서 주는 돈입니다. 그러면 고등학교를 졸업하고 경제활동을 하기 시작하는 청년들을 위해서도 공평하게 국가가 배려해줘야 하는 것이지요.

문　다급하게 쏟아져 나오는 현장의 목소리는 어떤 경로로 듣고 있습니까?

이낙연　정책에 큰 변화가 있을 때는 여러 집단에서 의견이 들어와요. 그러나 정작 조직화돼 있지 않은 쪽은 그런 기회마저 없지요. 할 수 있는 대로 현장의 목소리를 듣는 통로를 확보하고 있습니다. 늘 하기는 어렵지만 직접 찾아가는 것이 가장 좋습니다. 예를 들면 수입소고기 파동 때 축산농 일가족 자살시도 사건 같은 경우입니다. 현장과 경험보다 앞서는 것은 없습니다. 그것을 축적해서 미래 지표로 삼아야지요. 우리가 어떤 것은 지나치게 변화를 안 해서 탈이지만 어떤 건 너무 쉽게 변화해서 부작용이 생기고 바로 또 보완한다고 그러지요.

정책의 기준은 첫째도 현장, 둘째도 현장, 셋째도 현장입니다. 현장의 변화에 따라 정책을 입안하고 그다음 정책의 시범실시 과정에서 나타나는 현장의 문제를 파악해서, 현실과 지향하는 미래에 맞게 시행해야 합니다. 그런 점에서 현행 대통령제 아래서는 국민소통실에서 정부의 메시지 전달에만 집중할 게 아니라 현장 여론을 파악하고 이를 체계화해서 정책의 기초로 삼는 기능이 꼭 필요합니다.

문 어이없는 죽음이 우리 사회에 많습니다. 특히 건설현장이 그렇지요. 건설업체는 원청업체에 안전관리비를 주는데 이게 하도급업체로 내려갈수록 제대로 지급되지 않는 경우가 많다고 합니다.

이낙연 안전관리비 문제는 생명을 위협하고, 땅 투기 문제는 노동의욕을 위협합니다. 서민들 피눈물 나게 하는 땅 투기와 목숨을 담보하는 갑질은 용서받을 수 없습니다. 무엇보다 산업재해를 줄여야 합니다. 제가 총리로 일하면서 국민생명 지키기 프로젝트라 해서 세 가지, 교통안전과 산업안전, 자살을 집중적으로 줄이도록 애썼어요. 교통안전은 확실히 개선되고 있습니다. 산업재해도 조금 줄어들었지만 여전히 위험이 도사리고 있지요. 자살은 정말로 들쭉날쭉하고요. 십만 명 중에 여덟 명이 자살을 한다는 통계가 있습니다. 한국이 OECD 자살률 1위입니다. 요즘은 일가족 자살이 조금씩 늘어나고 있어서 고통스럽습니다.

문   주택보급률이 100퍼센트가 넘었다고 하지만 여기에는 폐가,
      빈집, 쪽방촌이 다 들어가 있어요. 주거수준에 미달하는 집
      이 10퍼센트 정도입니다. 경제적 현실에 맞게 주거자원을
      배분하는 기본 이정표가 있어야 하지 않겠습니까?

이낙연 공공분야의 임대주택을 계속 공급해가야 합니다. 동시에 시
      장의 공급기능도 인정을 해주고. 시장에서 생기는 이익을 흡
      수해서 공공으로 쓰고요. 공공분야가 주거를 계속 공급하면
      두 가지 효과가 있습니다. 공공임대주택은 우선 청년이나 저
      소득층이 내 집 마련의 사다리로 올라갈 수 있게끔 해줍니
      다. 또 주택가격이 급상승하지 않도록 끌어당기는 힘이 있어
      요. 그래도 시장에서 더 좋은 주택을 원하는 수요가 당연히
      있으니 그건 시장에 맡겨야지요.

      공공분야를 활성화시켜 3년 이상 꾸준히 공급하면 주택시
      장은 상당히 안정될 것이라고 봅니다. 정부가 공공물량을 더
      많이 보유하는 정책을 펼쳐야 했습니다. 그러면 계층이동의
      사다리를 충분히 제공할 수 있었지요. 정부, 공공기관이 개발
      하는 토지부터 토지공개념원칙을 확대해나가야 합니다. 토
      지는 공공이 보유하고 건물만 분양하는 토지임대부 분양아
      파트, 이른바 반값 아파트를 본격적으로 시작할 생각입니다.

문   19세에서 34세 사이 청년층이 1,100만여 명입니다. 이 가운
      데 부모와 같이 사는 비율이 절반쯤입니다. 이 청년들이 독
      립해 나오면 또 월세, 전세대란이 더해집니다.

이낙연 그렇지요. 서울 시내 인구는 줄어들고 있는데 가구 수는 늘어나고 있어요. 이른바 가구분할이라고 합니다. 1인 생활자, 독거 생활자가 폭증하고 있습니다. 청년층은 물론 거의 모든 연령층에서 주거 증가에 비해 공급이 부족했습니다. 정부에서 공공임대주택을 전국 소도시마다 건축해서 수요에 부응해야 합니다. 이제 우리는 새롭게 시작해야 합니다.

서울만 그러겠는가? 취업이 잘 되고 병원이 있고 교육여건이 좋은 곳은 집값이 더 빨리 뛴다. 더구나 서포자(서울 포기자)라는 신조어가 나오는 요즈음, 《오마이뉴스》에 실린 이은지 청년시민기자의 글을 일부 옮긴다. 그는 지방에서 대학을 나와 노량진 고시촌에서 한 평 남짓한 쪽방에서 2년을 지냈다. 다행히 공무원 시험에 합격한 뒤 그의 거처는 개인 주방과 화장실이 딸린 7평짜리 원룸으로 바뀌었다.

나의 집은 도대체 어디일까. 서울의 7평 남짓한 원룸일까, 부모님이 계신 고향 집일까. 아니면 미래에 꾸미게 될 새로운 가족이 있는 집일까. 문득 무서워졌다. 평생 나의 집을 찾지 못하는 것은 아닐까. 지금처럼 서울에서 도망치고 고향에서도 도망치며 끝내 이방인에서 벗어나지 못하는 것은 아닐까.

끝없는 물음 끝에 두려움을 걷어내고 있는 그대로의 나를 보기로 한다. 앞으로 내 인생을 책임지겠다며 부모님을 떠나 집 밖을 나오던 그날의 나를. 그때부터 나 자신이 바로 나의 집이었다. 버거운 배낭을 메고 사람들의 눈치를 보며 위태롭게 서 있던 그곳이 나의 집이었다.

1평 남짓한 고시원에서 불투명한 미래 앞에 불안에 떨고 있던 그곳이 나의 집이었고, 사람들과 부대끼며 출근하고 힘 빠져 오르는 언덕길이 나의 집이고, 겨우 7평짜리 원룸이지만 구석구석 나의 취향을 채워놓은 이곳이 나의 집이다. 결국엔 내가 있는 곳이, 나 자신이 나의 집이었다.

—이은지, 〈노량진 고시원에서 시작한 서울살이 7년 차입니다〉에서

51. 정치인의 기본자세는?

약속.

52. 대통령이 지켜야 할 약속은?

약속 속에 담긴 철학까지.

53. 약속에 담긴 철학의 내용은 뭘까?

국민의 행복과 슬픔, 그 연민의 얼굴.

54. 봄, 여름, 가을, 겨울 중에서 좋아하는 계절은?

모든 계절은 다 좋아(총각이었을 때 답변 아직 유효함).

55. 고교 학창시절 제일 좋아했던 과목은?

문병란 선생님의 국어 시간.

56. 지성과 윤리, 멋. 세 가지 중에 어느 것이 가장 좋아?

지성. 그렇지만 세 가지 다 하나로 융합비빔밥!

57. 다시 군대 가라면?

그래도 무조건 입대! 다시 간다면 해군 가고 싶어.

58. 꼰대가 안 되는 법?

라떼 싫어. 아이 엠 안티라떼 바리스타!

언제나 스스로에게 질문하기를 잊지 말자.

59. 청춘들의 유행어, 영끌(영혼까지 끌어모아), 영털(영혼까지 털렸네)을 어떤 새로운 말로 유행시킬 수 있을까?

영끌, 영털을 영빽(BACK, 영혼이 돌아왔다)으로!

60. 로또 일등에 당첨되면 누구에게 먼저 말할까?

아내(조금 생각하는 척하다가).

61. 당첨금으로 가장 먼저 사고 싶은 것?

아내와 상의해서. 우선 아내 스카프(반지, 귀걸이, 보석 다 귀찮아함).

62. 팔불출?

쑥스럽지만 그래도 아내의 뜻에 따르겠음!

08

출산, 교육,
십전일승, 십년일기

"열 번 도전해서 한 번 성공하면 됩니다. 우리 속담에 열 번 찍어서 안 넘어가는 나무가 없다고 했습니다. 페이스북, 애플, 마이크로소프트 같은 대기업은 청년들이 작은 창고에서 시작해서 지금에 이르렀습니다. 또 십 년마다 하나의 기술을 익히는 직업교육체계를 대학 중심으로 만들어 4차산업혁명은 물론 길어지는 평균수명을 감안해 최대한 경제활동을 할 수 있는 근거를 만들어두고자 합니다."

모든 출산은
고귀하다

　어린 목숨마저 폭력과 방관으로 자꾸 희생되어간다. '정인이 사건'은 우리 사회에서 일상적인 폭력이 자신을 스스로 방어할 수 없는 아이들에게까지 번져갔음을 보여준다. 자녀를 가진 부모들, 청년들, 청소년들도 입양아 정인이의 죽음을 슬퍼하고, 죽음에 이르게 한 양부모에 분노했다. 풀잎 같은 생명을 파괴하는 폭력의 이면에는 어떤 정서가 있을까? 정인이 죽음을 막을 수 없었던 미안함은 그 사건을 지켜본 모든 이들에게 상처로 자리 잡았다. 정말 어떻게 해야 하나…….

문　　만약 미혼모라면 어떻게 하겠습니까?

이낙연　얻어맞더라도 친정엄마에게 갈 것 같습니다.

문　　친정엄마도 없고 이모도 없고 딱히 미혼모를 이해하고 도와
　　　줄 친척도 없다면 어떻게 해야 할까요?

이낙연　아, 정말 어떡해야 하나요……. 잘 키워달라는 부탁과 아기
　　　생년월일을 적은 편지 한 장 써서 아기와 함께 베이비 박스
　　　에 두고 가는 미혼모들도 있어요. 막상 혼자 힘으로 출산하
　　　고 보니 현실이 너무 막막해서지요.

문　　태어나면서부터 사각지대에 놓이는 생명들이 많습니다. 우
　　　리 사회가 인구감소를 우려하면서, 태어난 아기도 제대로 돌
　　　보지 못하고 있습니다.

이낙연 모든 출산은 고귀하고 모든 임산부는 보호받아야 합니다. 모든 출산이 안전하도록 보호망을 촘촘히 해야지요. 아기를 길러본 적도 없고 어른들에게 배운 적도 없고 도움을 청할 곳도 없으면 미혼모는 정말 두려울 겁니다. 그 두려움을 국가나 지자체가 품어주어야 합니다. 임신에서 출산까지 언제든지 정부가 지원하고 보장하는 기관으로 그들이 안심하고 갈 수 있도록 해야지요. 혼인 여부와 상관없이 그 어떤 출산도 평화롭게 준비할 수 있어야 합니다. 그리고 어린이집 보육제도의 문제점을 구체적으로 개선해서 어린이집에 아기를 맡겨도 부모들이 염려하지 않도록 해야 합니다. 임신, 출산, 양육에서 교육까지 하나로 연결된 시스템을 만들어야 합니다.

문 정인이 사건 때문에 자녀체벌을 금지하는 법도 국회에서 급히 통과되었습니다.

이낙연 당연히 폭력은 없어져야지요. 폭력을 당하는 아이는 일시적으로 아동보호센터에 가게 되는데 대부분 자녀들은 부모에게 돌아갑니다. 보호시설 책임자 말로는 아이들은 다시 집으로 돌아가고 싶어 한답니다. 집에서 더 안정감을 느낀답니다. 안타깝지요. 어떤 경우에도, 그 어느 분야에도 폭력적인 방법을 써서는 안 된다는 사회 분위기가 확산되어야 합니다. 초등학교에서 자녀폭력 예방교육을 학부모에게 제공하는 과정이 있어야 합니다.

문   저는 정인이 친모, 친부 생각이 자꾸 납니다.

이낙연 생각만 해도 너무 미안하고 가슴이 저려요. 무엇보다 정인
        이 친모가 어디선가 이 일을 알았다면 피눈물을 흘리고 있
        겠지요. 정인이 친모가 정인이를 아동복지기관에 맡긴 까닭
        이 있을 겁니다. 어쩔 수 없는 사정으로 아이를 키울 수 없었
        기 때문이겠지요.

문   부모로서의 무책임과 다른, 아이를 키우지 못할 사정이 있었
        겠지요. 정인이의 죽음이 우리나라의 출생률이 세계 최저일
        수밖에 없는 참담한 문제들도 보여주고 있습니다.

이낙연 정부의 정책 방향에 대전환이 필요합니다. 2006년부터 지금
        까지 출산 관련 지원예산으로 약 225조 원을 썼는데 오히려
        출생률은 더 떨어졌어요. 이제 모성애나 부성애에만 의지해
        서는 안 됩니다. 청년세대는 결혼에 부담을 느끼고 있어요.
        자치단체에서 출산지원금을 늘려도 전체 출생률이 높아지
        지 않습니다. 출산휴가를 늘리고 지원금액이 더 늘어나야 하
        지만 그것만으로는 충분하지 않습니다.

        결과적으로는 저소득층보다 결혼할 여력이 있는 계층만
        더 지원하게 됩니다. 청년들이 결혼할 수 있도록 일자리와
        공공주택, 제로금리 수준의 정부 금융지원도 동시에 주어져
        야 합니다. 무엇보다 다양한 가족 형태를 법의 지원대상에
        포함하도록 해야 합니다. 비혼, 사실혼 등 모든 가족 유형을
        출산 지원 범위에 넣어야지요. 이와 함께 소규모 돌봄시설이

유기적으로 연결되도록 정책의 대전환이 필요합니다. 출산 후에는 산후조리 부담을 덜어주는 소규모 공공산후조리원을 지역별로 운영하는 게 바람직하지요. 지금 민간 산후조리원이 500개 조금 안 되고 지방자치단체가 하는 공공산후조리원은 열 개가 안 됩니다.

문   지난해 9월 기준으로 전국에 여덟 곳이네요. 지난해 11월엔 전남 나주에 공공산후조리원이 문을 열었습니다. 그러고 보니 전남 지역에만 공공산후조리원이 네 군데나 있군요. 2015년 해남을 시작으로 강진, 완도, 나주에 세워졌습니다. 올 10월에는 전남 지역에서 다섯 번째 공공산후조리원이 순천에 문을 엽니다.

이낙연 전남도지사로 일할 때, 전국에서 처음 만들었지요. 공공산후조리원은 좋은 시설에 안전한 산후 관리 시스템으로 인기가 많습니다. 비용도 저렴하지요. 민간 산후조리원은 250만 원부터 2,000만 원 이상 하는 곳도 있습니다. 공공산후조리원은 2주일에 보통 150만 원가량인데 그것도 젊은 부부에게는 부담스러운 가격입니다. 이번에 팬데믹을 방어하는 데 전국의 보건소가 큰 역할을 담당했습니다. 실제 보건소에서 임산부를 지원하는 내용들이 많아요. 그래서 보건소 인력과 예산을 늘려서 산후조리까지 할 수 있는 출산지원센터를 만들겠습니다. 전국 기초자치단체 네 곳 중 한 곳이 산부인과가 없어서 산모들이 힘들어합니다. 출산지원센터는 산부인과 지원 등 민간지원도 하면서 보건소 안에 혼인 여부와 상관없이 모든 임산부들을 위한 출산인프라를 동시에 지원하는 방식이지요.

문 어린이집에 보내면 학대문제가 심심찮게 일어나고, 초등학교에 가면 왕따가 있습니다. 중고교에서는 학교폭력에 시달리고 지옥 같은 대학입시도 있는 현실이 부모들을 근심하게 하고 출생률을 더 낮게 하지는 않나 싶습니다.

이낙연 저는 만 5세 의무교육, 유치원 무상급식, 온종일초등학교제, 학급당 학생 20명 이하제, 초등학생까지 아동수당 지급제를 먼저 시작하도록 제안했습니다. 그것이 부모들의 양육 및 교육 부담을 덜어주고 교육불평등을 해소하는 발판이 됩니다. 여성들의 경력단절을 해소하고 경제활동을 하는 데도 꼭 필요한 지원방식입니다. 교사와 보육교사를 충원해야 하니까 청년고용에도 도움을 줍니다.

우리는 광장식 민주주의에는 익숙해져 있지만 일상적 민주주의에는 아직 익숙하지 않아요. 초등학교에서 일상적 민주주의를 훈련하는 수업이 청소년기까지 지속되어야지요. 모든 학생이 의견을 발표하고 상대방의 의견에 귀 기울이는 개방식 토론수업이 필요합니다. 초등학교 때부터 토론문화가 다양하게 전개되면 학생들은 어려서부터 일상 민주주의를 훈련하게 되고, 은밀하게 일어나는 학교폭력, 왕따 문제가 자율적으로 예방될 수 있어요.

문　사교육비 부담을 줄이기 위해 대학입시에서 정시전형 비율을 높이니 오히려 지방이나 저소득층이 더 불리해지는 현상이 나타납니다. 정시 비율이 높아지면 수도권은 물론 지방에서까지 주말이나 수능시험을 앞두고 대치동 학원가로 원정을 옵니다. 주말이나 수능 직전 학원 원정 비용이 부담되는 학생들은 수업을 들을 수가 없지요.

2025년부터 시행되는 고교학점제와 수능 비율 확대도 서로 배치되는 문제가 있습니다. 정시를 확대하면 학생들은 당연히 수능과목 위주로 문제풀이에 전념하게 될 것이고, 이런 조건에서 고교학점제가 도입되면 수업 외 시간에 학원을 가게 될 수밖에요.

용은 개천으로 안 돌아오고 길 잃은 양은 많아진다

이낙연　사교육비를 줄이려고 정시 비율을 높이는 입학제도가 또 불평등을 초래할 수 있다는 점을 이해합니다. 수시 입학제도는 대학이 자체 교육방침에 맞게 학생들을 다양하게 뽑을 수 있는 이점이 있습니다. 수능 비율 확대가 2025년 시행예정인 고교학점제와 배치된다는 비판도 나오고 있지요. 서울대 자료에 따르면 2017년부터 3년 동안 서울대에 입학한 학생

중 강남·서초구 출신 비율이 10퍼센트에 달했습니다. 이 학생들은 별다른 변화가 없는 한 거의 중상류층으로 편입됩니다. 교육세습이 계층세습으로 이어지지요. 이런 현실이 30여 년간 계속돼오면서 교육을 통한 계층이동의 통로가 막혀가고 있어요.

『우리 아이들』이라는 책을 쓴 로버트 퍼트남Robert Putnam 하버드대 교수는 아이들을 따뜻한 시선으로 바라보면서 그들을 지원해야 할 당위성을 말합니다. 서너 살 무렵의 부모 소득이 아이의 교육수준을 결정하고, 아이의 교육수준은 본인의 소득수준을 결정한다고 합니다. 또 고향을 떠나 출세한 어른들은 개천으로 돌아오지도 않지요.

제가 도지사를 하면서 '개천에서 용 나게 하는 사업'을 시작했습니다. 초등학교 미취학 연령의 저소득층 아이들에게는 그 나이 때에 맞는 학습에 관심을 갖게 할 만한 장난감이나 책을 지원해줍니다. 미취업 대졸자 100명의 선생님을 모집해서 지역아동센터를 지원했어요. 퍼트남 교수가 자신이 바라는 것이 그것이었다고, '개천에서 용 나기'라는 용어를 자기가 써도 되겠느냐고 하더군요. 우리는 늘 하는 말이라고 했습니다.

교육세습, 이게 한국뿐 아니라 세계적인 고민입니다. 부모의 소득이 아이의 인생 자체를 결정지어버리니까요. 예전에는 그래도 기회가 있었죠. 미래의 삶까지 어릴 때 결정되는 이 끔찍한 교육불평등을 해소해야 합니다. 이대로 두면 부모의 소득에 따라서 자녀의 소득수준이 종속되는 현상이 더 심화되고 맙니다.

길 잃은 양의 숫자가 자꾸 늘어나면 어쩌면 한 마리 살찐 양만 남고 아흔아홉 마리의 양이 길을 잃게 될지도 모른다. 저 양들이 전부 사회 변두리 어딘가를 헤매는 현실이 오지 않을까? 한 마리 양만 남고 아흔아홉 마리가 길을 잃는 숫자를 인구 5천만 명에 대입하면, 50만의 살찐 양만 남고 4,950만의 양들이 길을 잃고 만다.

십전일승제, 십년일기제

문   2020년 대학진학률은 72.5퍼센트로, 진학률이 가장 높았던 2008년 83.8퍼센트보다 11.3퍼센트포인트나 떨어졌습니다. 대학 가봐야 취업도 잘 안 되고, 대학도 30년 전의 교육방식과 별로 달라진 게 없습니다. 지방대 학생들은 졸업해도 일자리를 찾기 어려워 서울로만 몰리니 연쇄적으로 지방공동화가 가속화되고 있습니다.

이낙연   지방 국립대 무상교육이 먼저 구체화되어야 합니다. 우리나라 지방 국립대학이 33개 있어요. 지방의 국립대 재학생들한테 일정 성적을 유지하면 등록금 전액을 무료로 지원해야 합니다.

우선 재정이 가능한 대로 2학년까지 지급하고 점차적으로 늘려나갈 수 있습니다. 지방대학의 미달사태는 방치하면 앞으로 가속화될 수밖에 없습니다. 외환위기 이후부터 출생률이 더 줄어들기 시작했고, 이제 그·현실을 직면하고 있지요. 1980년대 일본의 2년제 전문대학이 4년제로 몸집을 키웠다가 지금은 학생 부족으로 거의 텅 빈 상태입니다. 지방이 텅텅 비게 되면 지방의 활력이 떨어지고 생산성도 떨어집니다. 밀집도가 높은 수도권에서는 부동산값도 더 오르는 이상과열현상이 빚어집니다.

지역균형발전을 위해서도 지방 국립대 등록금 무상지원이 더없이 필요합니다. 이와 함께 주거와 직업이 연계된 공공임대주택도 그들에게 주어지면 부모님들의 근심이 훨씬 줄어들겠지요. 지방혁신도시에 분산 배치된 공공기관들이 2022년까지 그 지방대학 출신을 30퍼센트 신규채용하기로 되어 있는데 제가 제안한 것은 거기에다 추가로 20퍼센트를 다른 지역의 지방대학 출신으로 채우도록 하는 겁니다. 또 지방으로 기업이 이전하면 법인세를 아예 면제해주는 방안까지 포함해서 세금을 차등 부과하는 방법이 있어야 합니다.

팬데믹이 주는 교훈은 분산해야 한다는 겁니다. 우리도 유럽처럼 대학등록금을 전액 면제하는 시스템으로 가는 게 바람직합니다. 1980년대에 일시적으로 독일식 졸업정원제를 대학에 도입했지만 실패한 이유가 있지요. 독일은 대학등록 금이 전액 무료이니까 국가에서 지원한 돈으로 공부한 학생 들이 학업 기준에 미달하면 졸업을 시키지 않을 권리가 국 가에 있습니다. 그러나 우리는 등록금이 개인 부담이니까 졸 업정원제가 뿌리내릴 수 없었지요.

문 실업계 고등학교를 졸업한 학생들에게 허용되는 사회적 공 간도 별로 보이지 않으니 더 큰 문제입니다.

이낙연 만 18세부터 사회로 나가는 실업계 고교 출신 청년들에게는 청년출발자산을 지급해야 합니다. 대학에 진학하는 청년들 에게 국가장학금을 주는 기준으로 지급해야지요. 이제 앞으 로 10년만 지나도 젊은 전문기능공을 구하기가 어려워질 겁 니다. 지원이 미비하니 실업계 젊은 인력들이 흩어져버립니 다. 이들이 지금 활동하는 50대, 60대 전문 숙련공 세대를 이 어야 합니다.

제도는 공평하고 그 적용이 공정해야 합니다. 실업고를 나 와 취업하는 전문기능공들에게 출발자산을 지급하면 창업 도 활발해집니다. 대학 나오지 않고 게임 개발에 몰두해 수 천억 자산을 가진 창업 청년 같은 미래 청년들이 잇따라 나 오는 거죠.

이와 함께 저는 미래 청년세대를 위해서, 자녀를 가진 부 모세대를 위해서 십전일승제十戰一勝制, 십년일기제十年一技制

를 적극 권장합니다. 열 번 도전해서 한 번 성공하면 됩니다. 우리 속담에 열 번 찍어서 안 넘어가는 나무가 없다고 했습니다. 페이스북, 애플, 마이크로소프트 같은 대기업은 청년들이 작은 창고에서 시작해서 지금에 이르렀습니다. 또 십 년마다 하나의 기술을 익히는 직업교육체계를 대학 중심으로 만들어 4차산업혁명은 물론 길어지는 평균수명을 감안해 최대한 경제활동을 할 수 있는 근거를 만들어두고자 합니다. 우리 청년들에게도 이러한 가능성을 펼칠 수 있는 공간을 열어두어야 합니다.

문   지난해 태어난 아기가 27만여 명인데, 이들이 대학에 가는 2040년 무렵에는 대학의 절반 정도가 없어질 것 같습니다. 지방대학은 죽어가고 지금도 명문대 입시를 위해 4퍼센트의 우수한 학생들만 집중 교육을 시키는 고교가 많습니다. 4차산업혁명과 연계해서 지방대학을 활기차게 만들 수 있는 길은 무엇입니까?

이낙연   현재 재정위기를 겪고 있는 한계대학이 80곳이 넘습니다. 올해부터 대학 위기가 본격적으로 시작되었지요. 이제는 수도권 대학도 안전지대가 아닙니다. 외환위기 이후 모든 분야에서 구조조정이 있었지만 대학은 이를 외면했어요. 코로나 확산으로 외국유학생들이 들어올 길도 없으니 신입생 감소는 대학 위기를 가속화시킵니다. 본격적으로 대학이 달라져야 하는 시점에 들어섰습니다. 4차산업혁명과 관련해서는 지방거점대학 중심으로 AI(인공지능)교육을 강화하는 사업을 교육부가 시작했죠. 이와 동시에 지방대학들을 평생교육기관으로 전환할 필요가 있습니다. 예를 들어 농촌마을 같으면 농업인들을 대상으로 4차산업혁명 시대의 농업교육, 또는 자영업자·소상공인을 위해서는 디지털 전환시대의 자영업을 준비하도록 돕는 교육시스템을 마련해야 합니다. 이제는 골목 김밥집에도 무인 계산대가 있습니다. 지방대학이 스타트업을 활성화하는 거점으로 거듭나야 합니다.

문 사립대학은 스스로 폐교할 수는 있지만 자체 재산처분을 못하게 되어 있습니다. 정부에서 이를 구입해서 미래 교육현실에 맞게 개편하자는 의미도 있습니까?

이낙연 그 문제가 꽤 오래전부터 제기됐죠. 학생 수의 급감으로 대학 운영 자체가 어려워질 경우에는 법을 개정해서 출구를 제시하는 게 바람직합니다. 거의 모든 대학이 심각한 재정난을 겪을 수 있어요. 이들 지방대학 사학재단에 재산을 정리할 수 있는 출구를 열어주고, 캠퍼스를 4차산업혁명의 본산으로 만든다거나 평생교육의 기지로 활용하는 방법이 있습니다.

예를 들어 강의실 하나마다 스타트업 기업들이 창업하고 초창기 몇 년 동안 최소한의 비용으로 시설을 이용하게 한다든가, 유사한 업종들끼리 한군데 모여 있으면 클러스터의 이점이 있습니다. 이와 연관해서 교통 조건이 좋은 곳에 임대주택을 많이 짓고 문화시설도 유치하고. 공공산후조리원도 연계하는 신청년 단지가 생기게 해야 합니다.

그는 "실제 그런 사례들이 다행스럽게 조금씩 생기고 있다"고 했다. 전남 구례에 있는 아이쿱 생협의 유기농산물 가공시설에서 일하는 직원들은 거의 청년들이다. 그러니 저절로 피자집, 맥줏집, 극장, 산부인과가 생겨났다. 신입생 확보로 생고생을 하고 있는 지방대학들도 지자체, 정부와 함께 4차산업혁명과 벤처 창업의 전진기지로 먼저 나서면 새로운 청년클러스터의 신주소로 자리 잡을 수 있겠다는 기대감도 든다.

문 돌봄과 의료, 교육, 문화가 한데 어우러진 공동체시설이 전국적으로 만들어지면 결혼을 앞둔 세대들이 안심할 수 있지요. 이런 점에서 미군기지 반환 부지에 다양한 형태의 청년세대 주택을 건설하는 것도 역사적 의미가 있습니다. 토양 오염 처리를 하면 바로 지을 수 있습니다. 이미 부지가 확보되어 있어서 건축시간도 단축됩니다. 현재 서울의 녹지 비율이 30퍼센트 정도로 높은 편이지요. 용산기지 총면적의 3분의 1 정도를 공원으로 조성하고 나머지는 청년세대들을 위한 공공주택으로 전환하는 방안은 어떨까요? 최대 10만 호를 지을 수 있습니다.

이낙연 현재 서울시 공원면적은 약 170제곱킬로미터이고 녹지면적은 15.7제곱킬로미터 정도 됩니다. 서울에는 북서울꿈의숲과 남산공원, 월드컵공원, 올림픽공원, 서울숲, 어린이대공원, 보래매공원, 송파나루, 여의도공원, 선유도공원, 신월정수장공원, 중랑생태문화공원, 푸른수목원, 한강시민공원 등이 있습니다. 서울 시민 1인당 공원면적은 16.9제곱미터로 뉴욕(14.76제곱미터), 파리(14.10제곱미터)보다 높은 수준입니다. 세계 도시에 비해 손색이 없지요.

용산 미군기지는 여의도 면적보다 조금 적은 전체 81만여 평인데 반환대상 부지는 61만여 평입니다. 그러나 용산기지의 활용방안을 바꾸는 것은 신중해야 합니다. 용산기지특별법 4조 2항에 '부지 전체를 공원으로 조성함을 원칙'으로 하고 있고 '공원 외의 목적으로 용도 변경하거나 매각 등의 처분을 하여서는 아니 된다'고 못 박고 있습니다. 이렇게 결정하기까지 많은 논의가 있었고 문재인 정부가 결국 결단했지요. 이 법을 바꾸자면 사회적 합의를 다시 이뤄내야 합니다. 이 새로운 사회적 합의에 청년세대들도 적극적으로 참여하는 자리를 만들겠습니다.

반환되는 미군기지를 토지공개념에 기초해서 주거를 포함한 청년 거점시설과 연계한 디지털 4차산업혁명 기지로 활용하는 발상의 대전환이 필요합니다.

저는 공공임대주택이라는 이름을 '공동체주택'으로 바꾸고 싶습니다. 청년층, 대학생, 신혼부부를 중심으로 한 공동체주택은 서울 집값을 안정시킬 것입니다. '집은 거주하는 곳'이라는 안정감을 가질 수 있도록 꾸준히 국가 소유의 공공물량을 늘려야 합니다.

문 지난해 말 주민등록 인구통계를 보면 대한민국 평균 연령이 43.2세, 인구수는 5,183만여 명입니다(0~9세 397만 명, 10대 479만 명, 20대 681만 명, 30대 687만 명, 40대 829만 명, 50대 865만 명, 60대 674만 명, 70대 이상 570만 명). 통계 공표를 시작한 2008년 평균 연령은 37.0세였으니, 불과 12년 만에 6.2세가 늘었지요.

이낙연 통계청은 2050년 평균 연령을 53.4세로 예측했습니다. 이런 인구노화현상을 개선하지 않으면 경제침체의 수렁으로 이어집니다. 일본은 이미 2005년에 초고령사회(65세 이상이 전체인구의 20퍼센트 이상인 사회)로 접어들어 경제탄력이 줄어들고 있어요. 인구를 현재의 규모로 유지하려면 합계출생률이 2.1명은 되어야 합니다. 모든 임신과 출산에 대한 정부의 지원, 법적 혼인을 포함한 다양한 가족 형태에 대한 사회복지 지원, 그리고 교육불평등을 해소하기 위해 입학 전 아동의 돌봄국가책임제를 순차적으로 늘려나가야 합니다.

문 초고령사회를 대비하는 정책은 무엇입니까?

이낙연 어르신들의 복지 지원과 함께 일하는 노년시대를 열어야 하는 과제가 있습니다. 정년 이후 무기계약제를 도입해서 숙련된 서비스와 기술을 다음 세대에 이어주는 제도가 있어야 합니다. 전국의 노인 일자리 센터를 연결해서 하나의 플랫폼으로 만들어야 합니다. 노인 일자리의 종류도 세분화해서 가벼운 노동에서 전문 직종까지 확대해야지요. 플랫폼을 구축하면 공공일자리 분야는 주로 가벼운 일자리로 하고 젊을 때 외국어 교육, 번역, 전기 기술, 컴퓨터 수리 등 전문 직종에서 일했던 노년층 인력을 지역사회에서 활용할 수 있습니다. 어르신들이 사회활동에 참여함으로써 경제적 이익도 얻고 지역사회에 기여하는 보람도 누릴 수 있게 됩니다. 이제 현대인은 요양병원에서 죽음을 맞이하는 경우가 많습니다. 다양한 요양모델을 개발해야지요. 인생에서 모두에게 이별은 불가피하지만 이별의 권리를 존중하는 시스템을 확보해야 합니다. 지금의 청년들이, 늙으면 저렇게 사회적으로 소외되는구나, 나도 늙으면 저렇게 되겠네, 하는 생각을 하게 해서는 안 됩니다.

지금 모든 연령대가 다 어렵습니다. 청년은 청년대로 어렵고요. 아이들은 아이들대로 힘들고 젊은 부모들도 아이들 키우기를 너무 걱정스러워합니다. 그러나 이 시기를 회복하는 방법은 분명히 있습니다. 몇 번이나 강조하지만 신복지제도를 확립하면서 청년세대를 집중적으로 지원하면 이들의 생산성은 곧 출생률을 점차 높이게 되고 동시에 장년 세대와 노년 세대의 경제활동을 활성화시키는 효과도 얻게 됩니다.

문　그러면 중점적으로 지원하는 세대는 20대와 30대겠군요.

이낙연　그렇지요. 2030세대입니다. 40대 초반까지도 가능하지요.

청년들은 부모로부터 독립해서 사회로 나아가서 자리를 잡고 경제활동을 하면 그들이 내는 세금이 다른 복지 지원으로 이어지고 이들이 노년이 되면 다시 보호받을 수 있는 선순환을 이루도록 체계를 마련해야 합니다.

MZ세대와 뉴칼라 시대의 미래 구상

물가, 세금, 실업급여, 국민연금, 집값이 우리를 휘청거리게 하지만 그래도 한국의 새로운 미래를 보여주는 세대들이 있다. 바로 MZ세대들이다. 이들은 연령별로는 15세에서 39세로 인구의 33.7퍼센트를 차지하고 있다. 1980년대부터 2000년대 초에 출생한 밀레니얼 세대(트렌드에 민감하고 내 집 소유보다 효율성과 가치 있는 일로 경제활동을 하고 싶어 하는 모바일세대)와 1990년대 중반부터 2000년대 초에 출생한 Z세대(인터넷 디지털 원주민)를 이르는 세대들이다. 이 세대는 자기표현 욕구가 분명하고 디지털 기기에 익숙하다. 게임에도 익숙하고 정보를 선택하고 결정할 때는 아주 능동적이다. 주변에 자신이 가치 있다고 생각하는 정보는 SNS를 통해 적극적으로 알린다. 판플레이(놀이판+플레이), 워라밸(일과 삶의 균형 잡힌 태도), 다만추(다양한 만남을 추구하는 적극적 행동), 후렌드(Who Friend, 온라인상에서 누구와도 어울리는 친구 스타일), 선취력(先취력, 촛불집회, 국민청원 등 능동적으로 보편적 가치를 추구하는 행동)이 특징이다. 어린 형제에게 치킨을 그냥 주고 머리도 깎게 해준 홍대입구 치킨집에 '돈쭐내기'를 한 세력들도 바로 이들 세대이다.

문　우리가 기대하는 미래의 한국이 이들의 모습이리라고 기대합니다.

이낙연　멋진 세대이지요. 저도 뒤에 붙어 서서 그들에게 환호와 감사, 무조건적인 지원을 보내는 인사를 하고 싶습니다. MZ세대 맨 뒤에 선 MZlee라고 불러주면 정말 고맙지요. 이들에게 한 번 더 전합니다. 십전일승! 한 번만 성공하면 충분하니 조금도 미래를 걱정하지 말고 도전하기를 바랍니다. 잘못된 사회 관습, 불합리한 권력기관의 횡포에도 주눅들지 말아야 합니다. 우리 다 함께 디지털 시대 거대한 4차산업혁명의 물결 속으로 달려가야 합니다. 실제로 MZ세대 청년들은 주저하지 않고 새로운 분야에 도전하는 정신이 있습니다. 새로운 시장 메커니즘을 이해하기 위해서 실패의 위험을 무릅쓰고 과감히 뛰어드는 청년세대들에게 과감한 지원이 있어야 합니다. 십전일승의 정신으로 진격하는 세대들이 우리의 미래이니까요

문　엠즐리MZlee! 부르기 좋군요. 바로 이들 청년세대를 집중 지원하면서 초고령사회의 노인세대들의 부담을 덜어주는 방법이 있을까요?

이낙연　인간의 생명이 점차 길어지는 만큼 기술 발전도 유효 기간

이 짧아집니다. 평생 십년일기+年一技의 사회재교육 시스템을 갖추도록 해야 합니다.

청년세대를 향한 정부의 집중 지원이 노년세대에게도 연결되는 정책적 접점을 찾아야 합니다. 예를 들면 노인세대의 숙련된 경험과 지혜를 청년세대의 기술과 노동, 상상력으로 연결시키는 공동협동조합의 형태를 들 수 있습니다. 이제 급속하게 노동의 형태가 변하고 생산의 형태도 변하고 부가가치 창출의 형태도 변합니다. 로봇이 사람보다 훨씬 더 많은 이익을 창출하는 새로운 방식으로 부가가치가 창출되는 시대가 오고 있습니다.

그러면 생산과 노동의 대가에 과세하고 그걸 토대로 복지 정책을 수립해온 지금까지의 방식에는 한계가 있습니다. 지금 플랫폼 기업 등 새롭게 떠오르는 4차산업혁명 관련 기업과 바이오산업의 수익 규모가 점점 커집니다. 이들 미래산업에 대해 대폭 지원하고 정부 예산의 지원으로 일어나는 이익을 사회적으로 공유해서 우선적으로 청년세대를 지원하는 방식이 논리적으로 가능합니다.

청년세대들의 공유이익으로 노년세대의 주 20시간 이내의 일자리를 만들어내는 방식도 그 한 방법입니다. 세대 연결형 돌봄시스템도 시도해볼 만한 정책입니다. 노인세대를 위한 공공일자리는 일시적이고 한계가 있습니다. 일본은 벌써 정년을 70세로 올리고 가벼운 노동 중심의 노인 일자리를 만들고 있습니다.

문　지금 블루칼라도 아니고 화이트칼라도 아니고 학력이 상관
없는 '뉴칼라'라는 계급이 생기고 있습니다. 인공지능 시대
에 따른 과감한 학제개편, 어떻게 생각합니까?

이낙연　뉴칼라는 인공지능, 빅데이터, 클라우드 컴퓨팅 등 신기술을
가지고 실무에 적용할 수 있는 신세대들입니다. 저는 뉴칼라
계급을 육성하기 위해 6·3·3·4의 학제개편보다 더 먼저 할
수 있고 해야 하는 것이 현 학교 체제에서 교육 내용의 변화
라고 생각합니다. 스팀STEAM 중심의 교육, 즉 과학(Science),
기술(Technology), 엔지니어링(Engineering), 예술(Art), 수학
(Mathematics)을 중점적으로 가르쳐야 합니다. 현재 아시아
에서는 중국이 가장 먼저 그쪽으로 옮겨가서 놀라운 발전을
이루고 있습니다. 일본의 경우 정치 지도자들은 여전히 인문
계통의 전공자가 다수이지만, 기업 CEO들은 거의 이공계 출
신입니다.

　우리는 중국, 일본보다도 늦었어요. 이제라도 학교 안에서
부터 교육과정을 뉴칼라 육성을 위한 스팀 교육으로 옮겨가
야 할 필요가 있다고 봅니다. 역사적으로 보면 산업혁명이
일어나고 그 당시에 미래세대들의 교육과 산업인력을 어떻
게 재편했는가에 따라 국가 경제력이 달라졌습니다. 현행 교
육부는 교육행정 관리에 집중하고, 교육위원회를 설립해서
장기적인 국가교육정책, 교육편제와 교과 내용, 인구감소에

따른 산업 분야별 필요한 인력 양성 등을 감안한 예산편성까지 준비하는 적극적인 교육개혁이 필요합니다.

그는 십전일승, 십전일기가 세대 전체를 연결하는 도전과 자신감의 기회를 제공하기를 희망했다. 그러기 위해서 공평한 제도의 틀을 만들자고 했다. 헤비급 선수와 플라이급 선수의 시합에서는 경기규칙이 아무리 공정해도 의미가 없다. 왜냐하면 경기 제도 자체가 공평하지 않기 때문이다.

공평과 공정 :
기울어진 운동장과 추

문　공평한 제도의 틀이 정말 필요합니다. 여기서 공평公平과 공정公正의 개념을 분명히 규정해야겠군요.

이낙연　사회적으로 합의한 공동의 기준에 따라 누구나 차별 없이 적용받아야 하는 게 공정입니다. 대부분 법적 기준, 이에 따른 규칙을 이릅니다. 이런 규칙을 어기면 불공정한 것입니다. 입시 기준이나 회사의 입사 및 승진 기준 등은 법적 기준 아래 정해진 규칙으로 공정의 영역입니다. 규칙을 어기거나 고의적으로 위반하고 이 잘못을 바로잡지 않으면 불공정한 것이지요. 규칙을 집행하는 기관에서는 공정이라는 용어를 많이 씁니다.

'공정거래위원회', '공정한 검찰' 등 관공서에서 주로 쓰는 '공정'은 법적 기준을 말하고 이를 위반하면 법에 따른 처벌을 받게 됩니다. 규칙을 어기는데도 눈을 감아주거나 합당한 벌을 받지 않으면 이는 불공정한 것이지요. 지방자치단체 의원이나 단체장, 국회의원이 직위를 이용해 취득한 정보로 사익을 취하거나 LH공사 직원이 내부정보를 이용해 땅 투기를 하는 행위는 공정성을 훼손하는 것이고 따라서 법적 제재를 받습니다.

문　공정은 예외 없이 적용하므로 배타적이고 종속적이고 수직적인 관계라면, 공평은 수평적이고 발산형이란 의미군요. 공정은 제도를 시행하는 기준이고 공평은 제도 또는 형식 자체로 보는 게 적절하겠습니다.

이낙연　공평은 제도 자체를 균형 있게 바로잡는 것이지요. 예를 들면 시소 한쪽에 밥과 고기를 넉넉하게 먹은 어린이가 타고 반대쪽에 늘 점심을 굶어 영양실조인 어린이가 탔다면 그 약한 어린이에게 꾸준히 먹을 것을 공급해서 시소의 균형이 맞도록 지속적으로 배려하는 그것이지요. 신복지제도는 바로 인간주의이고 공평함을 지향합니다. 무엇보다 공평의 본모습은 복지정책에 있습니다. 공평은 태어나면서 또는 질병과 사고로 신체적인 장애를 가진 이들에게 최소한의 생활을 할 수 있도록 보장하기 위해 필요한 개념이니까요. 사회제도 자체가 특정세력이나 계층에 유리하게 만들어져 있다면 이는 제도 자체가 불공평한 것입니다. 공평은 생래적 불평등이나 사회적 약자들에게 일정한 혜택, 배려를 하는 것이지요. 예를 들면 보호종료청년, 장애인, 저소득층에게 국가지원을 비롯해 사회적으로도 더 많은 배려를 하는 까닭은 최소한의 삶의 기준을 충족시키기 위한 것입니다. 초등학교 취학 전 유치원 무상급식은 공평함이라고 할 수 있지요. '가장 잔혹한 불평등이 교육불평등'이고 이런 기울어진 출발점을 바로 잡는 것은 바로 공평한 정신, 공평한 제도에 의해서만 가능합니다.

실제 생활에서 우리는 공정이 지켜지지 못해 분노하는 경우가 많지만, 사실은 제도나 형식 자체가 일부 세력들에게 이미 불공평하게 만들어져 있어서 피해를 보는 경우가 더 많습니다. 입시의 경우, 논문의 제1저자 등재나 특정계층의 학생들만이 부모찬스를 이용해 인턴을 하는 이런 조건은 공평한 제도가 아니지요. 실제 이런 곳에서 인턴 하기란 대부분의 학생들에게는 접근이 거의 불가능할 정도로 어렵습니다. 입시제도 자체가 불공평한 것이지요.

병역의 의무에 따른 군 입대 기준은 공정함이고 의무복무 경력자들의 복무기간에 대한 경력 인정과 호봉 산정은 공평의 영역이 되지요. 특히 2030세대 남성들의 병역의무에 따른 손실과 공헌을 보전해주는 제도적 방안이 사회적 합의로 마련되어야 합니다. 이는 공평의 영역이고 국가가 이들의 공헌에 대해 충분히 배려해야 합니다. 젊은 인력의 의무복무기간에 대해 공평한 보상과 배려를 하는 게 당연하지요. 사회적 갈등은 주로 공정하지 못한 데서도 비롯되지만 공평하지 못한 틀에서 훨씬 자주 일어나는데, 잘 못 느끼는 경우가 많지요. 제도 자체가 잘못된 틀인데 드러난 현상만을 우선 보게 됩니다.

문　그렇군요. 공정이 규정과 원칙에 충실한 엄격함이라면 공평함은 너그럽고 온화한 사회적 약속으로 배려와 공유의 정신을 포함하겠군요.

　대부분의 제도를 만드는 이들은 자신들의 이권을 도모하는 장치를 제도 속에 넣는다. 상류층에만 유리한 입학제도뿐 아니라 자격시험을 제한하는 많은 제도들은 사실상 불공평함에서 주로 비롯된다. 공평한 제도를 만들어두면 불공정은 많이 줄어든다. 5급까지의 국가공무원 시험을 응시하기 위한 자격기준은 없지만 변호사 시험은 해당 과정을 필수적으로 이수한 사람들만 응시할 수 있게 한 것도 불공평한 제도일 수 있다. 제도 자체를 기울어지게 만들어두고, 무슨 공정을 논할 수 있을까? 사회적 합의로 먼저 불공평한 제도가 무엇인지 파악하고 이를 바로잡는 노오오오오오력만이 새로운 사회의 기초를 세울 수 있다. 청년들이 분노하는 불공정함, 결국 공정할 것이라고 했던 수많은 약속이 지켜지지 않은 이유는 불공평한 제도 자체를 그대로 두었기 때문이 아닐까?

　공평의 의미는 세상이 더 공평해지면 그때는 달라질 수 있다. 세상이 변하면 공평을 규정하는 정의定義도 달라진다. 공평은 다수결로 결정하는 것이 아니라 사회적 약자의 현실을 파악해서 이를 토대로 제도를 보완해나가야 한다. 그러므로 공평은 고정된 개념이 아니라 새롭고 역동적인 배려 속에서 발전한다. 신복지제도처럼 기존의 고정된 복지개념을 깨뜨리는 현실의 발견 속에서 새로운 제도가 나온다.

이낙연　공평함은 합리적 배려의 정신에서 출발합니다. 어려서부터 불평등 사회로 내던져지는 현실을 단계마다 차단해주어야죠. 아이들이 어느 마을에 사느냐, 어떤 부모에게서 태어났느냐 때문에 평생을 짊어지고 가야 할 불평등을 그대로 두어서는 안 됩니다. 대부분 후천적인 교육, 후천적인 환경의 영향 때문에 사회적 격차가 벌어집니다. 다행스럽게도, 개인의 성공은 이웃이 있기 때문에 가능하고 이는 공동체의 발전에 기여하는 자산이 된다는 가치 문화가 MZ세대들 중심으로 뿌리내리는 현상은 어두운 시기 속에서도 대한민국을 밝혀주는 빛입니다.

문　　사회의 가장 기초단위가 가족입니다. 호랑이는 죽어서 가죽을 남기고 보통 사람은 죽어서 가족을 남기는데 이제 가족이 1인으로 끝나거나 가족 구성원의 형태가 완전히 달라지고 있습니다. 1인 가구가 폭발적으로 늘어나고 비혼 가정도 생겨나고 동성 간의 결혼도 있습니다. 정부의 법적 지원은 법적으로 혼인한 가족에게만 해당됩니다.

이낙연 프랑스는 혼외 출생도 똑같이 지원해줍니다. 유럽 국가의 혼외출생률이 출생의 50퍼센트가 넘거든요. 우리나라는 현재 혼외출생률이 1.9퍼센트입니다. 복지 지원은 법적 혼인 여부와 상관없이 임신하고 출산하는 1인 가족을 포함한 모든 가족으로 넓혀나가야지요. 임신에서 출산과 양육까지의 짐을 덜어드려야 합니다.

우리 사회도 큰 변화가 나타나고 있습니다. 사유리 씨의 비혼 출산을 축복하는 분위기입니다. 결혼 여부와 상관없이 현실적으로 다양한 가족의 형태를 수용하는 제도가 필요합니다. 더 늦기 전에 모든 가족의 형태에 국가가 동등하게 사회보장제도를 지원하고 출산을 지원해야지요. 가족의 무한한 다양화를 받아들여야 해요. 프랑스처럼 혼외 출생은 물론 비혼 부모의 자녀를 포함해서 태어난 아기 중심으로 지원해야지요. 출생신고도 부모 중심이 아니라 아기 중심으로 해야 하고요. 생명을 살리자는 데 누가 반대하겠습니까? 정인이의 죽음 같은 일이 되풀이되지 않도록 해야 합니다. 유럽 대학처럼 교육비를 무료지원하고 스무 살까지 병원 치료를 무료로 해주는 유럽형 복지체계로 나아가는 첫걸음이 바로 신복지제도입니다.

문　전통적 가족 형태가 아닌 모든 가족 형태에도 사회복지, 법적 안전망을 보장해야 한다는 의미입니까?

이낙연 당연히 변화에 따라가야죠. 세상의 변화가 제도보다 빨리

가니까. 특히 1인 가구의 증가가 많은 변화를 요구합니다. 우리가 행정을 세대주 또는 가구 단위로 해왔는데 이제는 개인 단위로 갈 수밖에 없습니다. 우리 사회가 생각보다는 그런 변화에 빨리 적응하는 것 같아요. 사유리 씨의 출산을 저는 이렇게 차분히 받아들일 거라고는 생각 못 했어요. 어른들이 '뭐야?' 하고 의아해하실 줄 알았거든요. 이제 인구 통계, 질병 통계를 기준으로 미래정책을 준비해야 합니다. 2019년 당시 통계청은 10년 뒤인 2028년 인구 감소가 시작될 거라고 전망했거든요. 그런데 지난해 인구 감소가 시작됐죠. 초등교육 예산은 재학생 50만 명을 기준으로 짜여 있는데 이것도 빨리 새롭게 구성해야지요.

문   갈수록 결혼할 수 없는 처지의 청년들이 늘어납니다.

이낙연 결혼할 수 있는 사회적 조건을 만들어주고 그다음 선택할 수 있도록 해줘야 합니다. 요즘 젊은 청년들은 '나로서 살고 싶다'는 생각이 강합니다. 결혼이 나로서 사는 데 방해가 된다, 아이가 나로서 사는 데 방해가 된다면 기꺼이 거부할 수 있다고 생각하는 것 같습니다. 그러나 단지 경제적 이유 때문에, 사회적 이유 때문에 결혼을 기피하게 해서는 안 되지요. 예를 들면 결혼자금으로 집을 얻을 수 있을 정도의 금액을 무담보, 무이자로 지원해주어야 합니다. 생애 처음으로 결혼하는 청년세대들의 전세자금을 바로 임대주에게 연결하는 방안도 적극적으로 검토해야 합니다.

문   자기 자유를 누리고 싶어 하는 청년보다 훨씬 더 많은 청년
      이 취업난, 집값, 자녀 양육비 등 경제적 불안 때문에 결혼
      자체를 불편해하고 있어요.

이낙연 출산정책의 방향은 여전히 옛날과 똑같습니다. 지원금만 늘
      어났을 뿐입니다. 능력 있는 자만이 결혼할 수 있다면 우리
      사회는 깊은 침체에 빠지고 맙니다. 청년들이 인생에 대해서
      갖는 걱정, 불안, 이것을 덜어주기 위해 우리 사회가 노력해
      야 합니다. 동거 형태, 결혼 형태, 결혼 여부, 가정을 어떻게
      이룰 것인가 하는 다양한 선택이 있지요. 과거의 방식인 4인
      가구, 5인 가구 이런 식의 개념은 이제 바꾸어야지요. 1인 가
      구부터 가족의 개념에 포함시키는 정책을 시작해야 합니다.
      예전에는 자녀가 부모의 보험이었지만 이제 자녀는 국가의
      보험입니다.

문   인공지능의 시대가 왔고, 사람들은 인공지능에 말을 걸곤 합
      니다. 전화도 걸어주고 채널도 바꿔줍니다. 인공지능은 실생
      활에 편리함을 가져다주지만 그것 이상으로 고용 충격도 커
      지고 있습니다. 고용 충격, 어떤 방식으로 조정하고 흡수해
      갈 수 있을까요?

이낙연 어떤 한계가 있다 해도 정책적으로 새로운 일자리를 찾아내
      야 되고 거기에 필요한 역량을 갖추도록 교육하는 시스템이
      필요합니다. 플랫폼 기업, 플랫폼 경제에 대한 대책으로 프
      로토콜 경제, 분산형 경제의 다종다양한 창업이 일어날 수

있도록 청년창업을 지원하고 파격적으로 규제를 완화해주어야지요. 창업에 실패해도 패자 부활이 가능하도록 도와야 합니다. 즉 십전일승, 열 번 싸워서 한 번 이기면 되도록, 그리고 한 번은 이길 수 있도록 체계적으로 지원하고 기다려주는 사회를 만들어가야 합니다. 저는 청년세대와 기술과 경험, 인적 네트워크를 가진 전문인력 은퇴세대를 서로 연결하는 시스템을 활성화시키고 싶습니다. 그러면 청년들은 은퇴세대들로부터 부족한 경험을 배우며 인적관계를 확대할 수 있고, 은퇴세대들은 청년들에게 경험을 전수하면서 경제활동도 할 수 있으니까요. 특히 취업, 창업 과정에서 누구든지 위험에 떨어질 수 있지만 언제나 국가가 지켜주고 있다는 안도감이 들도록 해야지요.

문 　정보통신기술(ICT) 산업의 전문 인력난이 이어지고 있습니다. 해외 전문인력의 이민을 적극적으로 받아들일 때가 오지 않았나 싶군요.

이낙연 　받아들이느냐 마느냐의 양자택일 단계는 지나가고 있죠. 조금씩 조금씩 받아들이고 있는 추세죠. 점진적으로 우리도 이민을 받아들이는 정책으로 갈 수밖에 없습니다. 『힘든 시대를 위한 좋은 경제학』이 그것을 다루고 있습니다. 그 책에 따르면 외국인 노동자 유입을 거부하는 이유가 일자리가 사라지는 것이 아니냐, 또는 임금인상이 억제되는 것 아니냐, 이 두 가지 의구심 때문이라고 합니다. 그 책의 주장은, 일자리 수에 대한 외국인 노동자의 영향은 그 나라 국민들이 생각하는 것보다는 적다는 것입니다. 또 하나의 주장은 단순노동자들이 임금을 못 올라가게 끌어내리는 역할을 하는 게 아니라 오히려 반대라는 거예요. 고급 노동력이 임금을 끌어내리는 역할을 하고 단순노동은 그렇지 않다는 거죠. 그 나라 국민들이 하지 않는 일을 하기 때문에 관계가 없다는 거예요. 예를 들어 전문기술인력을 가진 외국인들이 이민 오면 국내 전문인력들의 임금인상을 억제하는 효과가 있을 것이라고 얘기하고 있어요. 그런데 단순노동, 길거리 청소라든가 쓰레기를 치운다든가 이런 일들은 그렇지 않다는 게 그 책의 주장인데, 한국에서도 그런지는 검증을 해봐야 합니다. 정보기술 인력도 부족하고 관련 업체들끼리 무리한 인력쟁탈전도 벌이고 있습니다. 해외 전문기술인력을 이민으로 받아들여야 할 시기가 다가오지만, 국내 인구구성에 대한 정밀한 연구가 있어야지요. 우리 국민들도 전 세계로 이민을 나갑니다. 이제 우리도 해외 전문인력의 국내 이민을 수용할 사회적 토대가 마련되어야 합니다.

문 미국 시인 딜런 토마스는 말합니다. "유년기를 불안하게 보내는 것보다 불행한 것은 유년기를 지나치게 행복하게 보내는 것"이라고. 유년기를 지나치게 행복하게 보낸 이들이 지금 강남에 살고 있거나 각 분야의 선두그룹을 차지하고 있습니다. 가난한 유년기를 보냈던 그 시절을 잊어버리지는 않왔겠지요?

그럼요, 하며 그는 빙그레 웃었고 그것을 어찌 잊을 수 있겠느냐는 듯 눈빛이 깊어졌다. 개천에서 용 난다는데 개천에서 나서 서울로 간 용은 좀처럼 고향으로 돌아가지 않는다. 시골 담장이나 마을 입구 느티나무, 면사무소 앞에 아무개 집 아들 고시 합격, 미국 대학에서 박사 학위 취득 같은 현수막이 붙는 것은 고향을 지키는 우리들도 잊지 말아달라는 뜻도 포함한다. 연어도, 송어도, 황어도, 실뱀장어도 태어난 곳으로 돌아오는데 용은 왜 안 돌아오나?

우리가 태어난 곳으로 돌아가는 법을 물고기에게서 배우면 어떨까? 왜, 물고기들은 태평양을 떠돌다가 수만 리 물길을 거슬러 고향으로 돌아오는지를. 살아 있는 존재만이 물길을 거슬러 그리운 곳으로 돌아올 수 있다. 그리움이 죽으면 시간 따라 물살 따라 떠내려갈 뿐이다.

09

동맹외교의 균형과
국가 안보

"[통일의 과정에 대해서는] 평화통일 이외에는 그 어떤 것도 원하지 않습니다. 평화통일로 가려면 상호존중, 상호이해, 상호교류가 필요합니다. 그동안 우리가 시도했으나 이루지 못한 몇 가지가 있죠. 불가침과 비핵화입니다. 노태우 정권 때 남북이 합의했지요. 남북한 유엔 동시 가입도 그때 이루어졌고요. 우리나라 보수세력이 그것을 자랑스럽게 생각했으면 좋겠어요. 그래서 그다음 정부가 어떤 정부든 그것을 이어가기 위해서 노력하고 협조해야 대북정책의 계속성이 유지됩니다."

더없이 우리를
평화롭게 하는 길

바다 그리워 깊은 바다 그리워

남한강은 남으로 흐르고

북한강은 북에서 흐르다가

흐르다가 두물머리 너른 들에서

남한강은 남을 버리고

북한강은 북을 버리고

아아, 두물머리 너른 들에서

한강 되어 흐르는데

아름다운 사람아, 사랑하는 사람아

우리는 서로 만나 무얼 버릴까?

설레이는 두물머리 깊은 들에서

우리는 서로 만나 무얼 버릴까?

바다 그리워, 푸른 바다 그리워

우리는 서로 만나 무얼 버릴까?

−이현주, 「우리는 서로 만나 무얼 버릴까」

그는 정부 부처의 업무를 조정할 때 이현주 목사의 시를 자주 인용했다. 국민들을 행복하게 하는 기준에 따르자며 부처 이기주의를 내려놓으라고 했다. 그게 정부의 존재 이유라는 것이다. 이 시는 가수 장사익의 노래로도 나와 있다.

우리를 더없이 평화롭게 하는 길이 있을까? 두물머리처럼 서로 만난 강물이 어깨동무하듯 흘러가는 길에서 자꾸 물어본다. 질문은 늘 새로운 길을 찾아 나서게 해준다는 믿음을 품고 흐르는 강물에 묻듯 그에게 묻는다.

북한 비핵화, 남북 화해

문　북한 비핵화를 비롯한 남북관계는 구체적으로 어떻게 헤쳐 나가야 된다고 생각합니까?

이낙연　대전제가 있습니다. 북한 비핵화는 남북한 당사자 문제이면서 국제 문제입니다. 남북 간의 다양한 접촉은 물론 대미외교, 나아가 유엔 등 다자외교를 적극적으로 펼쳐나가야 합니다. 비핵화를 비롯한 모든 외교적 문제는 먼저 서로 이해가 되어야 나아갈 수 있습니다. 그 기초 위에 신뢰가 생기고 그에 따라 서로 지킬 수 있고 실천할 수 있는 것을 합의하고 그 약속을 국제사회 안에서 지켜나가야 합니다.

두 가지 에피소드가 있습니다. 1987년 대선에서 1노 3김이 겨루었고, 3김 모두 낙선했던 그때입니다. 그해 말에 전경련이 미국의 유엔 주재 대사 진 커크 패트릭Jeane Kirk Patrick 여사를 초청했어요. 네오콘(Neo-con, 신보수주의자)의 대모였어요. 그때 DJ와의 면담이 있었는데, 패트릭 여사가 DJ의 북한관과 대북정책의 설명을 듣고 특별히 그를 주목한다고 했습니다. 야당 총재이던 시절 1987년 12월, 그러니까 DJ 대통령 당선 10년 전이죠. 신념과 논리를 가지고 있다면 네오콘의 지도자도 설득할 수 있다는 사례입니다.

　김대중 대통령 임기 전반부는 클린턴 대통령과 함께했고 후반부는 아들 부시 대통령과 함께했죠. 그때 김 대통령이 북한관, 대북정책을 쭉 설명하자 클린턴 대통령이 핸들 얘기를 했어요. "앞으로 핸들은 김 대통령이 잡으십시오." 우리의 재량에 동의해준 거죠. 구소련이 붕괴된 뒤 우크라이나에 핵무기가 가장 많았습니다. 나토는 미국과 함께 우크라이나 핵무기를 폐기하고 우크라이나가 외부로부터 침공받을 때 나토군이 개입하기로 조약을 맺었지만 실제 러시아가 크림반도를 무력으로 점령하자 나토는 침묵했습니다. 이런 사례를 잘 아는 북한으로서는 확실한 담보가 있어야 핵폐기 제안에 나설 것이고, 이 점에서 우리의 주도적 역할과 4대국 간의 신뢰를 확고히 담보하는 조건이 결정적으로 중요합니다.

문　북한 비핵화, 남북 화해가 문재인 대통령으로서는 최고의 과제이자 숙명이기도 합니다. "시집살이가 아무리 고달파도 달

아날 친정이 없다"고 하실 정도로 북에 두고 온 고향을 그리워하신 어머니의 애틋한 모습들이 기억에 새겨져 있었을 것입니다. 남북 화해는 우리의 염원이고 모든 이산가족의 기다림입니다. 남북철도가 대륙으로 나아가는 대한민국의 구상이 국제사회의 이해로 연결될 수 있는 방안이 있겠습니까?

이낙연 문재인 대통령께는 남북관계, 북한 비핵화 문제를 타개하려는 열정이 운명처럼 주어져 있다고 생각합니다. 부모님이 한국전쟁 때 미군 선박을 타고 월남하셨습니다. 남북 화해는 민족의 염원이기도 하지요. 그러나 국제 환경에는 유엔의 대북제재뿐 아니라 그것을 능가하는 미국의 대북제재가 있습니다. 그 크나큰 제약을 돌파하기 위해 무척 노력하셨습니다. 타고 남은 재가 기름이 된다고 하지 않았습니까? 모든 노력들, 우리 정부가 보여준 신뢰가 언젠가 비핵화의 디딤돌이 될 것입니다. 중심을 움직이기 어려울 때는 주변을 먼저 움직이는 방법이 있습니다. 중국과 러시아, 일본, 미국의 이해를 얻고 동시에 유엔에서 전방위적 외교를 펼쳐야 합니다.

문 2018년에 북한철도 현대화를 위한 남북철도 현대화 착공식이 있었습니다. 그 이후는 진전이 없습니다. 중국이 단둥까지 고속철도를 놓자 단둥의 땅값이 많이 올랐답니다. 러시아는 함경북도 나진 선봉까지 시베리아 횡단철도를 연결했습니다. 북한철도의 개량 작업, 우리가 북한과 공동으로 하는 협력 방안이 있을까요?

이낙연 현재의 대북제재 아래서는 불가능하죠. 장비의 반입이 금지되어 있으니까요. 그러나 내적으로는 항상 준비하고 있어야 합니다. 중국에는 장길도(장춘, 길림, 도문) 프로젝트가 있습니다. 중국 동북지방은 바다로 나가는 길이 막혀 있죠. 두만강 하구 15킬로미터 정도는 북한과 러시아가 마주 보고 있는데 중국은 통로를 보장받지 못하고 있어요. 동북지방의 산물을 상하이 이남으로 보내려면 육로보다 동해를 이용하는 것이 훨씬 더 물류비용이 싼데, 두만강을 통해 나가는 길이 막혀 있습니다. 대련으로 해서 서해로 가는 방법은 있지만. 두만강을 통해서 가는 길이 막혀 있기 때문에 그 대안으로서 장춘, 길림, 도문을 연결해서 도문에서 나선으로 가는 고속도로를 놓으려는 계획을 가지고 있었어요. 그렇게 되면 바로 동해로 나갈 수 있습니다.

  시진핑 주석 초기에도 그런 계획이 있었는데 북한의 핵실험 때문에 중지됐습니다. 하지만 그 프로젝트는 여전히 살아 있는 것으로 보입니다. 2014년 겨울에 그 프로젝트를 추진하는 분들을 만난 적이 있어요. 작고한 김석철 교수가 두만강 프로젝트를 제안했지요. 두만강 프로젝트에 한국 정부도 관심을 가졌습니다. 그것은 우리의 신북방정책과도 연계됩니다. 환동해경제권과 북방경제권이 활성화될 때를 대비해서 북방 동해안 지역에 우리가 대규모 물류단지를 구축할 수 있으니까요. 나선 두만강 하구를 둘러싼 지역은 러시아,

중국, 일본뿐 아니라 미국도 관심을 갖고 있어요. 한때는 케도(KEDO, 한반도에너지개발기구로 1995년 한·미·일 3국이 북한의 경수로 발전소 재원조달을 목적으로 설립한 국제컨소시엄. 2006년 5월 북한이 협정에 명기된 절차를 이행하지 않았다는 이유로 경수로사업이 종료됐다), 경수로 사업이 있었던 무대이기도 합니다. 거기에 우리도 참여해야 한다는 프로젝트였죠. 북한의 핵개발과 유엔의 제재 때문에 외부 자본이 못 들어가고 있는 게 아쉽지요.

제가 전남지사로 일할 때 나선 지구에 대홍수가 났습니다. 그래서 이재민들을 인도적으로 지원할 용의가 있다는 것을 연변 쪽을 통해 계속 타진했는데 북한 체제의 특수성 때문인지 가부간 의사결정이 안 났습니다. 2014년, 제가 지사가 되자마자 '땅끝 협력'을 제안했어요. 남쪽의 땅끝과 북녘의 땅끝, 전라남도와 함경북도가 협력해보자는 제안이었습니다. 북한의 산모들을 돕기 위해 우리는 미역과 쌀을 보낼 테니 함북의 명태 등 수산물과 교환하자고 했습니다. 의사결정이 안 되어서 굉장히 아쉽죠. 그런 제안은 지자체 차원에서 할 수 있고, 정치적인 민감성을 건드리지 않는 인도적 사업입니다.

문 도문 이야기 들으니 아직도 눈에 선한 장면이 있습니다. 저도 1991년 1월에 취재차 도문을 갔습니다. 듬성듬성 보이는 초가집 처마마다 고드름이 매달린 국경 마을 분위기가 얼음이 부서질 듯 조용해서 무슨 일이 있었냐고 물어보았습니다. 북한 일가족 다섯 명이 두만강을 건너다가 중국 국경수비대에 체포돼 다음 날 아침이면 북한으로 송환되어야 하는데, 다행인지 불행인지 조선족 국경수비대원이 그들 가족에게 소원이 뭐냐고 물으니 "고깃국에 쌀밥을 실컷 먹고 싶다"고 했답니다. 조선족 수비대원이 통문을 돌려서 모인 동포들이 한 가마솥에 쌀밥을 하고 한 가마솥에는 소고깃국을 끓었습니다. 그날 밤, 일가족 다섯 명이 그걸 다 먹었답니다. 제가 간 바로 그날 아침이었는데, 수비대원이 데리러 가니까 다섯 명이 다 목매달아 죽었다고 합니다. 제가 그 현장에 우연히 있었어요. 내내 잊히지 않습니다.

이낙연 작고한 동훈 선생은 함경남도 북청 출신입니다. 선생의 형제만 한국전쟁 전에 서울에서 학교 다니다가 분단으로 나머지 가족과 떨어져 이산가족이 되었습니다. 땅끝 협력 아이디어를 저에게 주신 분이지요. 일본에 오래 살았는데요. 통일부 차관을 마친 뒤에 일본에 거주하며 금강산 관광도 시도해보고 남북교류를 위해 많이 애쓰셨어요. 그분이 살림이 넉넉하지 않았는데도 연변대학에서 일본으로 온 유학생들 수십 명에게 1년에 두세 번씩 고기를 대접하곤 했지요. 그때 저는 도쿄 특파원이었습니다. 그분은 돌아가실 때까지 연변대학 고문이셨어요. 그분의 안내로 2014년 말에 연변대학도 찾아가보고, 장길도 프로젝트에 대한 설명도 듣는 기회가 있었습니다. 그 일정 가운데 하나가 도문 방문이었어요. 그때 현지 기온이 영하 18도. 내복 두 벌을 겹쳐 입고 솜바지를 입어도 온몸이 얼어붙을 정도로 추웠습니다. 도문에 갔는데 겨울 산은 흑백으로 보이잖아요. 산 능선이 중국에서 북한으로 연결되어 있는데 동훈 선생이 능선의 경계선을 금방 안다는 거예요.

문   나무가 있는 것과 없는 것의 차이군요.

이낙연 그렇지요. 저 능선 밑에 마을이 있는데, 그 마을 아래쪽에 누이동생이 시집가서 살고 있대요. 선생이 손가락으로 가리키시더라고요. 누이동생 집을 가리키는 그 맨 손가락과 산 능선이 기억에 같이 남아 있어요. 제가 초선 의원 때 국회에서 대정부질문을 하면서 여야가 민족을 위한 공헌으로 경쟁하자는 얘기를 했었어요. 그것도 그분의 생각이었습니다.

문   북한의 김정은 위원장이 주적은 미국이고, 강력한 국방력으로 근원적인 군사적 위협을 제압하고, 핵무력 건설로 군사력을 증강하겠다고 합니다. 대한민국의 안보전략과 대북전략, 평화전략이 조화를 이룰 수 있는 길이 있겠습니까?

이낙연 우선은 북한 체제의 특수성을 이해해야 하고 그런 바탕 위에서 북한의 언어에 대한 이해가 먼저 있어야 합니다. 말만 놓고 보면 미국하고 당장 충돌도 불사할 만큼 으르렁거리는데 미국의 정권 교체기에 전략적 도발을 하지는 않았습니다. 북한 당국은 강성의 언어를 많이 쓰지요. 전략적으로 관심을

불러일으키기 위해 미사일을 발사하기도 하고. 김정은 위원
장은 남북관계에 대해서도 남녘이 하기에 따라서는 '3년 전
의 봄날'로 돌아갈 수도 있다는 감성적인 용어를 썼죠. '봄
날'이라는 말은 남북이 공통으로 씁니다. 실제로 3년 전에는
봄날이었죠. 2018년 4월 27일, 남북 정상이 판문점에서 만났
고 그 얼마 뒤에 평양에서도 만났지요. 그때 남북 정상이 도
쿄올림픽에 남북 단일팀이 한반도기를 들고 출전하기로 했
습니다. 올여름에 열리는 도쿄올림픽이 남북 화해를 이끄는
중요한 이정표가 될 수 있지요. 북한이 여러 가지 이유로 도
쿄올림픽에 불참할 가능성도 사실상 높지만 아직 시간이 남
아 있어요. 그러나 북한의 참가 여부를 떠나서 우리가 미국
과 일본, 중국, 러시아 등 전방위 외교를 펼쳐야 할 무대가
도쿄올림픽인 것은 틀림없습니다.

평화통일에 필요한
요소들

문   통일의 과정에 대해 어떤 구상을 가지고 있습니까?

이낙연 평화통일 이외에는 그 어떤 것도 원하지 않습니다. 평화통
일로 가려면 상호존중, 상호이해, 상호교류가 필요합니다.
그동안 우리가 시도했으나 이루지 못한 몇 가지가 있죠. 불

가침과 비핵화입니다. 노태우 정권 때 남북이 합의했지요. 남북한 유엔 동시 가입도 그때 이루어졌고요. 우리나라 보수 세력이 그것을 자랑스럽게 생각했으면 좋겠어요. 그래서 그 다음 정부가 어떤 정부든 그것을 이어가기 위해서 노력하고 협조해야 대북정책의 계속성이 유지됩니다.

통일이 되면 더 좋지만 우선은 교류하고 협력하는 통일 상태도 좋습니다. 볼턴의 회고록에 나왔듯 미국은 한국 정부가 맨날 통일만 꿈꾼다고 의심하는 것 같아요. 제가 통일 상태라는 말을 썼더니 한 미국 의원이 그것에 대해 묻더라고요. 그래서 문재인 정부의 정책 가운데 통일이 없다고 답했습니다. 우리의 목표는 통일 상태라고 했지요. 통일 상태가 뭐냐? '결혼'과 '결혼 상태'의 차이 같은 것이다, 혼인신고를 하고 호적을 같이하지 않더라도 옆집에 살면서 왔다 갔다 하든지 아니면 한집에 살든지, 상호존중하고 배려하며 지낸다는 뜻이라고 설명했습니다.

문 1997년, 외환위기 때 국방비가 13조 원이었습니다. 지금은 네 배가 늘었습니다. 국방비는 늘어가는데 전시작전권 회수는 아직까지 안 되고 있습니다.

이낙연 전시작전권 환수에 대해서는 노무현 정부 이후 우리가 계속 뒷걸음질 쳐왔습니다. 노무현 정부 때는 전시작전권 반환 시기를 2012년 4월로 정했죠. 그러다가 MB 정부 때 2015년으로 미뤄졌고, 박근혜 정부 때는 조건이 갖춰지면 전작권을 가져온다는 것으로 연기했습니다. 이 조건이라는 것이 핵심 군사 능력을 구비해야 하고 한반도 및 역내 안보환경이 안정적으로 전작권 전환에 부합해야 한다는 것인데, 문재인 정부 들어서 이 조건을 대체로 유지했습니다. 현재 전시작전권은 한미연합사령부에 있고, 사령부의 지휘권은 미국의 인도태평양사령부에 있습니다. 여기서 중요한 관건은 비핵화 문제입니다. 한미동맹을 굳건히 하고 국민들이 안심할 수 있는 바탕 위에서 가장 합리적이고 빠른 시일 안에 전시작전권을 우리가 가지는 것이 옳다고 봅니다.

문   최근 병역의무를 모병제로 하자는 논의가 있습니다. 어떻게 생각합니까?

이낙연 현재 우리 군은 징병제이지만 직업군인에 모병 개념을 혼합하고 있습니다. 청년 인구 감소와 군사 과학기술의 변화 등을 감안하면, 모병제로의 단계적 확대가 필요하고 불가피합니다. 예산 확보와 군 인력 구조 변화를 고려하며 특정 분야나 직무부터 모병제를 우선 도입하는 방안이 가능할 것입니다. 그러면서 일정 시기부터는 해군과 공군을 모병제로 바꾸는 방안도 검토할 수 있을 것입니다. 그렇게 함으로써 군의 정예화, 여군 증가, 청년 일자리 창출, 개방적 인사관리 도입 등의 효과를 거둘 수 있습니다.

　　　징병된 사병들에게는 군 복무가 제대 후 사회생활에 도움이 되도록 해드려야 합니다. 본인이 제대 후 진출하려고 하는 분야와 관련되는 부대에 배치해 공부하고 경험할 수 있도록 해드리면 좋겠습니다.

국가를 지키기 위해 징집된 사병의 복무에 대해서는 정당한 보상을 드리는 문제를 논의할 만합니다. 군 가산점 제도는 위헌이라고 판정됐습니다. 그렇다면 제대 시 사회출발자금을 드리는 방안이 있을 수 있다고 생각합니다. 이미 운영 중인 장병내일준비적금의 인센티브를 확대하고, 봉급을 올리는 등 다양한 정책의 조합으로 준비할 수 있습니다.

병장봉급을 중장기적으로 최저임금의 50퍼센트까지 올리겠다는 것이 대통령의 공약입니다. 올해 병장봉급은 최저임금의 33퍼센트입니다. 내일준비적금에는 6퍼센트의 고금리 혜택까지 얹어 드릴 수 있도록 올해 초 병역법을 개정했습니다. 추가개정도 가능할 것입니다.

병력자원 감소로 현역판정률이 높아지면, 공익근무 등 사회복무 인력에 부족이 생길 수 있습니다. 그런 사회복무에 여성도 지원하실 수 있을 것입니다. 사회출발자금을 도입한다면, 사회복무 여성이 제대하시는 경우에도 공정하게 드려야 할 것입니다.

문 대한제국이 생기고 나서 대신들이 군대를 모병제로 할 것인가 징병제로 할 것인가 토론한 끝에 모병제로 결정했습니다. 그러고는 지원한 군사들에게 제대로 임금도 주지 않았지요. 그때 모병한 군사들에게 제대로 임금을 주었거나 징병제를 했으면, 일본에 그렇게 쉽게 점령당하지 않았을 것이라는 분석도 할 수 있지요. 현재 군 복무기간이 점점 줄어서 이제 18개월(육군 기준)이 됩니다. 군 복무기간을 어느 정도 줄여야 하고, 적정병력 규모는 어느 정도라고 봅니까?

이낙연 병역인구가 자꾸 감소하므로 합리적인 대안이 있어야 합니다. 갈수록 최신 전자무기, 로봇, 드론이 등장하고 정보화, 디지털화, 첨단화되고 있어 많은 변화가 따를 것입니다. 그러나 분단시대에는 적정규모는 유지해야 합니다. 국방개혁 2.0에 따라 50만 명으로 줄이고 있지만 육해공군의 전력개편과 18개월로 줄어드는 의무복무기간을 감안해서 새로운 병력 수급정책을 완성해야 합니다. 일단 현 수준에서 공군과 해군을 보강하고 육군은 첨단전자전과 기동력을 중시하는 부대 개편이 뒤따라야 할 것으로 봅니다. 이 조건이 갖추어지면 좀 더 감축하고 그 대신에 예비군 제도를 대폭 정비해서 이름뿐인 향토예비군이 아닌 후방방어와 전투능력을 가진 상비 예비군 제도를 도입하는 문제를 적극적으로 검토해야 합니다.

문 인도·중국 국경지역에서 중국이 마이크로웨이브 전파를 발사해서 인도군을 전부 물리치는 일이 있었습니다. 앞으로 전쟁에서 첨단 전투장비를 전투현장이 아닌 후방에서 컴퓨터로 조종하는 것을 고려해야 할 것으로 보입니다. 여성 인력을 확대해서 첨단장비를 운용하는 고도의 전문직 군 인력으로 육성하는 방안이 있습니까?

이낙연 여성들이 군에 지원하는 일이 늘고 있죠. 그리고 여성이 할 수 있는 분야가 늘어나고 있는 것이 사실이지요. 『총, 균, 쇠』를 쓴 재레드 다이아몬드 교수는 우리나라는 인력 가용성이 2,600만 명밖에 안 된다고 합니다. 인구의 거의 절반인 여성 인력을 쓰지 않아서 전체 노동력의 절반을 잃고 있다는 뜻이지요. 저출생으로 군병력도 점점 부족한데 좀 더 군을 전문화하고 첨단전자무기를 운용하는 데 여성 인력을 적극 활용할 필요가 있습니다. 전문 간호 인력도 더 늘려야 하고 군인 건강에 대한 연구도 더 많이 해야 합니다. 현재 군 의무사령부가 있지만 감염병에 대한 자체 연구는 거의 없어요. 군대처럼 질병 데이터를 확보할 수 있는 좋은 조건도 없습니다. 이런 전문분야에도 여성 인력이 진출해서 감염병을 예방하고 바이오 연구도 동시에 할 수 있도록 해야겠습니다.

문 군 의무사령부 시스템도 개선해야겠군요.

이낙연 그렇지요. 무엇보다 감염병 대처를 정확하고 신속하게 하기 위한 군 의료체계를 마련해야 합니다. 병역의무를 수행하기 위해 군 입대를 한 청년들이 질병이나 상해를 입었을 때 민간병원에 못지않게 군대에서 신속하게 진료하고 치료할 수 있게 해야 합니다. 국가는 의무복무한 병사들의 질병과 상해를 그 어떤 경우에도 전적으로 책임져야 합니다. 감염병은 물론, 군인이 다쳤을 때 국가가 신속히 치료해주지 않는다면 그 누가 국가를 신뢰하고 국가에 충성할 수 있겠습니까? 국가가 그들의 보험이어야 합니다. 의무복무 기간 동안 젊은 날들을 바쳤지 않습니까? 우리는 그 헌신에 대한 예의를 잃지 말아야 합니다. 청춘들에게는 아무리 군대 밥이 좋다 해도 사제 꽁보리밥보다는 못하지요.

문　바이든 행정부의 대북정책이 트럼프 행정부 때와는 아주 달라질 걸로 보고 있습니다.

이낙연　트럼프 행정부 때보다 세련되고 정통한 북핵 전문가들이 바이든 행정부에 포진해 있습니다. 바이든 행정부는 동맹국과 연합전선을 펴겠지만 사안에 따라 연합대상국이 다를 겁니다. 예를 들면 불공정무역에 관련된 WTO(세계무역기구) 문제는 유럽과, 남중국해 문제는 일본·필리핀·대만과 연합전선을 펼 것입니다. 북핵 문제는 트럼프 대통령의 북미 정상외교인 톱다운 방식에서, 실무외교부터 시작하는 바텀업 방식으로 바뀔 것이라고 전망합니다. 북한은 톱다운이 아니면 좀처럼 움직이지 않을 가능성이 높습니다. 우리로서는 정상외교와 실무외교를 공동으로 진행하는 방법이 바람직합니다. 미국이 인권 문제를 제기하고 실무절차를 중시하면 우리는 한미동맹의 단단한 기초 아래 이해와 신뢰를 바탕으로 한 다양한 전략을 구사해야 합니다. 북미 관계의 통로는 바로 대한민국입니다. 한미동맹과 함께 유엔외교를 강화해야지요. 왜냐하면 유엔 제재로 많은 남북교류가 중지된 상태니까요.

북한의 인권 문제를 세분해서 우리는 유엔, WHO(세계보건기구)와 함께 공동으로 기아와 질병으로부터 북한 주민을 보호하자고 제의함으로써 생존을 위한 인권을 증진시키는 노력을 기울였으면 합니다. 이 점에서 유엔, WHO, 북한과의 연대와 공유가 필수적입니다. 이런 일련의 과정에서 미국의 대북정책과 조율하고 창의적인 재량을 행사할 수 있는 영역을 확보해야 합니다. 북한이 최근 담화문에 자주 쓰고 있는 '봄날'이라는 단어는 남북한이 공통적으로 많이 쓰는 환한 말이지요. 언어적 측면에서도 북한의 태도를 해석하는 노력이 필요합니다.

문　우리가 의료 지원하는 문제도 유엔의 제재로 사실 거의 불가능합니다. 유엔과 대북한 의료협력을 함께하는 외교적 노력이 필요하지 않을까요?

이낙연　유엔과 WHO, 북한과 함께 공동작업을 하는 외교적 공간을 확보해야 합니다. 의료 분야도 막혀 있어서 안타깝습니다.

문　기존 결핵약으로 낫지 않는 변종 결핵균을 가진 환자들이 북한에 많다는 이야기를 들은 지 오래되었습니다. 탈북자들을 통해 한국에서 균이 번질 가능성도 있습니다. 동한 씨가 아기 때 결핵 때문에 고생했으니 결핵이 얼마나 무서운 병인지 더 잘 알겠지요?

이낙연　그럼요. 우선은 탈북자들의 결핵 관리를 철저히 해야지요.

남쪽에서 적응훈련을 받는 동안 사전검사로 예방하는 것이 필요합니다. WHO 및 유엔과 같이하는 의료지원전략을 인권적 차원에서 펼쳐야지요. 북한은 이것이 비본질적이라고 하지만, 북한이 국제사회의 현실을 인정하고 받아들일 수 있는 여건을 조성해야 합니다.

문 　미국과 중국 사이에서 한국이 어떤 독자적 좌표를 유지할 수 있을까요?

이낙연 이해와 신뢰의 원칙으로 나가야 합니다. 쉽지 않더라도 양쪽 모두 신뢰를 유지할 수 있도록 최대한 노력해야 합니다. 그러려면 일관된 태도 같은 게 필요할 거예요. 그리고 잘 설명하고 소통해야 합니다. 미국은 지금 아시아계 이민자들에 대한 증오가 큰 문제입니다. 코로나 확산을 방어하는 데도 힘을 쏟아야 합니다. 그래서 외교적 자원은 어느 정도 제한적이지요. 우리는 적극적으로 유엔외교를 전개하면서 힘의 균형이 아닌 영향력의 균형을 잡는 역할론에 충실해야 한다고 봅니다. 비유하자면 두 고래 사이에서 날렵하고 친화적인 상태를 유지하는 돌고래의 매력을 두 고래가 인정하는 상태를 유지하는 것이라고 할 수 있습니다. 돌고래의 특성은 함께 다니는 것이지요. 문화, 경제, 언어, 플랫폼, 전자정부, 대중문화 등 사안에 따라 아시아 협력공동체를 주도적으로 구성하는 방안도 모색해야지요.

문 　북미 간 핵 협상에서 한국이 취할 정책은 무엇입니까?

이낙연 다양한 채널로 집중적이고 지속적으로 미국, 북한과 협의해야 합니다. 이란식 핵 협상이 다자의 보장에 의한 핵 감축이거든요. 비핵화와 다자의 경제적 보장이죠. 미국 또는 북한이 생각하는 이란식 해법의 북핵판 버전을 한반도의 특수성이 좀 더 고려되고 반영된 방식으로 발전시키는 것입니다. 한·미·일 간의 북 비핵화 방법은 공조돼야지요. 그래야 북한도 신뢰합니다.

문 한일 간의 갈등 관계가 해소되는 과정이 있어야 비핵화 방법도 서로 논의가 가능하겠지요?

이낙연 꼭 선후 관계에 있다기보다는 한일 양국 간의 문제는 그것대로 풀어가면서 동시에 한일이 함께할 수 있는 일을 해간다면 한일 간의 문제 해결에도 도움이 될 수 있는 것 아닙니까? 동북아시아의 방역, 환경 이런 건 함께 갈 수밖에 없는 것이죠. 후쿠시마 원전 문제, 해양 환경의 보전이라든가 미세먼지 절감 등 멀티 트랙으로 가기를 희망합니다.

문 세계적 팬데믹으로 의료방호복 등 의료품 수요가 많습니다. 폐쇄된 개성공단을 활용하는 방안이 있을까요?

이낙연 개성공단을 WHO, 유엔과 연대해서 감염병 방어에 필요한 의료물품 생산기지로 만들겠습니다. WHO, 유엔과 함께 의료품 생산활동을 하면 의료 분야만이라도 유엔 제재가 좀 풀릴 수 있고 북한 경제에도 크게 도움을 줄 수 있을 것입니다. 북한과 유엔은 물론 미국, 일본, 중국, 러시아 4국이 공동으로 참여하기를 기대합니다. WHO와 함께 개성공단에 방호복, 마스크 등을 생산하는 거점이 확보되면 유엔의 제재에도 어긋나지 않고 북한의 이익도 도모할 수 있습니다. 개성공단에 진출한 우리 기업도 도움이 됩니다. WHO와 유엔의 적극적 자세, 북한의 실용주의적 태도를 기대합니다. 이와 함께 개성공단과 비무장지대 남쪽을 연결하는 감염병 의료 연구기지를 설립해 개성공단과 연계하는 방법도 있습니다. 인간주의와 긍휼함, 국제의료자원 공유가 함께할 수 있다면 무엇이라도 해야 합니다.

문　1942년생인 바이든 대통령의 눈매가 소년 같더군요. 바이든 대통령이 부통령 시절에 말했습니다. 중국의 불공정무역 관행을 결코 용인하지 않겠다고. 미중 관계에서 통상 압력은 계속되겠지요. 트럼프처럼 노골적이지는 않을지 몰라도, 중국과의 사이에서 갈등은 갈수록 심화될 것으로 보입니다. 우리의 통상정책은 어떤 기준으로 가야 되겠습니까?

이낙연　바이든 대통령이 저보다 열 살 위군요. 트럼프는 힘으로 견제하려 하고 그러면서도 그때그때 비즈니스맨처럼 협상하는 경향이 분명했다면 바이든은 보편적·합리적 기준으로 견제하고 압박하려 할 것으로 보입니다. 미중 관계에서 우리의 대외 정책, 통상 정책이 보편적 기준에 맞게 설명될 수 있어야 합니다. 그것이 때로는 미국의 정책과 부합하지 않더라도 보편적 기준에 맞다면 적극적으로 미국에 설명하고 조율

해야 합니다. 또한 중국의 정책과 부합하지 않더라도 인류 보편의 기준 또는 세계 보편의 기준에 맞다면 우리의 정책을 유지해가야 합니다.

문　이익의 충돌이 생기지 않을까요?

이낙연　제가 2019년 5월, 미국 루이지애나주 레이크찰스 지역의 롯데케미칼 에틸렌 공장 준공식에 참석해서 "한국전쟁 후 한국은 최빈국에서 미국의 도움과 유엔의 원조에 힘입어 세계적인 경제강국이 되었다. 한국의 성공이 바로 미국의 성공이다"라고 했습니다. 행사에 참석한 700여 명이 이 말에 기립박수를 보냈지요. 이 공장은 세계 최대 정유공업지대에 대규모 석유화학단지를 운영하는 한국의 최초 기업입니다.

　　우리 기업이 미국에 투자해 공장을 짓는 것처럼, 한미동맹의 굳건함에 기초해서 보편의 기준에 따라 우리의 정책을 유지할 수 있는 한까지는 유지하면서 일을 진행하는 것이 좋습니다. 또 그것이 가능해지도록 외교력을 집중해야지요. 사실, 외교력에 있어 개인 간 친밀함의 영향은 제한적입니다. 따라서 우리는 사적인 친밀함을 넘어서 신뢰의 기준을 가지고 해결해나가야 합니다. 바이든 행정부와 한미동맹의 결속을 강화해야지요. 다만 그것도 기준이 있습니다. 남중국해 문제 같으면 통행의 자유, 항행의 자유가 보장되어야 한다든가 하는 식의 보편적 기준이 있어요. 그것이 누구에게 손해냐 이익이냐 따지기 이전에 지구 보편의 기준이 있다면 그것을 우리가 설득의 도구로 삼을 수도 있고 방어의 도구로 삼을 수도 있습니다.

바이든 대통령은 『조 바이든, 지켜야 할 약속—나의 삶과 신념, 정치』에서 이렇게 말한다.

"나는 모든 미국 가정이 의료보험을 가지고, 모든 부모가 불치병이나 사고가 나도 파산하지 않는다는 것을 믿고 밤에 편안하게 잠드는 미래를 본다. 미국 어린이가 누구나 예방접종을 하고 성공적인 인생을 준비하기 위해 교육을 받을 수 있는 미래를 본다. 대학에 입학할 실력이 되는데도 학비가 없어 꿈을 포기하는 청년이 없는 미래를 본다. (…) 우리가 모든 아이의 건강과 꿈을 보호하지 않는다면 우리 자신의 최고 목표를 배반하는 것이다."

이처럼 바이든 대통령이 품는 희망은 평범하고 솔직하다. 그곳은 미국만이 아니라 북한이든 일본이든 대한민국이든 그 어디든, 사람 사는 세상이면 누구든지 누려야 할 평범한 미래가 아닌가 싶다. 유모차에 아기를 태우고 다니는 할머니, 그리고 신혼부부가 있는 곳이라면. 인류가 사회를 이루어 사는 곳이라면.

대한민국의 핵심 키워드 :
회복과 도약, 디지털 시대로의 대전환

문   미국의 핵심 키워드는 회복이거든요. 대한민국은 무엇이 핵
       심 키워드라고 생각합니까?

이낙연 회복과 도약, 디지털 시대로의 대전환입니다.

문   도약할 수 있는 힘의 근원이 뭔가요?

이낙연 산업에서는 우리가 이미 설정한 미래전략산업 세 가지, 반
       도체, 바이오, 미래형 자동차, 거기에 더할 것이 한국형 뉴딜
       입니다. 그리고 우리가 굉장히 취약했지만 요즘 도약하고 있
       는 문화 콘텐츠 쪽입니다. 특히 비대면 시대의 가상현실, 게
       임을 비롯한 산업들의 기반을 확보하고 인력도 확충해야지
       요. 그리고 코로나19 대응에서 보여준 우리 사회의 연대와
       협력, 그에 대한 세계의 신뢰가 우리의 큰 힘입니다.

문   바이든 대통령은 "우리가 마음을 닫는 대신에 영혼을 열면,
       관용과 겸손을 보여준다면 다른 사람의 입장이 되어볼 의지
       가 있다면 우리는 해낼 수 있다"고 합니다.

이낙연 바이든 대통령은 "자신의 모든 영혼을 모아서 미국을 하나
       로 묶고 사람을 단결시키고 화합하는 것, 그것이 나의 소명"
       이라고 합니다. 단결하고 화합하는 것은 인류 공동의 미래이
       고 국가의 기초이고 인간의 소망이기도 합니다. 우리는 거칠
       게 포효하고 있는 기후변화, 자연과도 약속해야 합니다. 함

께 연대해서 자연환경을 회복하고 행복의 가치를 공유해서 미래를 함께 열어나가는 것이 또한 저의 소명입니다.

문 　 바이든 대통령은 부통령 경험도 있어서 국제 문제에 잘 준비되어 있는 지도자로 보입니다.

이낙연 바이든 대통령은 하나뿐인 지구와 공동체의 삶이 얼마나 중요한지 알고 있습니다. 시련을 인내해온 그의 얼굴엔 자연과 인간에 대한 신뢰와 겸허함이 배어 있습니다. 무엇보다 다원적 가치관, 인종과 성별, 성소수자 등을 차별하지 않고 모든 인간은 평등하고 소중하다고 외칩니다. 그의 부인은 교수 직업을 그대로 유지하는 최초의 퍼스트레이디입니다. 그것도 신선하죠. 부통령도 여성으로 소수민족에서 발탁했습니다. 그 자체가 다양성, 다원성의 포용, 대화합의 메시지이지요. 지구 공동체를 위한 미국의 의무로 돌아왔다는 상징이기도 합니다. WHO나 파리기후협약으로 돌아왔다는 것, 그게 바로 리더십이죠.

트럼프 대통령의 큰 실책이 그런 국제적 의무로부터 빠져나갔다는 점이고 그 공백에 중국이 들어갔거든요. 파리기후협약 체제도 최강의 리더로 시진핑 주석이 자리 잡았지요. 팬데믹 시대에 글로벌 리더를 자인하는 미국이 WHO에서의 주도적인 의무를 저버렸다는 건 잘못이죠. 그런데 '미국이 돌아왔다'는 선언 자체가 지도국가의 책임을 이행하겠다는 것입니다. 그것이 미국과 연대하는 국가들을 동등한 파트너로 삼겠다는 의지이기를 기대합니다.

문   다원적 가치관이나 성소수자, 인종과 성별에 대한 태도는 무엇입니까?

이낙연 모두 인정해야죠. 그리고 사회에서 함께 살아야 합니다. 바이든 대통령의 어머니가 소년 조에게 "너보다 훌륭한 사람도 아무도 없고, 너보다 못한 사람도 아무도 없다"고 했지요. 제가 손자를 볼 때 행복하다며 우리도 원래 작았다는 이야기를 했지요? 그렇지요. 그처럼 본래 우리는 작았고, 커서도 동등하니까요.

겨울이 지나가는 사이 봄은 그냥 오지 않는다. 나무도 검게 타고 몸살을 앓는다. 뉴욕에 눈폭탄이 쏟아졌다는 소식이 왔다. 뉴저지에도 뉴잉글랜드에도. 바이든 대통령 이야기를 하다 보니 그 눈매에서 연상되어 수필가 피천득 선생이 떠올랐다. 바이든 대통령은 그의 책 맨 앞에 '숲은 사랑스럽고 어둡고 깊다. 하지만 내게는 지켜야 할 약속이 있다. 그리고 잠들기 전에 가야 할 길이 있다'라는 로버트 프로스트의 시 「눈 내리는 저녁 숲 가에 서서」를 인용했다. 피천득 선생은 미국 교환교수로 가서 로버트 프로스트와 지냈던 이야기를 가끔 들려주곤 했다. 눈 내리는 숲 가에서 주인이 가지 않고 있으니 말이 이상하다는 듯 방울을 흔드는 장면을 이야기하며, 고개를 흔들면 듣는 사람의 고개도 같이 흔들리게 하던 작고 깡마른 피천득 선생의 소년 같은 모습이 불쑥 지나갔다.

문 세계 지도자 가운데 특별하게 신의信義를 강조한 사람이 시진핑 중국 주석입니다. 그는 신의가 세상에서 가장 중요하다고 합니다.

이낙연 신의는 정말로 중요하지요. 이런 일이 있었어요. 제가 총리를 마치고 나온 게 2020년 1월 14일이었습니다. 열흘쯤 지난 뒤에 베이징에서 리커창 총리의 메시지를 어떤 분이 가지고 왔어요. 리커창 총리의 베이징대학교 법과대학 후배예요. 리커창 총리의 메시지는 이것이었습니다. '함께 총리로 일할 때 많은 협조를 받았다. 고맙게 생각한다.' 2019년 중국 하이난도에서 있었던 보아오 포럼(아시아지역 회의로 1년에 한 번씩 열리는 비정부 성격의 국제포럼기구)에서 리커창 총리와 제가 다른 분들과 함께 기조연설을 했어요. 그 기회에 한중 총리회담도 했지요. 리 총리는 '그때를 기억한다. 고맙다. 총리직에서 떠나셨지만 꼭 베이징을 방문해달라. 베이징에 오시면 현직 총리가 아니니까 회담은 약속하기 어렵지만 만찬은 반드시 함께하겠다'고 했습니다.

문 한국과 중국의 미래에 대한 질문이기도 하군요.

이낙연 제가 설명을 했어요. '우선 총리 재임 중에 많이 도와줘서 고맙다. 함께 일해서 굉장히 든든했다. 하이난도 회담 때 나를 많이 배려해준 일을 기억하고 있다.' 배려했다는 건 이겁니다. 총리회담을 하면 나라마다 회담의 문화가 조금씩 다른데 대체로 굵은 의제 하나씩 가지고 한차례 얘기하고, 그다음

내가 오늘 리 총리께 말하려는 것은
각자 할 것은 각자 하고,
함께 할 것이 있다면 함께 하자는 뜻이다.
우리가 함께 해야 할 것도 있을 것이다.
나는 그것을 말하는 것이다.
그랬더니, '자기도 동감한다. 환경협력을 강화하자.
함께 할 일을 함께 하자.'
이렇게 대답을 하더군요.

의제로 넘어갑니다. 그때 미세먼지가 국내에서는 가장 민감한 현안이었죠. 미세먼지 이야기가 나왔는데 약간 짜증스러운 반응이 있었어요. '중국은 최선의 노력을 다하고 있고, 개선되고 있다. 한국도 노력하면 될 거 아니냐?' 이런 취지로. 그래서 제가 이랬죠. '중국 정부가 시진핑 주석의 주도로 파리기후회담을 지탱해주고 대기오염을 개선하는 노력을 하고 있다는 것을 높게 평가한다. 실제로 중국이 개선되고 있다는 걸 알고 있다. 한국도 노력하고 있다. 내가 오늘 리 총리께 말하려는 것은 각자 할 것은 각자 하고, 함께 할 것이 있다면 함께 하자는 뜻이다. 우리가 함께 해야 할 것도 있을 것이다. 나는 그것을 말하는 것이다.' 그랬더니, '자기도 동감한다. 환경협력을 강화하자. 함께 할 일을 함께 하자.' 이렇게 대답을 하더군요. '오늘 리 총리와 제가 양국 환경협력을 강화하자는 데 합의한 것으로 받아들이겠다.' 그렇게 제가 다시 확인했더니 리 총리도 동의했어요. 그래서 그것이 모든 뉴스의 제목이 됐지요. 대화의 절반 가까이가 환경 얘기였습니다.

문 팬데믹 사태가 자꾸 길어집니다. 백신여권 등 일본, 중국과 서로 협력해서 가칭 아시아 백신여권으로 격리 기간을 줄여서 관광을 활성화시킬 수 있는 기회를 만들 수 있을까요?

이낙연 그것은 추진해야 한다고 생각합니다. 동북아시아에는 국가마다의 장점들이 있어요. 그것을 상호보완적으로 교환하고 협력하면 방역 태세에 서로 큰 도움을 줄 수 있을 텐데 지금은 잘 안 되고 있는 것이 현실입니다.

문 우리가 먼저 제안하면 어떨까요?

이낙연 어느 쪽이 이니셔티브를 잡으면 다른 쪽이 안 따라올 가능성이 있습니다. 국가마다 자존심 같은 게 있으니까요. 우리가 주도한다면 한국의 역할이 매우 중요해질 겁니다. 중국과 일본 쪽보다는 한국이 그 역할을 하는 것이 중국에도 일본에도 수용 가능성을 높여주는 일이 될 거예요. K방역의 신뢰가 있고 우리는 패권적이지 않으니까요. 어느 정치학 교수가 방역에도 철학에 따라서 네 가지 범주가 있답니다. 방역자유주의. 미국 같은 곳입니다. 방역방임주의. 스웨덴, 영국. 그러다가 나중에는 그것을 수정하게 되죠. 방역권위주의. 중국, 북한. 아예 봉쇄해버리는 수준입니다. 방역공동체주의가 한국, 대만 같은 경우입니다. 국가마다 방역 시스템이나 저변에 깔린 철학이 다르니까 그것의 효용성과 의료체계 등에 있어 각국이 잘하는 분야가 있지요. 한국은 조기진단, 다수진단, 치료제가 있고 일본은 의료기계가 우수합니다. 중국은 아직까지 국제사회에서 충분한 인정을 받고 있는 건 아닌 것 같은데 백신 개발에서 앞서갔습니다. 3국의 방대한 의료데이터는 자산이지요. 백신 공동연구도 가능합니다. 백신여권이 서로 공동으로 통용되면 관광산업, 항공산업도 숨통이 트일 겁니다.

문 그러면 우리가 민간 차원에서 이런 제안을 하면 어떨까요? 유행가 이야기 한 번 더 해볼까 해서요. 이야기도 조금 딱딱하고 해서. 요즘 전국적으로 우리네 가슴을 위로하는 노래가 트로트입니다. 대담을 하면서 혼자 생각해온 건데, 우리나라의 〈봄날은 간다〉, 북한의 〈휘파람〉, 일본의 〈북국의 봄〉, 중국은 〈달이 내 마음을 대신해요〉, 이 네 곡이 아시아에서 가장 많이 알려져 있어요. 〈북국의 봄〉은 나훈아도 불렀거든요. 중국에서도 북한에서도 〈북국의 봄〉이 유행했습니다. 네 나라가 즐겨 부르는 트로트를 지정곡으로 하고 자유곡 한 곡을 추가하는 4국 트로트대회를 열면 정치적으로 막혀 있던 길을 노래로도 뚫을 수 있지 않을까 기대해봅니다.

이낙연 좋은 의견이네요. 다들 정서에 공통점이 많습니다. 〈봄날은 간다〉는 한국전쟁 직후 고향을 떠나 뿔뿔이 흩어진 우리네 심사를 위로하는 곡입니다. 고향 마을 언덕 입구에 있는 성황당 앞에 서서 옷고름 씹어가며, 멀리 신작로를 바라보며 말없이 기다리던 노래이지요. 일본의 〈북국의 봄〉은 이농현상이 낳은 정서가 잘 드러나 국경을 넘나들며 불립니다. 그 노래는 일본에서 먼저 유행하고 한국에 오고 중국에 가고. 산업화의 순서대로 유행했지요. 예전엔 한·중·일 타악기 경연대회가 있었어요. 타악기는 언어가 필요 없잖아요. 가장 원초적인 리듬을 가지고 있죠. 심장이 박동하는 것과 비슷하니까요. 특히 밤에 타악기를 들으면 굉장히 역동적이죠. 트

로트대회, 남·북·중·일 사람들이 각 나라에서 예선전을 거
치고 본선을 함께하면 팬데믹의 막막함 속에서도 민간교류
의 기폭제가 되리라 여겨집니다. 미국과 중국이 핑퐁외교로
물꼬를 튼 것처럼.

봄날은 가고, 북국의 봄에 불어보는 휘파람

문 〈북국의 봄〉, 잘 부르지요?

이낙연 특파원 할 때 가끔 불렀습니다. 〈봄날은 간다〉와 함께. 이농
현상으로 농촌의 청년이 도시로 가서 고향을 그리워하는 얘
기입니다. 우리는 고향, 그러면 실향민 말고는 거의가 남쪽
이죠. 도쿄 사람들은 고향, 그러면 북쪽이에요. 보통 니가타,
아키타, 아오모리에서 많이 오니까요. 그쪽 지방이 가난합
니다. 남쪽에서는 도쿄까지 안 와도 오사카, 교토, 고베 같은
대도시에서 정착할 수 있지요. 그 가사 중에 이런 게 있어요.

> 형님도 아버지 닮아 말수 없는 두 사람이
> 지금은 술이라도 마시고 있을까.

농촌은 동양 3국이 비슷해요. 아버지의 가업은 장남이 이

어받고, 동생은 도시로 돈 벌러 가지요.

문 　민간교류가 많아지면 서로 감정도 공유할 수 있고, 노래가 막힌 길을 뚫어서 대륙철도, 북극항로도 기대할 수 있지 않을까요?

이낙연 대륙철도, 북극항로는 물류산업을 키우기 위해 우리가 준비해야 할 분야입니다. 우린 지금 1인 가구의 증가속도라든가 사회 변화가 굉장히 빠른 나라거든요. 그래서 배달 문화가 급팽창하고 택배 물량 자체의 증가속도가 어마어마하지요. 대외적으로도 우리가 수출을 많이 하는 나라이기 때문에 북극항로도 우리 물류 산업에 매우 필요합니다. 요즘은 문 앞까지, 도어투도어의 물류까지도 발달해서요. 유럽대륙에 있는 어떤 사람이 부산의 어느 집으로 보낸 물건이 바로 옵니다. 국내시장은 물론 세계로 나아가는 물류 신플랫폼은 지역별·업종별·상품별로 연결된 다양한 플랫폼들을 만들어낼 것입니다. 미래산업으로 도전해볼 만한 분야이지요. 최근 물류시장은 팬데믹으로 더 빨리 팽창하고 있어요. 한국은 노하우가 충분히 축적되어 있습니다.

문 　중국은 아프리카에 백신도 많이 보내고 있습니다. 외교적 측면에서도 아프리카 지역은 국제기구의 동반자입니다. 현 정부의 신남방 정책처럼 아프리카와 교류하는 방안이 있습니까?

이낙연 아프리카는 국제기구의 동반자일 뿐 아니라 인도적·외교적 차원에서도 더 많이 배려해야 하는 지역입니다. 주요 국가들의 학생들, 특히 의료 분야 학생들이나 공무원을 지원하는 방안이 효과적입니다. 코이카(KOICA, 한국국제협력단)도 그런 사업을 하고 있지요. 아프리카 국가의 청년이나 젊은 관료들이 한국에 와서 공부합니다. 행정전산화를 도와주기도 하지요. 코이카에서 아프리카에 공적개발원조(ODA) 사업으로 하는 일이 많습니다. 전자정부 시스템도 그중의 하나지요. 아프리카 대륙에서 한국 모델이 굉장히 인기가 있습니다. 튀니지 사람들이 우리에게서 받은 시스템을 북아프리카 국가들에 전달해주고 있습니다. 탄자니아의 전자주민증 시스템을 우리가 제공했지요. 총리 때 튀니지와 탄자니아를 방문했습니다. 전자주민증 발급 센터에서 일하는 탄자니아 청년들이 서울에서 연수받고 갔어요. 의사처럼 하얀 가운을 입고 근무하는데 자부심으로 가득 차 있는 표정들이었습니다. 탄자니아 내무장관한데 "한국이 1960년대 안보를 위해서 주민등록증을 만들었다. 그러다가 60년 가까이 흘렀는데 유엔이 평가하는 전자정부 확충 정도에서 우리가 늘 1, 2, 3위 안에 든다. 우리가 60년 걸려서 만든 것을 당신들에게 드리는 거다. 이것을 당신들이 갖게 되면 안보, 납세, 선거, 보건, 복지 등등 모든 것의 기초가 된다"라고 설명했지요. 아프리카는 국경이 애매해요. 치안도 그렇고요. 인구 파악이 잘 안 되어 있습니다. 그러던 것이 우리 전자주민증 시스템을 도입하고는 굉장히 좋아했어요.

문　전 세계 인구 가운데 기독교가 22억 명, 이슬람이 18억 명 정도 됩니다. 한국에도 이슬람 사원이 소규모 기도실(무살라)을 포함하면 200곳 정도 되고 신자 수도 15만 명 정도 됩니다. 주로 파키스탄, 인도네시아 산업인력들이 많아요. 국내에 이슬람 사원이 들어오는 것을 꺼리고 반대하는 현상도 일어나고 있습니다.

이낙연　2008년 미국에 오바마 대통령이 당선되었을 때 이홍구 전 총리가 이런 말씀을 하셨어요. 미국의 기득권층이 오바마를 받아들인 이유는 미국이 에너지 정책에서 탈석유를 준비하고 있기 때문이라고. 탈석유로 가려면 이슬람권 산유국의 경계심이 덜한 지도자가 필요하다고. 그래서 미국의 기득권층이 오바마를 선택했다는 것입니다. 그리고 그 뒤로 실제로 벌어진 일입니다. 오바마 1기 행정부 출범 직후에 힐러리 클린턴 국무장관이 동아시아에 왔어요. 미국 국무장관의 동아시아 방문은 대체로 한·중·일, 3국만 마치면 돌아가는 것이었는데, 당시 힐러리 클린턴 국무장관은 한·중·일에다 인도네시아까지 방문했습니다. 세계 최대의 이슬람 국가이자 산유국이 인도네시아죠.

그때 놀랐죠. 미국 사회의 지도층이 지도자를 선택할 때 어디까지 생각하는가. 중동 국가들이 여전히 우리 경제에는 중요한 파트너입니다. 해외건설 수출에서는 동남아시아가 중동을 능가하기 시작했지만 중동은 여전히 중요한 경제 파트너입니다. 인종적·종교적 배척은 있을 수 없습니다. 함께 지내면서 서로 존중하는 관계가 바람직합니다.

문　재외동포들은 대한민국이 평화로워야 재외동포 사회도 평화롭다고 합니다.

이낙연　제가 재외동포들에게 늘 드리는 말씀이 있습니다. 두 가지를 여러분께 약속드립니다. 첫째는 여러분이 살고 있는 외국에서 한국 사람이라고 말할 때 자랑스러운 나라 대한민국을 만들겠습니다. 둘째는 여러분이 계시는 나라와 여러분의 조국, 대한민국이 사이좋게 지내도록 하겠습니다. 그 두 가지가 제일 중요하죠. 한일 관계가 불편하니까 재일동포들이 가장 힘들어합니다.

조금씩 이야기가 강의 하구처럼 넓어진다.

겨울 강물이 봄 바다에 이르듯. 루시드 폴은 〈나의 하류를 지나〉에서 이렇게 노래한다.

겨울 오면 태공들도 떠나

해의 고향은 서쪽 바다

너는 나의 하류를 지나네

언제 우리 만날 수 있을까

두 사람은 다 식어버린 커피를 마셨다. 그래도 처음 커피를 좋아하게 된 장면은 여전히 싱싱하게 찾아왔다. 노인 산티아고에게 커피를 전하기 위해 길을 달려 오르는 소년 마놀린. 「노인과 바다」의 저 끝 장면이 눈에 선하게 그려지는 그곳, 쿠바 해안에서 아직도 노인은 사자를 만나는 꿈을 꾸고 있을 것 같다. 커피만 앞에 두면 언제나 사자의 꿈을 꿀 수 있겠다 싶어서 나는 남몰래 가슴이 두근거리곤 한다. 그곳은 사춘기 때부터 줄곧 가슴에 간직해온 풍경이었다.

63. 우주선을 타고 간다면 제일 먼저 가고 싶은 별은?

가장 차비가 덜 드는 달, 그리고 B612호.

64. 혼자?

희야랑 여니랑.

65. 지끈지끈&*$%^#$@@@?

…….

66. 〈세한도〉 안의 소나무라면 겨울에 무엇 할까?

차가운 바람, 쌓이는 눈이 전하는 바깥세상 목소리에 귀를 기울일 거야.

67. 욕하고 싶을 때도 있나?

있긴 한데…….

68. 할 수 있는 최고의 욕은?

이런 답답한 사람, 허허.

69. 욕심을 버리는 혼자만의 비법?

선거 외는 욕심 없음. 원래 욕심이 많지 않은 편. 총각 때는 결혼하고 싶

다는 욕심도 없고 아내와 꼭 결혼하겠다는 욕심도 없었음. 물건 욕심도
없음.

70. 혼자만의 진짜 가짜 구별법?

말을 바꾸는 사람들.

71. 사람을 만났을 때 가장 먼저 보는 곳은?

눈빛, 저절로 얼굴 전체.

72. 고아였다면 무엇이 가장 필요할까?

먼저 밥!

73. 아이돌 춤 가능?

몸치, 길치. 택도 없음.

74. 그래도 최선을 다한다면?

백댄스 옆 동상銅像 놀이.

75. 자신의 장점과 단점을 가장 잘 아는 사람?

아내.

10

대한민국
미래 30년의 기초

"지금까지 정책은 물질적인 분야를 중시했지만 이제부터는 국민 행복을 증진하
는 방향으로 나아가야 합니다. 4차산업혁명의 거대한 물결에 적응하고 이를 활
용하는 교육과정이 있어야 하고, 정신건강을 돕는 활동도 동시에 실천할 수 있
는 방향으로 가야 합니다."

검은 백조와
회색 코뿔소

일어날 가능성이 매우 낮고 예측할 수 없는 현상을 검은 백조(black swan)라고 한다. 그 반대로, 일어날 가능성이 매우 높고 충분히 예상할 수 있는데도 그냥 지나치는 위험요인을 회색 코뿔소(gray rhino)라고 한다. 코로나 감염병은 검은 백조, 부동산 폭등은 회색 코뿔소라고 할 수 있다.

노동자들이 산업현장에서 목숨을 잃는 사건이나, LH 사태처럼 내부개발정보를 이용해 부를 축적하는 행태는 오랫동안 진행되어왔지만 내내 그냥 지나치고 말았던 회색 코뿔소이다. 안전을 위협하는 수많은 사고들은 다 회색 코뿔소이다. 건축 외벽에 드라이비트를 써서 대형화재로 번지는 참사는 여러 번 일어났지만 사용을 금지하는 입법을 제때 하지 않았다. 검은 백조든 회색 코뿔소든 이런 일들이 일어나면 사회 분위기가 위축되고 경제적·정신적 타격을 보다 많이 받는다. 코뿔소는 힘이 세다. 사회적 약자는 상류층에 비해 상대적으로 방어력이 약할 수밖에 없다. 검은 백조는 회색 코뿔소로 변신하기도 한다. 제대로 대처하지 않으면 이 현상들이 다음에 나타날 때는 검은 백조 무리, 회색 코뿔소 군단으로 찾아오지 않을까?

문   지금 현실에서 미래에까지 우리의 생활을 어렵게 할 수 있
       는 큰 문제들은 무엇입니까?

이낙연 경제불평등과 저출생, 감염병, 기후위기가 미래를 위협하는 현재의 문제입니다. 이 문제를 해결하기 위해서는 무엇보다 첫 번째로 앞서 말했던 항산항심, 먹을 것이 있고 마음도 일정하게 유지할 수 있어야 합니다. 집값 오르고, 물가 오르고, 유치원이나 학교에서 차별이나 폭력이 있고, 입시 경쟁이 치열하면 할수록 무엇보다 아기를 가진 젊은 층이 힘들지요. 두 번째는 코로나바이러스 같은 전염병으로부터 안전을 지키는 정책입니다. 백신 접종이 완료되고 변이바이러스에도, 코로나 이후 또 다른 감염병에도 대처할 수 있는 방역 시스템을 철저하게 준비해서 일시적이 아닌 상시 체제로 만들어야 합니다. 세 번째가 미세먼지 등 탄소제로 정책입니다. 최근 서울은 물론 전국적으로 푸른 하늘을 뒤덮는 미세먼지는 아기들, 어린이들, 노약자들을 직접적으로 위협하는 회색 코뿔소 비행단이 되고 말았습니다. 기후위기가 얼마나 무섭고 심각한지 우리 모두가 날마다 호흡으로 체감하고 있어요.

문 코로나19는 코로나20을 거쳐 이제 코로나21이 되고 말았습니다. 이게 언제 끝날지 예측할 수 없는 상황에서 중소 상인들, 자영업자들이 치명적인 타격을 입고 있습니다. 코로나22로 가지 않으려면 어떻게 대처해야 할까요?

이낙연 첫 번째는 감염병 예방과 치료의 시스템을 정비하고 강화해야 합니다. 거듭 강조하지만 공공의료 분야의 전문인력들을 체계적으로 양성하고 의료체계를 시급히 확충해야 합니다.

영국은 공공의료가 무너지면서 봉쇄 일변도의 정책을 썼고, 미국은 인구의 10분의 1이 감염되어가고 있습니다. 앞으로 해마다 추가적으로 백신을 접종해야 할지도 모릅니다. 우리는 백신 접종과 함께 무엇보다 확실한 공공의료체계를 지금 확립하지 않으면 더 큰 피해를 보게 됩니다. 의료진과 자원봉사자들의 선의의 헌신, 노력에만 의존해서는 안 됩니다.

두 번째는 가계가 무너지지 않도록 정부에서 지탱해줘야 합니다. 재난지원금은 불가피하지만 불충분합니다. 무엇보다 중소 상인들을 위한 긴급재난지원금만으로는 충분하지 않지요. 우리나라 가계부채가 계속 늘어 GDP 대비 가계부채 비율이 세계 최고 수준이 됐어요. 확대재정을 써서 국민들의 가계부채 의존도를 줄이고 소비를 활성화시켜야 합니다. 외국에 비해서 한국 재정건전성은 상당히 견고한 편이거든요. 이와 함께 국가 소유의 부지는 토지공개념을 확대해나가서 부동산값을 안정시켜야 거주에 대한 불안이 없어집니다. 토지 장기 임대개념도 충분히 도입해볼 만하지요.

문 지난해 사회적 분위기가 백신 개발이 가능하다고 기대했습니다만 현실적으로 불가능하다는 것을 의학자들은 알고 있었습니다. 의과대학 학장 재직 시 전국에서 처음으로 의대생들의 성적 평가를 없앤 윤주헌 연세대 교수는 "기초의학에 대한 지원이 지금까지 미미하고 기초의학 역량 축적이 없는데 백신 개발은 불가능하다"고 지적하더군요. 어쩌면 진단키트 같은 틈새시장의 성공이 백신 개발로 이어진다는 믿음을 바이오기업들이 국민들에게 지나치게 많이 심어주지 않았나 싶습니다.

이낙연 그렇지요. 무엇보다 기초의학의 단단한 체력을 가져야 합니다. 우리가 백신 개발이 늦는 것은 그동안 제약기업들로서는 수지전망을 확신할 수 없었던 데다 기초의학 분야에 대한 정부의 꾸준한 투자가 적어서이지요. 의료 분야의 연구개발 예산이 20조 원을 넘고 GDP 대비 가장 많은 예산을 연구비에 투자하고 있다고 하지만, 이 가운데 기초의학 전공자들의 창의성을 발휘하는 공모과제에 지원하는 연구비는 1.5조 원에 불과합니다. 또 기초의학자들이나 바이오 연구원들의 임금은 낮은 수준입니다. 미국의 국립보건원(NIH)은 젊은 기초의학자들에게 5년간 조건 없이 연구비를 지원하고 근무시간 중 절반 이상을 연구에 투자하도록 하고 있어요. 병원이나 의과대학에서 이를 제도화하고 있습니다. 한국의 기초의학자들은 낮에는 환자 보느라 시달리고 야간이나 주말에 연구하는 기현상이 거듭됩니다. 한창 열정에 차 있고 두뇌 회전이 빠른 젊은 기초의학자들은 업무에 지쳐 임상의학으로 전공을 바꾸게 되고 바이오 연구원들도 박봉에 내몰려 중도에 그만두거나 의욕이 떨어질 수밖에 없지요.

기초의학자들의 공모과제연구비가 전체 연구개발예산의 50퍼센트 이상이 되어야 합니다. 바이오 연구원들의 임금수준이 일반 기업체에 비하면 턱없이 낮아요. 기초과학, 기초의학에 대한 장기투자로 백신이나 치료제를 만들 수 있는 의학 수준을 확보해야 합니다. 기초학문을 하는 사람들이 그 분야에 계속 종사할 수 있도록 투자해야 합니다.

문 바이오산업을 위해서 국민의 질병 데이터를 축적하고 분석하는 체계도 만들어야 하지 않을까요?

이낙연 질병 데이터를 축적하고 분석하는 질병통계센터가 반드시 필요합니다. 개인 의료정보가 축적되어 있으니 개인정보 보호를 침해하지 않으면서도 좀 더 효율적으로 데이터 축적과 활용이 가능한 플랫폼을 구축해야 하는 과제가 있습니다. 환자의 병력, 유전자 형태, 검사 자료, 치료 결과 등 종합적인 데이터가 미래 국가자산입니다. 실제 건강보험공단의 의료 데이터를 이용하려면 연구자가 직접 데이터센터에 가야만 열람할 수 있으니 시간이 엄청 많이 걸리고 아주 불편하다고 합니다. 바이오산업을 한국의 미래전략산업으로 꼽은 이유는 바이오 헬스 분야가 세계적 플랫폼 기업에 아직 편입되지 않고 남아 있는 분야이기 때문입니다. 건강 정보가 한국처럼 잘 파악되어 있는 곳이 없어요. 플랫폼 기업이 성공하려면 데이터를 확보해야 하는데 다른 국가에서는 바이오 헬스 분야의 데이터 확보가 지체되고 있습니다. 한국의 강점을 가장 잘 살릴 수 있는 분야가 바이오 헬스 산업입니다. 지금이 개인의 의료정보를 단순 질병코드를 넘어 평생 건강관

건강 정보가 한국처럼 잘 파악되어 있는 곳이 없어요.
플랫폼 기업이 성공하려면 데이터를 확보해야 하는데
다른 국가에서는 바이오 헬스 분야의
데이터 확보가 지체되고 있습니다.
한국의 강점을 가장 잘 살릴 수 있는 분야가
바이오 헬스 산업입니다.

리 차원에서 축적하고 총체적 데이터를 통해서 국민건강지표 관리는 물론, 바이오산업의 미래를 개척할 수 있는 준비 시간입니다.

중국은 모든 분야에서 한국의 신산업과 중복되며 차츰 우리 산업을 잠식하거나 추월하고 있습니다. 우리는 백신을 못 만들었지만 중국은 어쨌든 백신을 내놓았습니다. 우리로서는 충격적이지요. 중국이 얼마나 바이오산업에 집중적으로 지원하고 있는지를 알 수 있습니다. 그래도 바이오 헬스 분야는 중국이 우리를 따라오려면 어느 정도의 시간이 필요합니다. 중국은 의료인들에 대한 처우가 엔지니어보다 조금 나은 정도입니다.

특히 의료의 본질은 돌봄인데, 중국의 대륙 문화가 돌봄의 섬세함과 맞지 않는다고도 하지요. 중국의 중산층 엄마들은 서울에서 애를 낳고 산후조리 받는 게 꿈이랍니다. 서울에선 중국과 달리 필요한 걸 다 해주거든요.

대부분의 사회주의 국가들이 의료 서비스는 별로 섬세하지 못합니다. 러시아 주재 한국 대사가 모스크바에서 근무할 때 모스크바의 제일 좋은 병원에서 맹장 수술을 하고 퇴원하는데 실밥을 안 뽑아주더랍니다. 집에 가서 큰 거울을 앞에 놓고 실밥을 자기 손으로 뽑다가 아파서 울었답니다. 사회주의 의료체계에서는 그건 의료가 아니라고 생각하는 거지요. 그에 비하면 우리 의료체계는 참 섬세합니다. 재작년

여름에 카타르 국왕이 서울을 비공식 방문해서 서울의 병원에서 건강진단을 받았어요. 카타르 국왕 정도면 세계 최고의 병원에 다닐 수 있을 텐데 서울에 온 이유는 바로 편안한 배려 때문이었겠지요.

문 앞서 감염병 국가책임제를 시행해야 한다고 했습니다. 공공병원이 감염병 전담병원으로 쓰이니 저소득층이 치료받기 어려운 처지에 놓였습니다. 일부 요양병원도 감염병 전담병원으로 지정되면, 입원해 있던 어르신들이 갑자기 딴 곳으로 옮겨야 합니다. 올해 공공병원 설립 예산은 없는데 민간의료 지원예산은 7천억 원입니다. 공공병원을 구축하기 위한 노력이 별로 보이지 않아서 걱정스럽습니다.

이낙연 우리가 방역공동체주의로써 성공적으로 방역한 것은 틀림없지만 공공의료체계가 불충분하다는 실상을 드러냈습니다. 전국 병상의 10퍼센트가 안 되는 공공병원이 환자의 90퍼센트를 감당하니 병상 부족으로 입원하지 못하는 환자들도 있었지요. 메르스 이후 국가지정입원병상도 제대로 늘리지 못했습니다. 공공병원 설립과 의사, 간호사를 비롯한 공공의료 인력 양성을 통해 감염병에 대비하고 평상시에는 저소득층 치료를 맡는 방식이 도입되어야 합니다. 이번 팬데믹은 사회 불평등을 심화시켰어요. 공공병원 중심의 감염병 대처가 취약하면 엄청난 경제적 손실을 초래할 뿐 아니라 사회적 약자들을 막다른 골목으로 내몹니다. 감염병 국가책임제는 포스트 코로나 시대를 대비해서 공공병원 설립, 공공의료 인력 확충, 의료장비 확충 등을 포함합니다. 이번 코로나는 우리 사회의 맹점을 드러나게 했습니다. 사회불평등, 중소상공인 들의 위기, 공공의료체계의 미비가 그것입니다. 이 세 가지를 해소하는 것이 당장의 과제이면서 향후 30년 미래의 기초를 닦는 겁니다.

봄을 잃어버렸네 – '기후에너지부' 설치

한쪽에서는 신재생에너지 시설이 들어서고 또 다른 곳에서는 석탄발전소가 들어서고 있다. 산비탈과 못에 태양광 시설이 들어서고 큰비에 무너져 내리기도 한다. 탄소배출 제로와 신재생에너지 확충, 원자력 발전소 폐기는 서로 맞물려 있다.

문   현재 독일은 원전 폐기 쪽으로 가고 있고, 프랑스는 원전 유지정책을 쓰고 있습니다. 에너지 정책은 어떤 방안으로 가는 게 효율적입니까?

이낙연 에너지 연착륙이 무엇보다 필요합니다. 원전 의존율을 점진적으로 낮춰가는 과정이 중요하지요. '재생에너지 3020 정책'이라고 해서 2030년까지 재생에너지 비율을 20퍼센트까지 올리겠다는 계획이 성공하기 위해서는 사회적 합의가 필요해요. 신재생에너지를 위해서 산을 깎고 못에 태양광 필름을 까는 일은 제한해야 합니다. 친환경에너지가 자연보호라는 근본 가치를 훼손해서는 안 되니까요. 자연과 인간은 이제 평등한 계약을 맺어야 합니다. 우리는 친환경에너지, 신재생에너지를 추구하기 위해서 자연을 인간처럼 존중하는 상호계약을 맺어야 합니다. 더 이상 자연을 훼손하지 않는다는 공존의 약속이지요. 자연환경을 파헤치면 그것은 결국 인간을 파괴하는 악순환이 됩니다.

문　기술축적과 해외수출 등에 있어서도 원자력 기술은 소중합니다. 고리 1호기는 한국 최초 원자력 발전소이고, 월성 원전 1호기는 국내 최초의 가압중수로형 원자력 발전소입니다. 현재 고준위 방사성 폐기물은 저장고에 거의 차 있는 상태입니다. 전문가들이 가동 중지된 원자력 발전소를 해체하는 데만 1조 원가량이 든다고 합니다. 가동이 중단된 원자력 발전소는 우리나라 에너지원의 역사이기도 합니다. 고준위 폐기물 차폐를 완벽히 한 다음 두 곳을 원자력박물관, 원자력산업 전시관으로 활용하는 방법은 어떻습니까? 역사적 기록이며 문화이기도 하니까요.

이낙연　그 제안은 전문가들이 검토해서 적극적으로 시행할 만합니다. 경복궁 앞을 가로막은 중앙청을 해체한 것은 우리의 아쉬운 이력입니다. 역사의 치욕이지만, 아니 오히려 치욕이기 때문에 다른 곳에 옮겨서라도 일제강점기 식민지 청사라는 흔적을 남겼더라면 어땠을까 생각합니다. 원자력박물관을 방사능 차폐에 대한 기술적 문제를 가능하도록 해서 시도해야지요. 그것과 함께 원자력 안전에 대한 연구도 할 수 있겠군요. 또 지역 어르신들이 박물관에 취업하는 효과도 있을 수 있습니다. 외국에서는 박물관, 미술관에서 어르신을 많이 고용하지 않습니까? 해외수출을 위한 전시관 용도로도 바람직합니다.

문　한반도가 뜨거워지고 있습니다. 100년 전에는 사계절 가운데 겨울이 가장 길었는데 이제는 여름이 가장 길어졌어요.

이낙연　기상청을 확대 개편해서 일기예보에서 더 나아가 한반도의 기상이변과 탄소제로, 기후위기에 대처하는 전진기지로 가칭 '기후에너지부'를 만들어야 합니다. 에너지 연착륙이 순탄하게 이루어져야 기후위기를 극복할 수 있습니다. 기상청의 〈한반도 기후전망보고서 2020〉에 따르면 탄소배출을 최소화하지 않을 경우 2041~2060년에 기온이 섭씨 3.3도 오른다고 합니다. 2100년에는 섭씨 7도까지 오를 수 있다고 합니다. 눈보라도, 진눈깨비도 없고 가을의 단풍도 없이 이 땅에는 봄과 여름만 남아 있게 됩니다. 탄소제로 운동은 정책목표입니다. 전 세계적으로 일어나고 있는 폭염과 폭우현상이 한반도에도 나타나고 있습니다. 자연재해 같지만 사실은 인공재해이지요. 강원도의 산불, 오스트레일리아와 시베리아, 캘리포니아의 산불은 나무가 살 수 없는 곳에 사람도 살 수 없다는 경고를 하고 있습니다. 미세먼지는 무엇보다 어린이, 노약자들에게 치명적인 위협입니다. 한국은 지금 황사현상으로 봄을 잃어버리고 있어요. 동북아시아 국가가 공동으로 기후행동기구를 만들어 기상센터 운영 등 몽골과 중국 내륙의 사막화 문제를 해결하기 위한 국가 간 협약을 맺을 생각입니다.

경제적 디딤돌
이익공유제

문   이익공유제, 미래사회의 하나의 화두이기도 하고 뿌리만 내린다면 공동체 전체의 안정과 발전을 가져올 수 있다는 기대감이 듭니다. 사회구성원들이 공동으로 참여해서 공동이익이 되는 사례는 어떤 것이 있습니까?

이낙연   이익공유제는 두 가지가 있습니다. 하나는 이미 시행 중인 사회연대기금입니다. 2015년 한중FTA(자유무역협정)를 계기로 만들어진 농어촌상생협력기금이 실례입니다. 중국과의 무역에서 이익을 내는 기업들이 일정하게 출연해서 그 돈이 농어민들을 위해 쓰이도록 하는 것입니다. 이것은 밸류체인 value chain 바깥의, 그러니까 특별한 협력의 틀 안에 속해 있지 않은 경제주체들이 이익을 공유하는 방식입니다. 또 하나는 시범사업으로 하고 있는 협력이익공유제입니다. 밸류체인 안의 경제주체들, 그러니까 대기업과 중소기업, 프랜차이즈 본사와 가맹점, 플랫폼 기업과 협력업체 사이에서 이루어지는 일이죠.

문   지금까지 별로 체감하지 못해서 낯설기도 합니다. 서로에게 이익이 될 수 있고 공평하게 분배하는 납득할 만한 방법이 있을까요?

이낙연   그럼요. 이익공유(profit sharing)라고 하면 뺏어가는 느낌인데 사실 국제적인 공용어입니다. 2016년 힐러리 클린턴의 미국 대선공약에 'profit sharing'이 들어가 있었지요. 2017년 한국 대선에서는 문재인 대통령의 선거 공약에도 들어가 있습니다. 그때는 '협력이익 공유'라는 말로 들어갔죠. 특기할 것은 사회민주주의랄까 또는 공동체가 좀 더 강조되는 유럽에서 이것이 시작된 게 아니라 흥미롭게도 자본주의의 본산인 미국, 영국에서 시작됐다는 것입니다.

　　미국의 모토로라, IBM, 도미노피자, 그리고 특히 할리우드에서 그랬지요. 할리우드 초기 영화 제작사들이 이익을 독점하지 않고 영화 배급사 또는 배우 등과 목표이익을 정하고 그 목표이익을 달성하면 이익을 나누는 방식을 만들었습니다. 그것을 사회주의적이라고 말할 수 있겠습니까? 오히려 시장자본주의에 더 철저한 미국과 영국에서 그 시장자본주의의 영양제로 이익공유를 시작했다고 보입니다. 국내 대기업들도 많이 합니다. 삼성의 PS(Profit Sharing) 제도는 회사의 이익이 일정한 수준 이상 나오면 종업원들에게 주식을 주면서 처음에 자리 잡았지요. 그러면 그 회사에 대한 애정이나 소속감이 더 강해지지 않겠습니까? LG, SK도 사회적 투자를 많이 합니다. 그것을 좀 더 강한 인센티브를 주면서 확산되도록 하자는 거예요. 지금은 10퍼센트의 세액공제를 주고 있는데 더 늘려도 되지 않겠느냐는 논의가 있습니다.

문　우리나라 취업자가 2,650만 명. 이 가운데 자영업자들이 542만 명입니다. 통계적으로 20퍼센트가 넘죠. 이들 자영업자들이 저소득층으로 내려앉고 있습니다. 직장인들도 퇴직한 뒤에 할 수 있는 건 식당, 치맥집입니다. 그러니 동종업 간에 경쟁도 치열해집니다. 이들의 희생으로 K방역이 성공적으로 진행되어왔습니다. 정부의 손실보상제도, 이익공유제가 이들의 짐을 얼마나 덜어줄 수 있습니까?

이낙연　그런 제도에 좀 더 정확하게 이름을 붙이자면 영업제한손실보상입니다. 정부가 방역을 위해서 영업을 금지하거나 제한하는 업종, 또는 업주의 손실을 일정 부분 보상하자는 취지이죠. 헌법정신의 원칙에 맞죠. 그런데 재정이 어떻게 감당할 수 있을 것인가 하는 어려움이 있습니다. 식당이라면, 업주의 최소한의 인건비랄까 생활비가 있어야 할 거 아니에요? 그 기준을 최저임금으로 잡자는 주장이 있고 생활임금

(최저임금+α)으로 잡자는 주장이 있습니다.

　　민병덕 의원의 추산에 따르면 손실보상으로 임차료, 재료비, 인건비 위에 생활임금을 얹어 지원할 경우 한 달에 총 24조 원이 듭니다. 엄청난 비용이 드니 큰 고민이지요. 앞서 설명한 이익공유제를 다시 부연하자면 몇 가지 다양한 분류가 있어요. 목표이익공유라는 개념은 목표이익을 정하고 그 수준을 넘는 이익을 공유하자는 것입니다. 그만큼 회계도 투명해져야지요. 협력이익공유는, 협력해서 생기는 이익은 나누자는 것입니다. MB정부 때는 초과이익공유제가 있었고 지금은 협력이익공유제가 있습니다.

문　그게 제도화되어야 하지 않겠습니까? 선의에 기댈 수는 없지요. 앞으로도 코로나바이러스 같은 감염병이 유행할 경우의 기준이 될 수 있도록 시스템을 만들어야 하겠습니다.

이낙연　그럼요. 지금은 협력이익공유제에 참여한 주체에 공공기관이 많고 사기업이 적어요. 사회연대기금 방식은 참여율이 더 적고요. 그래서 앞서 말했듯 세액공제 10퍼센트의 인센티브를 더 높이자는 논의를 하고 있습니다. 상생 연대가 틀이 잡히고 확산되도록 하자는 것이 이익공유제의 출발입니다.

　　실제로 작년에 마스크 대란 때 우리가 이것을 신속히 극복할 수 있었던 것이 바로 이익공유 덕분이었습니다. 대기업과 중소기업 상생협력사업이라는 게 있어요. 그전에 마스크 생산을 하지 않던 종로구 창신동·숭인동, 중랑구에 있는 봉제

공장이 시설을 개조해서 마스크를 만들었고 그것을 예를 들어 삼성전자의 스마트공장 지원사업을 통해 대량생산체제로 돌렸죠. 진단키트 업종도 마찬가지입니다. 대중소기업 상생협력사업에 따른 스마트공장 가동으로 순식간에 대량생산이 가능해진 겁니다.

문   대기업과 중소기업의 이익공유는 어떻게 하는 겁니까?

이낙연 방법은 다양하지요. 하나의 사례를 들자면 대기업이 중소기업에 시설 등을 무상으로 지어주고 정부는 참여한 대기업에 인센티브를 주는 겁니다. 공장 시설의 소유권은 당연히 중소기업에 있지요. 대기업과 중소기업의 상생이 가능한 관계를 좀 더 지속 가능한 틀로 만들어보자는 것입니다. 그러면 정부가 해야 할 것을 왜 민간한테 넘기느냐는 공격이 있는데 그렇지 않아요. 인센티브는 정부가 세제 혜택으로 지원하니까요. 여기서 기업을 평가하는 ESG 제도가 아주 중요합니다. E는 환경(Environment), S는 사회(Society), G는 거버넌스(Governance), 즉 지배구조를 말합니다. 어떤 기업이 환경이나 사회, 지배구조 개선을 위해서 투자를 하고 성과가 있었는지 객관적인 평가를 반영하는 겁니다. 이번에 무디스가 우리나라의 ESG에 최고등급을 매겼습니다.

국민연금의 기업투자에도 바로 그런 기준이 반영됩니다. 국민연금이 어떤 기업에 투자를 하느냐, 마느냐를 결정할 때에 ESG 평가를 우선적으로 참고합니다. 기업이 환경을 위해서 또는 사회를 위해서 기여하고 있다면 기꺼이 투자하겠다는 겁니다. 이것을 앞으로 공공조달에도 적용하는 방법을 검토하고, 조달청에서 구매할 제품을 결정하는 데도 ESG 평가를 우선적으로 고려하자는 것입니다. 실제로 미국이나 유럽의 금융기관을 비롯한 투자 기관들이 ESG 투자를 해요. ESG 투자가 그렇지 않은 투자보다 수익률이 높다는 조사결과도 있습니다. 이익공유제의 연착륙을 가능하게 하는 방법이지요. 그것은 탄소저감운동에도 많은 도움을 주게 됩니다. 이익공유제는 사회적인 투자와 윤리적 경영을 포함하는 ESG 제도를 활발하게 합니다. ESG 제도를 활용하면 기업들의 사회공헌도를 높일 수 있고, 기존의 하청, 재하청에 따른 중간착취를 해소하는 데도 도움이 될 것입니다.

금융위원회는 2030년까지 전체 코스피 상장기업의 ESG 정보 공시를 의무화하기로 했습니다. 이를 비판하는 사람들은 기업의 사회공헌이라는 덕목을 외면하는 것입니다. 이익공유제의 핵심 중의 핵심은 ESG 제도입니다. 국민연금에서 시작했지만 국민연금뿐 아니라 다른 연기금 투자에도 반영할 수 있습니다. 국민연금의 경우에는 자체 위원회인 국민연금 기금운용위원회에서 결정하면 되고 그 위원장이 보건복지부 장관이에요. 공공조달에 이 제도를 도입하려면 조달법 개정이 필요합니다. 그것을 누가, 왜 반대하겠습니까?

대변동시대의 자세는 배려와 관용 – 행복의 옆얼굴

문   일본은 잃어버린 30년을 보냈습니다. 현재 우리도 불가피하게 재정지출이 늘고, 돈이 너무 많이 풀리고 있습니다. 〈북국의 봄〉을 부른 센 마사오가 한때 수백억 부동산 회장님 소리를 듣다가 부동산 거품이 꺼지자 빚더미에 내몰려서 맥줏집에서 노래 부르고 거리에서 시디를 팔았답니다. 부동산은 거품처럼 솟아오르는데 혹시 급등하고 있는 부동산이 잃어버린 30년의 시작이 될까 하고 걱정하는 사람들도 많습니다. 어떤 정책이 부동산 연착륙을 하게 할 수 있을까요?

이낙연 부동산 가격의 폭등을 막고 부동산 시장을 안정시켜야 합니다. 돈이 부동산에 몰리지 않도록 관리해야 합니다. 그러기 위한 방법의 하나로 공공주택을 다양한 형태로 공급할 생각입니다. 생애 첫 주택 구입에 대해서는 주택담보대출비율(LTV) 등 대출규제를 완화하되 다른 경우에는 대출규제를 유지했으면 합니다. 2.4 부동산 대책 이후 부동산 시장이 매매와 임대차 모두 안정되고 있는 것은 그나마 다행입니다.

문   비대면 사회가 지속되면서 존재의 고독과 소외 문제도 더 심해지고 있습니다.

이낙연 이제까지는 경제정책이 소득이나 주거 중심이었습니다. 앞으로 국민들의 욕구는 노동, 교육, 의료, 돌봄, 환경 등으로 광범위해지고 다양해집니다. 그것에 국가나 지자체가 부응해야 할 때가 왔죠. 사람들의 욕구가 소득, 고용을 넘어 더 다양해지고 있다는 뜻이죠. 그것을 행복의 옆얼굴이라고 해야 할까요? 내면으로 느끼는 충족감을 중요시하는 방향으로 가고 있다면 복지 분야도 그에 대한 준비를 해야지요. 지금까지 정책은 물질적인 분야를 중시했지만 이제부터는 국민행복을 증진하는 방향으로 나아가야 합니다. 4차산업혁명의 거대한 물결에 적응하고 이를 활용하는 교육과정이 있어야 해요. 정신건강을 돕는 활동도 동시에 실천할 수 있는 방향으로 가야 합니다.

문　4차산업혁명을 맞아 우리의 정신도 뭔가 변하고 있는데 아직 정체를 알기 어렵습니다. 세상이 아무리 변해도 바뀌지 않는 인간 존재 자체, 인류에 대한 기본적 관점은 무엇인가요?

이낙연　대변동시대에 다시 중시되는 태도는 배려와 관용입니다. 미국에서 트럼피즘을 누르고 바이든 대통령이 당선됐다는 것은 민주주의 회복에 대한 미국인의 갈망을 보여주고 있습니다. 트럼프 대통령은 국민의 분열을 감수하면서도 확실한 지지자들을 중심으로 정치를 펴기 위해 국민들을 피아彼我로 확연하게 구분하려고 했던 데 비해, 바이든 대통령은 회복과 배려, 단합을 강조했습니다.

　회복과 화합이 지금 우리에게 요청되는 정신이고, 연대와 공유로 미래의 평화를 열어가는 도상에 우리는 서 있습니다. 앞에서 이야기한 것처럼 십전일승의 사회적 분위기로 청년들의 도전이 쉬워지게 해야 하고, 앞으로 30년간을 대비해서 대학을 이용한 십년일기, 십 년에 하나의 기술을 익히는 체제를 구축해야 합니다. 그 근거에는 타인의 얼굴을 연민의 시선으로 바라보는 정신이 있어야지요.

문   디지털 시대의 소용돌이 속에서 4차산업혁명에 걸맞은 정부 조직 개편이 필요할 수밖에 없겠습니다. 혁신 경쟁이나 디지털 경쟁 앞에서 어떤 기준을 가지고 새롭게 짜야 할까요?

이낙연   부동산이 국가의 역할에 대한 국민의 신뢰를 좌우할 만큼 민감한 문제가 되어 있습니다. 비상한 태세로 대처해야만 합니다. 주택 문제에 집중적, 지속적으로 대처하기 위해 정부 조직을 합리적으로 개편할 필요가 있습니다. 국토교통부를 주택·지역개발부와 교통물류부로 분리하는 방안도 대안의 하나가 될 수 있다고 생각합니다.

예전에는 주택정책이 경기대응 수단으로 취급되곤 했지요. 그러나 이제는 주거복지, 부동산 시장 안정화와 부동산 자산 불평등 완화에 기여하도록 정책을 펴야 합니다. 주택정책을 주택부가 더 주도적·독립적으로 입안, 확정, 집행하도록 해야 합니다. 그렇게 꾸준히 하면 주택 문제는 잡힐 것입니다.

문   지금까지의 정부 부처는 대부분 4차산업혁명 이전의 구조로

경직되어 있습니다. 21세기는 이합집산의 사회입니다. 빠르게 모였다가 과제를 마치면 흩어져 새로운 과제로 집중하는 관료체계가 먼저 준비되어야 하지 않을까요?

이낙연 우선 환경 분야와 에너지 분야를 합쳐야 한다는 의견이 있습니다. 과학기술과 산업을 붙이면 어떤가, 과학기술과 교육을 붙이면 어떤가 하는 의견도 있습니다. 공공보건과 복지를 분리하는 게 낫지 않은가 하는 의견도 나옵니다. 기준은 오직 미래 한국을 준비하는 관점이 되어야 하고 이에 따라 정부조직 전체를 짜임새 있게 재구성해야지요. 국가교육위원회의 설립 문제도 기존 교육부와의 역할 분담을 어떻게 할 것인지의 문제가 있습니다만, 50여 년 동안 변화하지 못했던 교육 분야가 4차산업혁명 앞에서 대전환해야 한다는 것은 분명합니다.

그리고 무엇보다 공직자의 근무 평가 방법도 새로운 변화에 맞게 조정해야 조직이 젊어집니다. 새로움을 추구해야 합니다. 새로움은, 과거의 지혜를 받아들이고 미래를 향해 구성원들이 화합해 나아갈 때 비로소 가능합니다.

문 정부 3대 중점 산업이 미래형 자동차, 비메모리 반도체, 바이오산업이라고 했습니다. 이 가운데 바이오산업은 의학, 농업, 식품, 수산업과 다 연관이 있습니다.

이낙연 그렇죠. 우리가 미래전략산업으로 3대 분야를 정한 건 시의적절합니다. 저는 여기에 더해 백신, 디지털, ESG 등 3대 영역에 정책 역량을 모을 것입니다.

첫째, 코로나19 팬데믹은 '백신 주권'이 얼마나 중요한지를 일깨웠습니다. 선진국들이 백신·제약 분야에 수조 원을 투자하는 동안 우리는 2000억 원가량 투자에 머물러왔습니다. 이제는 상황이 달라졌습니다. 팬데믹은 이번 한 번으로 끝나지 않을 것입니다. 언제 또 닥칠지 모를 위기를 기회로 만들 준비를 해야 합니다. 반도체의 삼성전자처럼, 백신과 제약에서도 글로벌 일류기업이 나오도록 과감하게 지원해야 합니다. 그러기 위해 이번에 또는 다음 정부에서 '대통령 직속 백신개발위원회'를 운영해야 한다는 게 저의 생각입니다. 백신·제약 분야에서 미국·영국·독일에 이어 4대 강국으로 올라서야겠습니다.

둘째, 디지털 전환은 4차산업혁명의 핵심입니다. 한국은 제조 강국을 넘어 디지털 신기술을 입힌 제조 최강국으로 발전해야 합니다. '메이드 인 코리아Made in Korea'에서 '뉴 메이드 인 코리아New Made in Korea'로 도약하는 것이 우리 목표입니다. 인공지능, 빅데이터, 클라우드의 디지털 전환에서 세계를 앞서가야 합니다. 디지털 전환을 통해 청년 일자리를 많이 만들 수 있을 것입니다.

셋째, ESG, 즉 환경, 사회책임, 지배구조는 세계 경제의 새로운 패러다임입니다. 기후변화는 양적 성장에서 질적 성장으로의 전환을 재촉하고 있습니다. 지구를 살리는 환경정책

과 노사화합의 사회적 책임을 요구하고 있습니다. 최근 대한
민국 1호 '노사 상생형 일자리'인 광주글로벌모터스가 준공
됐습니다. 이처럼 노·사·민·정 협업으로 한국은 ESG 모델
국가, 선도국가가 될 수 있습니다.

　　김대중 대통령 때의 벤처투자로 오늘날 우리는 IT 강국이
되었습니다. 노무현 정부 때의 바이오테크 산업 육성으로 바
이오 강국이 되었습니다. 이제 코로나19 위기는 새로운 사
회경제 시대를 예고합니다. 전 바로 지금이 백신 강국, 디지
털 강국, ESG 선도국을 준비해야 할 때라고 봅니다.

문　지금 고졸 출신 알바생들이 대졸 출신 알바생들 때문에 알바
　　를 못 구한답니다. 실업계 고졸자 열 명 중 세 명이 취업했습
　　니다. 16개 공기업에는 고졸 취업이 전혀 없었습니다. 가이
　　드라인은 고졸 취업이 20퍼센트인데 전혀 지키지 않습니다.

이낙연　우리 사회가 지향하려는 모습을 공기업이 모범을 보이지 않
　　으면 누가 하겠습니까? 장애인 의무채용, 고졸 의무채용은
　　공기업이 지켜야 하고 그 대표가 가장 먼저 책임을 져야지
　　요. 요즘 고졸 출신 알바생들이 힘들다는 것을 압니다. 대학
　　생들이 취업이 안 되니 우선 알바 자리로 가는 거죠. 공기업
　　은 주인 없는 기업이라고 생각한다면 큰 잘못입니다. 앞으로
　　30년은 인간 존재의 평등함, 타인의 얼굴을 연민으로 바라
　　보는 신생명경제의 관점에서 나아가야 우리 공동체가 지속
　　가능해지고 대한민국이 치열한 국제사회에서 공간을 확보

합니다. '집에서 새는 바가지 밖에서도 샌다'는 우리 속담이 있어요. 지금까지는 이것을 눈감아왔거나 불공정구조가 하도 깊어서 수면 위로 드러나지 않았지요. 불멸의 직장이라는 공공기관, 공기업이 먼저 원칙을 지키지 않으면 누구에게 원칙을 지키라고 요구하겠습니까?

문   공직자는 손에 꽉 쥐고 있는 무엇을 놓아야 할까요? 정부 조직도 과거의 권한을 놓고 새로운 것을 쥐어야 하는데 조직개편의 대원칙은 무엇입니까?

이낙연 대원칙은 정부가 시대와 국민의 요구에 맞게 복무해야 한다는 것입니다. 정부조직을 그렇게 개편해야 합니다. 공공기관도 마찬가지입니다. 그렇게 조직을 개편하면서 규제의 권한을 줄이고 지원과 협력의 태세를 극대화하는 것이 필요합니다. 선출직과 임명직을 포함한 공직자가 직무상 비밀을 이용해 재산상 이익을 취득하는 것을 금지하고 사적인 이해관계에 처했을 때는 직무를 기피하는 기준을 엄격히 정하는 것입니다. 그리고 정책 제안, 정책 실명제를 실시해서 그 효과에 대한 인센티브를 주고 이를 연공서열보다 더 우선적으로 진급에 반영하는 제도를 도입해야 합니다. 정책 우선순위를 기후위기와 안전, 불평등, 저출생, 4차산업혁명 등에 놓고 주력할 수 있는 조직체계를 민첩하게 만들어야지요.

이익공유제를 말할 때 그는 얼굴이 환해졌고 때로 반대를 위한 반대에

는 딱하다는 듯 아쉬운 표정을 지었다. 공공기관의 무책임한 태도에 대해서는 목소리가 굳었고 표정은 '엄중낙연'의 모습이었다.

일자리, 플랫폼, 스타트업, 그리고 신현실주의 정책

문 앞으로 플랫폼 노동자들이 많아지면서 갈등도 많아질 것입니다. 1922년 11월, 서울의 인력거꾼 1천여 명이 파업을 합니다. 택시가 나오니까요. 그리고 거의 100년 지나 '타다' 문제로 택시 파업이 있었지요. 2019년에는 타워크레인 노조가 파업을 했습니다. 인공지능으로 움직이는 소형 타워크레인의 안전을 문제삼아 파업한 거죠. 결국 정부가 개입해서 소형 타워크레인의 기준을 정하고 3일, 20시간을 이수하면 운전자격을 딸 수 있었던 것에 실기시험을 도입함으로써 파업이 정리됐습니다. 이런 플랫폼 노동자들을 위한 정부의 조정이 중요한 이정표로 보입니다. 인공지능 일자리와 인간 노동자들의 일자리 다툼, 이것을 어떻게 조정할 수 있습니까?

이낙연 건설현장에서 일자리 로봇이 차지하는 비율은 아직 7퍼센트밖에 안 되지만 점점 늘어날 것이고 불가피하게 건설노동자와 인공지능 간의 마찰이 일어나게 될 것입니다. 궁극적으로는 노동자들이 인공지능을 부릴 수 있게 돼야 하지만 그 과정에 진통이 생길 것입니다. 단순반복적 노동을 포함해서 노동자들이 하기 힘든 또는 기피하는 일을 인공지능에 맡기고 노동자는 인공지능을 조종하는 쪽으로 가게 됩니다. 모든 자동화가 그런 과정을 거치게 될 것입니다. 그 과정에 소형 타워크레인 교육처럼 노동자들의 인공지능학습 등 선순환 학습 과정을 준비해야 합니다. 에너지 연착륙이 필요하듯 로봇과 인간 노동력의 갈등을 줄이는 일자리 연착륙을 준비해야 하는 시점입니다. 노동조합들도 지금 변화하고 있는 이 움직임을 외면해서는 안 됩니다. 경영자와 노동조합, 정부가 로드맵을 준비해야 합니다. 추세를 막을 수는 없지요. 이 흐름에 올라타고 미래로 나아갈 수 있는 기반은 사실 아날로그적입니다. 상생과 신뢰이지요.

문 노동자들이 인공지능을 부리는 위치로 가게 되면 일자리는 훨씬 줄어들고 맙니다.

이낙연 노동의 대분화가 일어날 수밖에 없지요. 십년일기의 기술교육 체계를 마련해서 기업과 대학, 기능직 노동자들이 함께해야 합니다. 지금 은행점포가 막 없어지고 있어요. 인터넷 은행이 생겼습니다. 이 흐름은 거대한 추세이고 우리는 이를 최대한 충격 없이 흡수해야 합니다. 요즘 미국 청소년들이 신드롬처럼 몰두하는 게임이 로블록스입니다. 아홉 살부터 열여섯 살 정도까지 청소년들이 여기 들어와 자신의 아바타를 만들어 게임도 하고 친구도 사귀곤 합니다. 여기서 스스로 만든 게임으로 돈도 벌고 가상 콘서트도 합니다. 팬데믹 세대에 적합한 플랫폼이죠. 가상세계가 청소년에게 먼저 찾아왔지요.

그러나 분명한 것은 가상현실, 가상세계는 제조업의 신기술 없이는 불가능하다는 것입니다. 따라서 정책적으로 지향하는 바는 디지털 시대의 준비이지만 그것을 위해서라도 제조업의 역량을 강화해야 합니다. 저는 이 정책을 신현실주의 정책이라고 부르려고 합니다. 간략히 설명하면 4차산업혁명과 제조업의 신기술을 결합하도록 정책적으로 유도하는 것입니다. 제조업이 없는 가상현실 세계는 신기루로만 끝나기 쉽지요. 가상현실과 현실이 뒤섞이는 미래에는 제조업의 신기술이 강화될수록 노동자의 생활에도 현실적인 안정이 있으리라 기대됩니다.

문 플랫폼에 고용되어 수입도 지위도 불안정한 노동자들을 보호하는 방안이 있습니까?

이낙연 직업교육 기관들이 전국에 수백 개 있습니다. 폴리텍대학도 있고요. 그 교육 내용의 전환이 늦어지고 있는데 새로운 직업환경에 적응하도록 신속하게 바꿔야 합니다. 취업지원제도가 올해 시행돼서 수십만 명이 신청하고 있습니다. 일정 준비 기간 동안 월 50만 원씩 지원하는데, 직업훈련기관, 직업교육기관에서 필요한 기술을 익히는 과정이 있어야 합니다. 취업데이터를 전국망으로 확대해서 학력과 경험, 거주지, 통근거리, 희망업종을 입력해 바로 다른 직장이 구해지는 플랫폼을 준비해야 합니다. 취업에 필요한 소양교육도 연계하는 원스톱 서비스가 가능해지도록 말이지요. 직업 또는 직장이동이 편해지도록 지원해야 합니다. 다른 직장을 구하는 사이의 실업인 마찰적 실업 기간을 짧게 하는 것, 이것도 우리가 당장 해야 할 일입니다. 인간의 수명은 자꾸 길어지는데 직업의 수명은 짧아만 집니다. 한 사람이 평생 동안 여러 개의 직업을 가질 수밖에 없게 되니 직업전환 기간을 십 년 단위로 나누고 효과적으로 선택할 수 있게 해야 합니다. 현재 판교에는 진로상담을 인공지능이 하는 곳도 있습니다. 아날로그 시대의 법을 변화하는 현실에 맞게 수정하고 규제를 최소한으로 유지해야 합니다.

이제 세계는 광속도로 바뀌는데 정부조직과 법은 과거를 고수하고 공직자들은 이 제도를 바꿀 생각이 없다. 그들에게는 과거가 편하니까. 대표적으로 K팝이 세계적이라고 다들 동의하면서 K팝 학교를 한국에 못 세운 까닭도 구식 법 때문이었고 결국 캘리포니아에 세울 수밖에 없었다. 현행법에 민간인은 온라인 학교를 설립하지 못하게 되어 있다. 또 외국어와 예술 중점 교육도 못 하게 되어 있다. 한국인은 국내 법인으로는 외국인 국제학교 설립이 현행법으로 불가능하다. 영어, 중국어 등 외국어를 주된 교육으로 하는 대안 학교 설립도 불가능하게 되어 있다. 학원으로는 설립할 수 있지만, 그러면 유학생 비자 발급이 안 되니 해외 청소년들이 한국에 올 수 없다. K팝 스쿨에 들어가고 싶어 하는 전 세계 젊은이들을 결국 그런 규제가 없는 미국에 보낼 수밖에 없는 이런 상황을 파악해서 4차산업혁명에 맞도록 바꿔나가야 한다.

문   애플의 주식으로 우리나라에 상장된 모든 주식을 다 살 수 있을 정도로 플랫폼의 가치는 대단해졌습니다. 구글, 페이스북, 아마존, 마이크로소프트, 이 플랫폼들이 수익의 90퍼센트를 가져가요. 유럽연합은 디지털 서비스법을 도입해서 세금을 매긴다고 합니다. 그러면 또 미국이 보복관세를 매길 수도 있을 텐데 이런 플랫폼들이 국내에서 불공정경쟁을 할 때 제재하는 방안은 무엇입니까?

이낙연 디지털 전환시대가 세계의 산업을 미국의 플랫폼 기업으로 예속시키는 과정이라는 비판적인 시각이 있습니다. 충분히 귀를 기울여야 하고 국내 플랫폼 사업자들이나 스타트업을 보호하는 장치를 마련해야지요. 또한 그런 일이 국내 플랫폼 기업과 파트너 사이, 대기업과 중소기업 사이에 벌어지지 않도록 해야 합니다. 개인의 데이터 사용에 대한 정보이용료를 포괄적으로 받을 수 있는 방안도 연구해봐야 합니다. 불공정 행위는 당연히 제재해야 하고 한국에서의 수익에 대해서는 당연히 세금을 내야 합니다. 또한 국내 자체 콘텐츠 제작이 활성화되도록 먼저 지원하는 것이 중요합니다.

문   우리의 경우에도 플랫폼 기업들이 MZ 세대에서 나올 것이라고 기대합니다. 4차산업혁명은 갑부의 순위도 완전히 바꾸고 있습니다.

이낙연 바로 MZ 세대들에게서 그런 비전을 봅니다. 산업혁명이 일어날 때마다 제일 많은 돈을 버는 분야가 따로 있었습니다. 1차산업혁명이 영국에서 시작됐을 때 돈을 많이 번 사람들은 면화 수입업자, 양모 수입업자였습니다. 가장 핵심적인 소재를 가지고 있는 사람들이죠. 2차산업혁명은 기계화예요 미국의 석유 기업들이 돈을 벌었죠. 록펠러 기업이 그때 생겼고요. 3차산업혁명은 반도체가 돈을 벌었죠. 한국이 그 덕을 많이 봤어요.

4차산업혁명은 누가 돈을 벌까요? 역시 제조 분야는 시스템 반도체가 빠질 수 없을 겁니다. 그리고 디지털을 장악한 플랫폼들이죠. 또한 자동차는 당연히 필수품이니까 탄소배출이 없는 미래차, 그리고 바이오입니다. 미국의 빅테크 기업, 즉 플랫폼 기업들의 이니셜을 모으면 '마가MAGA'가 됩니다. 마이크로소프트, 아마존, 구글, 애플. 이 마가가 트럼프의 슬로건 이니셜과 똑같습니다. '미국을 다시 위대하게 만들자(Make America Great Again)'입니다. 미국 사람들은, 트럼프가 다시 미국을 위대하게 만들지는 못할지라도 마가는 다시 미국을 위대하게 만들 수 있다(MAGA will MAGA)고 자신만만해하고 있지요. 이제 우리 청춘세대들에게 그 기회가 왔습니다.

문 전자상거래의 절반은 아마존입니다. 우리나라에도 작은 스타트업들이 있지만 빅테크 기업들과 싸워서는 못 이깁니다. 거의 생존을 건 싸움을 해야 하는데 국내에 들어온 외국 플랫폼의 독점을 줄이고 청년들의 공동 플랫폼을 지원하는 방법은 무엇입니까?

이낙연 부가가치를 만들어내는 새로운 요소들이 속속 생기고 있는데, 과세의 사각지대에 놓여 있는 게 사실이죠. 프랑스는 자국 내 모든 플랫폼 업체에 디지털세를 3퍼센트 매깁니다. 한국에서 각 데이터의 일차적 권리는 데이터를 생산하는 측에 있습니다. 한국에서 이용하는 데이터를 활용한 수익에 부가가치세를 매겨서 그 재원으로 청년들의 플랫폼 사업과 스타트업 사업을 지원하는 방안을 마련해야 합니다. 현재 청년들의 디지털 스타트업 지원 제도가 있는데 창업 당시의 지원 중심으로 되어 있죠. 그것도 충분하지 않아요. 스타트업의 성공 확률이 높지 않지만 도전할수록 실패 확률이 낮아지고 있습니다. 실패의 경험 덕분이지요. 그런데 현장에서는 출생때만 도와주고 자랄 때는 왜 도와주지 않는가 하는 불만도 있어서 그것도 보완되고 있습니다. 대전 카이스트에 가보면 스타트업 기업들을 위한 방들이 줄지어 있어요. 싼값으로 이용할 수 있죠. 그런 것들이 최소한 혁신도시 주변에 마련되고, 그리고 대학 캠퍼스를 활용하는 쪽으로 확대되었으면 합니다.

예술의 역할과 그 울림 –
개미지옥을 허물어라

　업톤 싱클레어의 장편소설 『정글』은 시카고 정육공장에서 일하는 제3
세계 이민자들의 삶을 그린 소설이다. 『정글』은 시카고 정육공장이 얼마
나 비위생적이며 노동을 착취하고 이민자들을 비인간적으로 취급하는지
를 드러냈다. 이 소설이 나온 뒤 정육공장 시설이 위생적으로 바뀌고 여
기에서 일하는 이민자들의 노동조건도 획기적으로 좋아졌다. 『정글』은
문학의 힘이 무엇인지를 보여준다. 조형물 〈소녀상〉도 일본군 위안부의
참혹상을 알리고, 일제강점기의 비인간적 행위를 증명하는 예술의 힘을
보여준다. 역사를 예술로 접근하고 해석할 때 그 울림은 크고 오래간다.

문　〈소녀상〉은 예술이 얼마나 중요한가를 보여줍니다. 〈소녀상〉
　　은 일제강점기의 비인간적인 행위를 어떤 설명도 없이 증명
　　했으니까요. 예술가들의 역할은 이처럼 결정적입니다. 앞으로
　　창작콘텐츠가 중요한 지식재산권(Intellectual Property Right, IPR)
　　인데, 국내 플랫폼 대기업과 계약을 맺은 창작콘텐츠 제작자
　　들의 조건은 개미지옥에 가깝다고 합니다. 창작자의 권리를
　　국가에서 보호해야 하지 않겠습니까?
이낙연　창작노동자들, 이를테면 중소 아티스트들, 독립 PD들은 노
　　동조건이 더 나쁩니다. 플랫폼 기업들이 파트너 기업들과의
　　이익공유에 나서고 있는데, 개개인 창작자들과의 관계는 아

직까지 그만큼 진척이 안 되고 있고 고용보험도 거기까지 못 가고 있습니다. 창작노동자 보호 장치가 전속 관계를 전제로 하거든요. 플랫폼 노동자들은 전속성이 약하죠. 플랫폼 기업 육성도 중요하지만 카카오, 네이버 같은 큰 기업들이 창작자들과 동등한 관계를 유지하도록 공통적인 표준계약을 지켜야 합니다. 국가에서 창작자들의 권리를 보호하기 위해, 창작자들이 플랫폼과 동등하게 계약할 수 있도록 기준을 정하고 조정해야 합니다. 콘텐츠 없는 플랫폼이 무슨 의미가 있겠습니까? 그 문제를 빨리 해결하겠습니다.

문　　창작자들, 중소 영화제작사들도 개미지옥이지요. 할리우드의 이익공유제와 달리 우리 영화산업을 들여다보면 불공정 거래행위가 아주 많습니다. 영사기 사용료를 제작사에 떠넘기거나 영화관에서 중소제작사와 의논도 없이 무료초대권을 남발한다는 불만이 많더군요.

이낙연　할리우드가 전 세계적으로 커진 데는 이익공유제가 중요한 기여를 했는데 우리 영화산업이 이런 개미지옥을 계속하면 공멸합니다. 영화관에서 입장료 수입 정산을 늦추는 경우도 많아요. 대기업의 중소기업 진출 금지 업종을 설정한 것처럼 영화상영업과 배급업을 분리하는 게 바람직합니다. 독립 PD나 중소 영화사는 거의 침몰 위기에 놓여 있습니다.

　　상호평등한 계약서를 작성하고 이를 지켜야 합니다. 인간들이 모여서 사회를 이루고 국가를 만들어 그에 소속되는 이유는 이익공유가 본질입니다. 그렇지 않으면 뭐 하려고 세금을 내고, 공공규칙을 지키겠어요? 이익을 어느 정도 나누기 위해서 그런 것 아닙니까? 말하자면 함께 살기 위한 것이지요. 각자도생으로 가자, 나머지는 세금으로 알아서 해라, 하는 것이 얼마나 건조하고 비정한 방법입니까?

문　대기업들이 우리나라 스크린 극장의 92퍼센트를 차지하고 있습니다. 여기가 아니면 영화를 걸 수가 없어요. 예술은 다양한 가치를 보여주고 정서적 편 가르기도 승화시켜줍니다. 가치 있고 격조 있는 영화들을 볼 수 있는 기회가 줄어들고 있고 중소 영화사들은 도산을 앞두고 있지요. 더구나 팬데믹 시대에는 중소 영화제작자들을 위한 집중적인 정책지원이 정말 필요하다는 생각이 듭니다.

이낙연　영화와 공연 산업들은 코로나로 거의 치명적인 피해를 입었습니다. 예술인들은 먹고사는 것은 잊어버리고 창작에만 몰두할 수 있어야 되는데 그게 위협받고 있습니다. 제 학생 시절처럼, 굶지 않는 게 가장 중요한 일이어서는 안 되지요. 예술 콘텐츠 생산자와 플랫폼 사업자가 평등한 관계를 유지해야 합니다. 영화관이라든지 대기업 배급업체들이 영화 입장료 수입도 상영관 측에서 맘대로 유리하게 배분하지 못하도록 합리적인 계약서를 작성하는 원칙이 필요합니다. 플랫폼 시대에는 무엇보다 콘텐츠 생산자의 저작권을 보호하고 이를 어기지 못하도록 규정해두어야 합니다. 도종환 의원이

2016년, 영화 및 비디오물의 진흥에 관한 법률 개정안을 발의했지만 아쉽게도 사장되고 말았습니다. 대기업이 영화배급업이나 영화상영업을 겸업해서는 안 된다는 법안이었습니다. 대기업이 제작비를 대고 저작권을 영구적으로 빼앗아가는 짓은 강도 행위나 마찬가지입니다.

영화보증기금 설립 –
중소 영화사의 부활 발판

별들이 빛나는 밤하늘이 어두운 이유를 밝혀낸 사람은 천체물리학자가 아니라 소설가 에드거 앨런 포였다. 그는 밤하늘이 어두운 이유는 아직도 우리 눈에 도달하지 못한 별빛이 있기 때문이라고 했다. 예술가들의 상상력이 역사적 사건은 물론 4차산업이나 과학, 바이오 산업과 융합할 때 그 영향력과 감동은 단순한 과학기술의 영역을 넘어선다.

문   중소 영화사들이 영화를 만들 수 있고 상영할 수 있는 공간이 절실합니다. 기술보증기금도 있고 신용보증기금도 있는데 예술이나 영화 쪽은 보증기금이 없어요.

이낙연   무엇보다 주택보증기금처럼 영화제작에 필요한 자금을 지원 보증하는 기관이 필요합니다. 산업 분야는 다 보증기금기관이 있는데 영화 쪽에는 보증기금이 없었습니다. 늦었지만 영화보증기금 기관을 만들어서 중소 영화사들이 활발하게 제작에 나서도록 해야 합니다. 가장 약한 곳이 문화 콘텐츠입니다. 더 나아가 예술보증기금제도를 확립해야 합니다. 제가 총리 때 포르투갈 리스본의 바스코 다 가마 박물관에서 그 시대의 항해를 형상화한 조각 작품을 봤습니다. 여기에는 항해사와 문인이 반드시 등장하더군요. 해설자에게 "왜 문인이 배에 함께 탔습니까?"라고 물었더니 당시에는 그랬다고 합디다. 그래서 제가 "항해를 꿈꾸게 한 것은 문인이고, 항해를 가능하게 한 것은 항해사였겠지요"라고 했습니다. 해설자가 눈을 크게 뜨더군요.

문　정확한 해석이군요. 정확하면 비로소 멋있어지지요.

이낙연　『간양록看羊錄』을 쓰신 강항姜沆 선생의 현창비가 일본 오즈(大洲)라는 도시의 시민관 마당에 서 있습니다. 그 현창비 뒤편에 선생이 쓴 7언절구 한시가 있어요. 망향의 마음을 표현한 건데, 이런 구절이 기억납니다. '하늘을 날아다니는 배가 있었으면 좋겠네.' 비행기가 나오기 4세기 전의 이야기예요. 바로 그겁니다. 항해를 꿈꾸게 한 것은 문인이지요. 비행선의 선船 자가 배를 가리키잖아요. 그것을 강항 선생이 꿈꿨다니까요.

오전 10시에 만나 우리는 1월의 창밖을 가끔씩 바라보며 이야기에 빠져들었다. 「간양록」. 점심은 도시락으로 때우고 쉬는 시간에 가왕 조용필의 노래 〈간양록〉을 들었다. 마음은 바람 따라 고향으로 가는데 선영 뒷산에 잡초는 누가 뜯으리, 하는 이 노래는 드라마 〈간양록〉의 주제가였다. 일본에 주자학을 가르친 강항 선생의 『간양록』은 선생이 일본에서 보고 들은 풍속 지리 정세와 왜군에게 붙잡혀 가는 배 위에서 겪은 참혹한 모습도 기록하고 있다.

'둘째 형님의 아들 가련은 나이가 여덟 살인데 주리고 목말라서 짠 물을 마신 까닭에 구토 설사하여 병이 나자 적이 물속에 던지니 아버지를 부르는 소리가 오래도록 끊어지지 아니하였다.'

이낙연 간양은 양을 돌본다는 뜻인데 양羊 자 아래 큰 대大 자가 있는 게 아름다울 미美 자입니다. 아무리 아름다운 것도 먹을 것이 있어야 비로소 아름다울 수 있다는 뜻이 아니겠습니까? 양을 크게 키워야 아름답지요. 양에게 풀을 먹이는 게 선善입니다. 목숨을 기르는 일이 선이지요. 양을 크게 키워 아름답게 한 다음 그 고기와 털, 젖을 나누어 먹는 게 진眞 아닐까요?

영화는 무엇보다 아름다움을 추구합니다. 대기업 중심의 제작사와 영화상영관이 중소 영화사, 예술 콘텐츠 제작자와 함께 이익을 공유하는 시스템이 되도록 해야지요. 그래야 양이 커져 아름다움이 되지요. 다양한 가치가 성숙하도록 하는 데는 예술영화처럼 효과적인 게 없어요. 4차산업혁명시대, 문화 콘텐츠 제작자와 플랫폼의 관계가 이익공유의 관계가 되면 영화 〈기생충〉의 뒤를 잇는 좋은 영화들이 나올 것입니다. 예술영화, 독립영화를 상영하는 전용 상영관은 정부 예산으로 반드시 지원해야 하고요.

　　다른 분야에도 전부 통용되는데, 소수의 창작자가 점점 배제되는 세상이거든요. 원로 스님들 말씀에 따르면 심지어 산나물 종류마저 점점 줄어든답니다. 소수 나물이 사라진다는 거예요. 당신들이 어린 시절에 절밥을 먹으면서 자랐을 때 산에서 자라던 나물들이 사라지고 없다는 겁니다.

문　　다수와의 싸움에서 졌겠지요.

이낙연　그렇겠죠. 인간들이 그걸 보전하지 않고 먹기만 했기 때문이죠. 학문에도 문화예술에도 소수파가 점점 사라지게 됩니다. 독립영화나 예술영화도 마찬가지죠. 그것을 우선적으로 지켜나가고 보호해야 합니다. 그것도 우리 정신에서 하나의 영토입니다. 예술성 높은 비상업적 영화는 일부러라도 지켜나가는 것이 필요합니다. 프랑스 영화풍이 점점 사라지고 전 세계가 할리우드의 영화 식민지처럼 되어가는 것이 아쉽지요. 파리의 노천카페도 패스트푸드점에 밀려서 점점 없어지고 있답니다. 정부가 예산을 들여서라도 지켜야 하는 건 꼭 지켜야지요. 그 점은 전적으로 동의합니다.

새로운 시대를 여는 정신은
산소를 품어내는 나무처럼

문   대한민국의 미래 30년을 준비하기 위한 기초적인 과제들을
     살펴봤습니다. 미래 30년의 전체적인 설계는 어떤 모습입니
     까?

이낙연 법고창신, 온고지신의 지혜를 기초로 삼아 신기술의 세계를
     신문화로 열어야 합니다. 신복지제도를 구축하고 신경제주
     의, 신청년주의, 신현실주의를 사회 발전 구조로 삼아서 안
     전, 연대, 공유, 미래의 가치를 실천하고 나아가 국민의 평화,
     남북의 평화, 인류의 평화에 기여해야지요. 우리는 산소를
     품어내는 나무처럼 번성하며 나아가야 합니다. 그리고 중고
     생과 청년들을 위해 상상력과 과학기술을 융합하는 플랫폼
     체계를 마련해야 합니다. 구체적으로 10년 안에 달을 탐사
     하는 우주계획을 실현하고, 2050년 이전에 화성에 갈 수 있
     는 과학기술의 기반을 탄탄히 하고자 합니다. 이런 과정 속
     에서 대한민국은 아시아 최고의 나라가 될 수 있습니다. 통
     일 상태만 되어도 더 분명해집니다. 우리의 1인당 GDP, 1인
     당 국민소득이 지금의 싱가포르 수준이 된다면 전체 국력에
     서 일본을 능가하게 됩니다.

문   지금 팬데믹 사태로 수어가 TV에 많이 나옵니다. 청각장애
     인들을 위해 손 모양으로 의사표시를 하는 수어는 법적으로

한국어와 동등한 위치를 가지고 있습니다.

이낙연 우리나라에 한국어와 수어 두 개의 공용어가 있습니다. 모든 공공기관에서 수어 통역이 이루어졌으면 좋겠다는 생각입니다. 지금 청각장애인들은 30만 명 정도인데 초고령사회로 진입하면서 노인세대들의 청각장애가 빠르게 늘고 있어요. 특히 화재사고에서는 조기에 비상벨 소리나 대피 방송도 못 듣기 때문에 보청기 지원도 강화해야지요. 언어 세계가 넓을수록 우리의 사고 영역도 넓어집니다. 그런 점에서 저는 조기 언어교육을 너무 막기만 한 것에 조금은 회의적입니다. 우리말을 중요시하는 분들은 어릴 때 우리말 교육이 결정적이라고 주장도 하시는데 언어학습능력이 높은 시기에 우리말은 물론 수어, 다양한 외국어도 선택과목으로 가르치면 인식영역이 더 확대될 거라고 봅니다.

오매 단풍 들것네
뭐락카노 뭐락카노

문　그럼요, 언어는 존재의 집이라는데 집이 몇 채 있으면 좋지요. 요즘은 사투리도 사라지고 있어요. 집 한 채를 잃어버리는 것과 같습니다. 사투리는 표준말이 나타내지 못하는 뜻도 드러낼 수 있는데 많이 없어져버렸으니 살면서 느끼는 재미와 생각의 폭도 줄어들었겠지요?

이낙연 아쉽지요. 전국 사투리를 연구하고 보존하는 운동을 국립국어원 중심으로 활발히 전개하는 것이 바람직합니다. 예전에는 사투리 대회도 있었지요. 하이데거가 언어는 존재의 집이라고 했는데, 소박하게 해석해보면 존재가 말 속에 드러난다는 뜻이지요. 생각, 생활, 애환, 문화가 언어, 그것도 태어난 곳의 고향 말에서 시작합니다. 표준말이 표현할 수 있는 게 있고, 사투리만이 표현할 수 있는 게 있지요. 시에도 그런 사투리 표현이 있지요?

문 김영랑 시에 '오매 단풍 들것네' 하는 전라도 사투리가 있고 박목월 시에 '뭐락카노 뭐락카노' 하는 경상도 사투리가 있습니다.

이낙연 이런 말은 외국어로 참 번역하기 어렵지요. 어떤 정신과 의사의 말을 들으니 '답답하다'는 말이 한국어에만 있대요. 거 참, 답답한 일이죠? '힘들다'는 외국어에도 있는데 '답답하다'는 한국어에만 있대요. 그래서 고액 월급을 받는 사람들이 힘들다고 말할 수는 없지만 답답하다고 말하는 경우가 많아요. 지금 시대에 답답함이라는 한국어가 시대 상황을 드러냅니다. '신나다', '신들리다', '신바람'도 한국어에만 있는 것 같아요. 외국어로 번역하기 어려워요. '신들리다'는 '귀신 들리다'와 다른데, 잘못 번역하면 그렇게 되지요. 요즘 시대가 답답한 건 사실이지만 한국인은 신바람 나면 신들리게 잘하는 민족이니까, 이 현실을 잘 돌파해가도록 해야지요.

문　표준말을 기본으로 하고 사투리 활용이 많아지면 생각도 다채로워지고 표현도 넓어집니다. 너그러움도 많아질 것 같습니다. 사투리가 사라지면 순우리말도 자꾸 없어집니다.

이낙연　세계적인 추세죠. 언어제국주의가 있잖아요? 이 추세로 서기 3000년이 되면 영어와 중국어만 남을 거라는 극단적인 전망도 있죠. 언어가 사라지면 문화와 정신도 사라지지요. 특히 고유의 정신, 정서, 생활, 혼 같은 것이 사라지고, 사고 자체가 자꾸 균질화되어갑니다. 일본 홋카이도에 아이누족이 있는데 그 언어가 사라져가고 있어 그것을 연구하는 민간 운동 같은 게 있습니다. 오키나와 방언도 점점 사라지죠. 이른바 소수언어들이 사라져가고 있어요. 산나물 사라지듯.

우리말, 우리글은 영토와 같다. 사투리가 사라지면 우리 정신의 영토 일부를 잃는 것이 아닐까? 한국어와 동등한 위치를 가진 수어는 청각장애인을 위한 언어이기도 하지만 우리말을 움직임으로 표현하는 조형성을 지닌다. 한국어의 표정이 수어이다. 사투리를 쓰면 그 목소리 속에 언제나 고향 마을의 풍경이 담기듯이.

문　해리스 미국 부통령이 BTS 방탄소년단 계정을 팔로잉했습니다. 아미ARMY 회원들은 해리스 부통령이 BTS 팬이라고 난리였어요.

이낙연 멋지네요. 방탄소년단 이야기를 들으니 생각납니다. 오트마 니 모로코 총리는 딸만 둘이 있습니다. 큰딸은 이미 해체된 한 한국 아이돌그룹 팬이고 작은딸이 BTS 팬이에요. 제가 거 기 방문할 때 해체된 그룹과 BTS의 시디에 그룹 멤버 전원 의 친필 사인을 미리 받아서 가져가 총리에게 선물했습니다. 제가 떠나는 날 공항까지 그 총리가 나왔어요. 그걸 딸들에 게 전해줬더니 풀쩍풀쩍 뛰고 난리가 나 "아빠, 한국하고 잘 지내"라고 했답니다. 배우 배용준 인기가 하늘을 찌를 때 제 가 국회 농수산위원장이었어요. '배용준 식당'이라고 불리는 '고시래' 식당이 도쿄 시나가와에 생겼지요. 농수산 위원들 모시고 일본 농협 시찰을 하던 도중 그 식당에 들렀습니다. 그때 하필이면 배용준이 도쿄에 들렀다는 가짜 정보가 나돌 아 일본 여성들이 배용준 식당을 거의 점거했어요. 미처 못 들어온 여성들은 식당 밖 길거리에서 연좌농성을 하는 거예 요. 식당 문이 열릴 때마다 "와" 하다가 배용준이 아니면 실 망하고. 우리 일행이 밖으로 나가야 하는데 누구를 앞세워야 배용준을 기대했던 일본 여성들을 덜 실망시킬까 고민하다 가 한복 입고 수염 기른 강기갑 의원을 앞세웠어요. 반전을 시도해보자 싶어서. 식당 문이 열리자 "와" 하던 여성들이 한 복 입고 수염 난 중노인이 문밖에 갑자기 나타나니까 "으아" 하고 비명을 지르고 난리가 났어요. 제가 바로 뒤따라 나가 면서 양해를 구했죠. "여러분 미안합니다. 한국 남자가 다 배용준처럼 생긴 건 아닙니다"라고. 하하하!

방탄소년단은 〈라이프 고즈 온Life goes on(인생은 계속된다)〉을 한국어로 불렀다. 팬데믹 앞에 선 전 세계 청춘들의 이야기를.

어느 날 세상이 멈췄어

아무런 예고도 하나 없이

봄은 기다림을 몰라서

눈치 없이 와버렸어

한국어로 된 이 노래를 전 세계 젊은이들이 따라 부르고 있다. 언어는 곧 영토라는 생각이 자꾸 든다. 평화로운 영토……!

76. 꿈에 어머니를 만난다면?

어떻게 하죠? 힘들어요.

77. 어머니는 뭐라고 하실까?

길게 봐라. 괜찮다!

78. 아들에게 전하고 싶은 얘기는?

마음에 거리낌 없이 살아. 미안해.

79. 고스톱 가능?

신혼여행 갔다 와서 처가에서 막내 처제한테 피박 쓰고 고스톱 끊었음.

80. 금혼식 때 아내에게 주고 싶은 선물은?

전혀 생각을 못 했는데 지금부터 고민.^^ 의미 있는 것을 선물하고 싶음.

살수록 고마워서.

81. 인생관 비율은?

그래도 낙관주의 50퍼센트, 미래주의 30퍼센트, 운명 20퍼센트.

82. 어떤 사람이 가장 아름다울까?

눈물 속에서도 실패를 견디어내는 사람. 눈물이 없는 자의 영혼에는 무지개가 뜨지 않는다(인디언 속담).

83. 별똥별을 주웠다면?

아내와 함께 박물관에 갖다 준다. 진짜임!

84. 바이든 대통령의 매력은?

아름다운 신사, 소년의 눈빛.

85. 노벨 평화상을 받는다면 수상 연설의 첫 문장은?

존경하는 대한민국 국민 여러분, 세계시민 여러분, 남한과 북한, 북한과 남한이 드디어 비핵화 평화공동체를 이루었습니다.

11
4차산업혁명,
신청년시대의 전망과 약속

"나무는 놀라운 지혜가 있습니다. 과일이 익으면 귀가 얇아지거든요. 남의 말에 잘 넘어가는 것을 귀가 얇다고 하는데, 농부는 과일 꼭지가 가늘어져서 물렁물렁해지고 떨어지기 쉽게 되는 것을 귀가 얇아졌다고 합니다. 과일은 다 익으면 떨어지려고 합니다. 그래서 더 먼 곳으로 가서 번성하려 합니다. 하필이면 그때 태풍이 오죠. 태풍이 불면 나무는 쓰러져도 스스로 안심합니다. 과일을 떠나보냈으니까요. 과일이 다 둥글거나 타원형인 까닭이 있어요. 씨앗도 그렇지요. 둥글둥글해야 멀리까지 굴러가고 아주 멀리까지 물을 타고 떠내려갑니다. 나무의 깨달음을 실천하며 이 길을 걸어가고자 합니다."

소멸지역을 식량주권,
토종종자 기지의 거점으로

　겨울이 지나가버렸고 이야기는 강물의 끝, 하류를 지나갔다. 그와 대담하면서 '큰 나라를 다스릴 때는 작은 생선 익히듯이 하라(治大國 若烹小鮮)'는 『도덕경』의 문장이 떠올랐다. 중국인들이 고전에서 가장 좋아하는 말이다. 작은 생선을 익힐 때는 자꾸 건드리면 먹을 게 없으니 조심스럽게 하라는 뜻으로 해석되지만 어떤 원칙을 세우고 자율에 맡기라는 뜻도 있다.

문　　입춘 기억. 아직도 잊지 못하는 장면이 있습니까?

이낙연　봄이 오기 시작하면 저 같은 시골 출신에게는 보리싹이 나는 풍경이 떠올라요. 겨우내 비어 있던 들판에 싹이 나지요. 사람이 손보지 않아도 들판은 스스로를 연둣빛으로 초록빛으로 물들여가지요. 거기에서 느껴지는 생명력을 기억합니다.

문　　우리나라 농가 가구가 102만 가구, 인구는 231만여 명입니다. 그중에서 1인 가구가 13만 5천 가구입니다. 농업인구 절반이 65세를 넘겼어요. 머지않아 빈 들판, 황무지만 남게 될 것 같습니다. 4차산업혁명과 팬데믹 때문에 지방 소멸, 식량주권, 식량위기 이런 문제는 잘 보이지 않아요.

이낙연　우리나라 곡물 자급률이 22퍼센트 남짓합니다. 벼농사가 기계화되면서 공동체 정신도 사라지기 시작했지요. 농사지을 수 있는 농지는 20년 동안 20퍼센트가량 줄었습니다. 현재 166만 헥타르 정도 남았습니다. 이 농지를 전체 인구 2.3퍼센트의 농업인구가 경작하기에는 절대적으로 부족합니다. 기계화되었다고는 하지만 농사지을 인력은 도시로 다 빠져나갔어요. 우리는 농촌을 최후의 거점으로 삼아야 합니다. 식량주권이라는 측면도 있지만 그보다 더 중요한 이유는 그곳이 바로 우리의 뿌리이기 때문이지요. 뿌리를 훼손하면 어떤 생명도 살 수가 없지 않나요? 농촌공동체를 되살리는 정책을 정권과 상관없이 꾸준하게 실천해나가야 합니다.

문 대도시도 인구가 줄어듭니다. 지방자치단체 절반 이상이 소멸 위기에 놓여 있습니다.

이낙연 경북의 군위, 의성이 소멸도가 가장 높습니다. 군위, 의성을 비롯해 전국에서 우선 광역자치단체별로 소멸 위험이 가장 높은 지역을 선정해 식량주권과 토종종자를 지키기 위한 정책을 적극적으로 시행해야 합니다. 외환위기 이후, 종자사업도 외국기업에 거의 넘어가버렸고, 상대적으로 시간이 오래 걸리는 토종종자 보전사업도 정책지원에서 홀대받았습니다. 종자 저작권은 보이지 않는 전쟁과 같습니다. 우리가 수입하는 장미는 심어서 꽃을 딸 수는 있지만 꺾꽂이를 해서 그루 숫자를 늘릴 수는 없어요. 종자 저작권 때문입니다. 올해부터는 국내에서 수산식물품종보호제도에 따라 해조류도 신품종으로 등록하면 20년 동안 출원자의 재산권으로 보호합니다. 이제부터라도 노년 인구가 대부분인 농업세대들을 안심하게 만드는 정책과 신청년들을 그곳으로 모여들게 하는 유인요소를 확보해야 합니다. 농어촌에 공장을 짓고 방파제를 만드는 간접시설보다 농촌 스마트팜 기술학교, 종자산업 학교를 만들어서 미래의 기초를 굳건하게 해야 합니다. 사막에서 100달러는 시금치 한 잎, 물 한 모금보다 효용 가치가 없지요. 그래서 지금 중동 국가들은 사막에 스마트팜 농장을 짓고 있습니다. 지금은 그게 비용이 많이 들지 모르지만 석유로 벌어들인 돈으로 식량 위기에 대비할 수 있는 준비를 해두는 것이지요. 작년에 우리가 수입한 농산물이 400억 달러가 넘어요.

문   희토류처럼 귀한 광물이 자원전쟁을 가장 잘 보여주는 예입니다. 그런데 농산물은 더 치명적인 식량무기가 될 수 있어요.

이낙연 시진핑 중국 주석도 옥수수 벌판에서 식량안보를 직접 언급한 적이 있습니다. 언젠가 우리의 주식인 쌀이 식량무기가 될 수 있는데 농지가 급속하게 줄어들고만 있습니다. 국제분쟁으로 농산물 수입가격이 비싸지거나 일부 수입이 중단되면 당장 생존에 직접적인 영향을 받습니다. 농지가 줄어들면 수분의 증발도 줄어들어서 온난화를 가속시킵니다. 유전자변형 농산물(GMO)에 대한 연구도 철저히 하고 이런 농산물에는 유전자변형임을 엄격히 표시하여 국민 건강도 지켜야 합니다. 그래야만 우리 고유의 먹거리가 살아남고, 농사를 지으려는 의욕을 북돋울 수 있습니다. 이제 거의 모든 농산물은 수입을 합니다. 당장은 그게 싸지만 나중에는 식량주권을 위협하고 우리의 미래를 불확실하게 할 수 있습니다. 무엇보다 우리의 체질에 맞는 전통 종자를 개량하고 이를 확산시켜서 종자 강국으로서의 발걸음을 시작해야 합니다. 스위스의 경우는 농지총량제를 적용해서 농지를 철저히 보호합니다. 땅 투기도 없앨 수 있고 다음 세대로 고향을 이어가게 할 수 있습니다. 이런 정책으로 청년들과 노년 세대를 융합하는 전진기지를 육성해서 4차산업혁명의 배후인 동시에 식량 회복기지로 활용해야 합니다. 농업물류 플랫폼을 확보해서 산지에서 바로 소비자로 연결하는 통로를 마련하면 농촌공동체 회복 속도가 빨라집니다. 농촌 소멸 지역도 경제성이 구축되어 청년들이 함께 사는 공동체가 될 수 있지요. 지금이 그 기회입니다.

문 그런데 농촌으로 청년을 유인하는 데는 현실적으로 어려움이 있어요.

이낙연 농업 자체가 청년들의 리듬으로 보면 느려요. 씨를 뿌려서 소득을 얻기까지 몇 달이 걸리거든요. 게다가 주급, 시급으로까지 보수 체계가 쪼개지고 있는데 농업은 몇 달이 걸리니까 소득 회수 기간이 길지요. 소득의 회수를 빠르게 하는 작물을 스마트팜 지원사업으로 해결해야 합니다. 단순노동 일자리가 아니라 문화의 향수라든가 교육, 이런 것을 동시에 추진해야 합니다. 귀농, 귀촌하는 청년세대를 보면 처음에는 부부 간에 의기투합해서 갔다가도 아이가 초등학교 들어갈 때 한 번 싸우고, 중학교 갈 때 또 한 번 싸운답니다. 아이를 농촌에서 길러도 좋다는 생각이 아이의 성장 단계에 따라 흔들리는 거죠. 그래도 아침 해, 저녁놀은 언제나 들판에 있지요.

문　기업들이 농촌에 본사를 두는 발상 전환을 할 수 있을까요?

이낙연　제가 전남지사 때 시도를 해봤어요. 기업은 농촌에서 일손 구하기가 어려워요. 주택과 출산, 교육, 의료가 농촌에 함께 존재하도록 하는 정책을 새롭게 추진해야 합니다. 균형발전을 위해서도 중요합니다. 지역민들에게 특별한 혜택을 주는 자연친화적인 작은 기업들이 많은 게 바람직합니다. 감염병 위협과 비대면 사회가 심화될수록 권력도 인구도 분산하는 게 맞지요.

책과
유머 외교의 힘

문　『중용』에는 정치인이 새겨들어야 할 내용이 있습니다. 천하에 두루 통하는 도가 다섯이고 이를 행해야 할 법도가 셋이라고 합니다. 다섯 가지는 군주와 신하, 부모와 자식, 아내와

남편, 형과 아우, 벗과 벗의 도리를 지키는 것이고 이를 실천
하기 위해서는 지혜와 인자함, 용기, 세 가지가 있어야 한다
고 합니다. 세상에 혼자서는 아무것도 할 수 없다는 뜻이기
도 합니다. 뜻을 함께하는 사람을 어떻게 얻습니까?

이낙연 『중용』에 그런 말씀이 있지요. 취인이신取人以身. 뜻을 함께하
는 사람을 얻는 것은 자기 자신이 먼저 몸으로 노력하는 데
달려 있다고.

문　　지혜와 인자함, 용기 이 세 가지를 하나로 행하는 것은 성誠,
정성이라고 합니다.

이낙연 하늘에까지 닿는 지극한 마음이겠지요. 그래야 사람의 마음
에 닿을 수 있으니까요. 우리의 전통사상은 사람이 곧 하늘
이라고 했습니다.

문　　미테랑 대통령이 엄청난 독서광이었습니다. 정말 책을 많이
읽고 작가를 만나는 것도 좋아했습니다. 독일 메르켈 총리는
에리히 케스트너의 동화 『에밀과 탐정들』. 오바마 대통령은
8년 임기 동안 셰익스피어 4대 비극이 그를 견디게 해주었
다고 합니다. 마오쩌둥은 남송 학자 홍매의 『용재수필』을 즐
겨 읽었다고 전합니다. 가슴에 와 닿는 인상 깊은 책은 무엇
입니까?

이낙연 데이비드 브룩스의 『인간의 품격』이 생각납니다. 많은 단
점이나 상처를 안고 살면서 어떤 사람은 그것을 극복하기
도 하고, 어떤 사람은 그대로 안고 가기도 하지요. 이 책에서

는 존경받는 사람들이 소심하고 이기적이며 인격적으로 얼마나 결함이 많았는지를 드러내고 그 결함에 맞서서 새롭게 나아가는 모습을 그렸습니다. 세상은 너무 복잡하고 운명은 불확실하므로 겸허하게 살아야 한다는 메시지가 들어 있지요. 사랑을 실천으로 옮기지 못하는 게 가장 큰 죄라는 메시지가 가슴 철렁하게 했어요.

문   읽다가 펑펑 울게 한 책이 있습니까? 저는 이문구 선생의 소설 『관촌수필』을 읽다가 저도 모르게 눈물이 줄줄 쏟아졌습니다. 그 소설에 보면, 두만강 철교를 건너가는 중에 아무것도 안 보이고 온통 눈 천지인 두만강 눈송이를 바라보며 허풍을 떠는 이야기가 나오는데 그 문장을 읽어나가다가 뜬금없이 그랬습니다.

이낙연   아, 저는 『윤동주 평전』을 읽다가 울었습니다.

소리만 내어도 푸른 이름 윤동주, 뜻밖의 대답이었다.
손수건을 꺼내어 얼굴을 닦는 그의 얼굴을 물끄러미 보았다. 한순간 드러나는 그의 속의 속, 어디서 저 모습이 자리 잡고 있었을까?

문   윤동주 시인이 너무 좋아서 나이 오십에 한국어를 배우고 일본 학생들에게 민족시인 윤동주를 널리 알린 일본 여성 시인이 있지요?

이낙연   이바라기 노리코입니다. 「내가 가장 예뻤을 때」라는 반전시를 썼지요. 이 노래에 곡을 붙여 김소운 선생의 외손녀인 가수 사와 도모에가 연세대 백주년기념관에서 부르는 노래를 들었어요. '내가 가장 예뻤을 때 주위 사람들이 숱하게 죽어갔어. 공장에서 바다에서 이름 모를 섬에서 나는 멋부릴 기회를 놓치고 말았어. 그래서 결심했지 되도록 오래 살기로. 나이든 뒤에도 그토록 아름다운 그림을 그린 프랑스의 루오 할아버지처럼 말이야.' 좋지요? 윤동주를 사랑한 일본의 대표 시인으로 시집만 스물두 권 냈어요. 노리코는 윤동주 시를 원전으로 읽고 싶어서 한글 공부에 늦바람이 났지요. 일본 고등학교 교과서에 시인 윤동주를 알리는 글이 실려 있습니다. '후쿠오카 형무소에서 옥사한 시인이 젊음과 순결을 그대로 동결해버리고 만 듯한 청순함은 후세의 독자들마저 끌어들이고 작품을 펼치면 항상 수선화 같은 고운 향기가 피어오른다'고 나와 있습니다.

『윤동주 평전』에는 이런 내용이 있다.

윤동주가 연희전문학교 졸업을 앞두었을 때 용정 고향에서 조부가 사회에 나가 자리 잡아 일가를 이끌어가라고 하자 사촌인 송몽규는 "저희들이 그렇게 살기 위해 공부하는 줄 아십니까" 하고 반발하고 윤동주는 쉬 쉬 하며 어른에게 말대답하는 것을 만류하는 장면이 나온다. 그가 1941년 9월에 쓴 시 「또 다른 고향」에는 이런 구절이 있다. '지조志操 높은 개는 밤을 새워 어둠을 짖는다. 어둠을 짖는 개는 나를 쫓는 것일 게

다. 가자 가자 쫓기우는 사람처럼 가자. 백골白骨 몰래 아름다운 또 다른 고향故鄕에 가자.'

장래의 생활 문제를 걱정해서 연전 문과에 보내려 하지 않았던 그의 부친 못지않게 그는 생활이 무엇인지 알고 있었던 것이다. 당시 시절은 일본어 상용의 암흑기이던 1941년 하반기. 직업을 가져봤자 그의 부친 표현대로 "기껏해야 신문기자"인 문과 출신으로서 어디에 취직해서 돈을 벌어 가족을 부양하는 삶이란 결국 지금까지의 지조와 이상을 모두 바꿔야만 되는 삶일 수밖에 없다. 막상 고향에 돌아와서 가족들 사이에 앉아 부닥치게 되니 그 압박감은 더욱 절실하고 절박했다. '고향에 돌아온 날 밤에 내 백골이 따라와 한방에 누웠다'고 토로할 만큼 피부로 다가왔다.

―송우혜, 『윤동주 평전』, 293쪽

이 부분이 아닐까? 『윤동주 평전』을 읽다가 앞뒤로 한참 다시 읽어보는 곳. 그리고 두 달 뒤인 그해 1941년 11월 5일, 우리를 위로하고 용기를 주는 명시, '계절이 지나가는 하늘에는 가을로 가득 차 있습니다'로 시작하는 「별 헤는 밤」이 탄생한다.

문 조금 즐거운 이야기를 해볼까요? 지혜를 상징하는 미네르바
   의 부엉이 이야기입니다. 더불어민주당에서도 이런 지혜를
   상징하는 모임이 있지요. 부엉이가 동양에서는 재물을 상징

합니다.

이낙연 1998년에 고려대학교 초청으로 나카소네 야스히로 전 일본 총리가 서울에 왔던 적이 있습니다. 제가 통역을 했지요. 당대 한국의 최대 명필 일중 김충현 선생과 나카소네 전 총리가 휘호 교환 이벤트를 했어요. 일중 선생은 50자 정도 물 흐르듯 달필로 쓰고, 나카소네 전 총리는 가장 큰 붓을 달라고 하더니 백지 한가운데 점을 꽝 때리고 동그라미를 치고는 미네르바의 부엉이라고 합디다. 저는 부엉이 그림이 강렬하게 느껴졌습니다. 두 분은 서로 작품을 교환한 뒤에 그것을 고려대학교에 선물했지요. 그런데 부엉이와 올빼미를 어떻게 구별합니까?

문 머리 양쪽에 깃이 있는 것을 부엉이, 없는 것을 올빼미라고 합니다. 깃이 없는 부엉이도 있어요. 시골 뒷산에서 귀를 기울여보면 부엉이는 부엉부엉 울고 올빼미는 훅, 훅, 하고 웁니다. 부엉이가 수영장에 들어갈 때 어떻게 소리 내는지 압니까?

이낙연 어떻게 소리 내지요?

문 첨-부엉 한답니다, 하하하. 미네르바의 부엉이는 밤에 날고 어둠이 지나가면 갈리아의 수탉이 새벽을 알린다고 하지요. 지혜의 부엉이가 있어야 새벽의 수탉도 있겠지요.

이낙연 그럼 저도 마크 트웨인의 유머 하나. 세계에서 가장 위험한 장소가 어딘지 압니까?

문   어딘가요?

이낙연 침대라고 합니다. 80퍼센트 이상의 사람들이 침대에서 죽는
       다고. 하하하. 정치에도 유머가 많았으면 합니다. 자신을 높
       여서는 유머가 안 되고 기꺼이 바보가 돼야 하지요. 그런데
       요즘은 스스로 바보로 만들면 오해하려고 작심을 해서 정말
       로 바보로 만들어버리더라고요. 유머마저도 위험해진 세상
       이 됐나 봅니다.

문   전에는 최불암 시리즈도 있었고 개구리 시리즈, 참새 시리즈
       도 있었는데 다 사라졌나 봅니다. 마크 트웨인은 "유머의 원
       천은 슬픔이다. 그래서 천국에는 유머가 없다"고 합니다.

이낙연 그럴 수 있죠. 유머처럼 좋은 게 없지요. 저 자신도 상처와
       흠이 많아요. 그것을 이겨내려고 노력합니다. 정치인으로서
       의 단점도 있고. 실제로 살가운 것과 살갑게 느껴지는 것이
       좀 다를 수 있잖아요. 실제로 부자인 사람과 부자처럼 보이
       는 사람이 다를 수 있듯이. 제가 냉정한 사람이 못 되는데,
       사람들은 냉정하다고 봐요. 그게 극복이 잘 안 되고 있어요.
           사실, 외교에서도 유머의 힘은 대단하지요. 콜롬비아 방문
       에서 두케 대통령을 만났는데 저한테 콜롬비아 농산물을 좀
       더 많이 수입해달라고 요청했습니다. 어떤 농산물을 추천하
       겠냐고 물으니 꽃을 수입해달라고 합디다. 콜롬비아의 보고
       타 꽃이 이뻐요. 저는 이렇게 제안했어요. '혹시 월별 꽃 수
       출 물량 비교가 있느냐? 그걸 한번 보셨으면 좋겠다. 콜롬비

아가 자랑하는 꽃이 카네이션과 장미인데 매년 4월이면 한국으로 수출하는 물량이 늘어난다는 것을 발견할 것'이라고 했지요. 한국은 5월 8일이 어버이날이다. 중국 꽃이 훨씬 싸다. 그러나 한국의 자녀들은 부모에게 드릴 때는 비싸도 좋은 걸 드리고 싶어 하는 마음이 있다. 그래서 콜롬비아의 장미와 카네이션을 많이 수입한다. 통계를 한번 보라고 하니 콜롬비아 대통령이 무지하게 좋아했습니다. 또 커피에 대해서는 '우리 문재인 대통령이 커피 마니아다. 그래서 인터넷엔 문 블렌딩, 우리 대통령이 좋아하는 커피의 배합 비율이 나오는데 이렇게 돼 있다'고 설명했습니다. '콜롬비아 4, 브라질 3, 에티오피아 2, 과테말라 1, 이렇게 되어 있는데 이 비율에 대해서 혹시 불만이 있는가?' 하고 물었죠. 두케 대통령이 고마움을 표시하겠다고 하더니 콜롬비아 커피를 잔뜩 선물하더군요. 하하하. 문 블렌딩의 커피 비율은 연설 초안에 없었어요. 제일 좋은 연설은 그때그때 현장에서 떠오르는 것을 해줘야 합니다. 그래야 긴장된 외교관계가 즐겁고 재미있지요.

도미니카 공화국에서는 대통령과의 단독회담 15분, 확대회담 45분, 이렇게 예정되어 있었는데 결과적으론 반대가 됐어요. 제가 이렇게 말했습니다. "대통령 각하, 각하를 뵙기 위해서 당신의 생애를 제가 공부하고 왔습니다. 많은 공통점을 발견했습니다. 시골에서 태어났습니다. 가난하게 성장

했습니다. 법학을 공부했습니다. 정치를 경험했습니다. 공통점은 여기까지였습니다. 바로 그다음이 다릅니다. 저는 각하 같은 리더십이 부족합니다." 그랬더니 이분 기분이 무지하게 좋아지더군요. 저를 낮춘 덕분에, 16억 달러짜리 LNG 발전소 공사가 경쟁 입찰이었는데 수의계약으로 바꿔주었어요. 처음에는 둘 다 좀 엄숙하고 묵직하게 회의장에 들어갔다가 나올 때는 둘이 웃으며 손잡고 나오니까 주위에서 놀래가지고 무슨 일이 있었습니까? 하고 묻더군요, 하하하!

문 썩 괜찮은 비즈니스 유머군요. 사람들은 아직 잘 모르고 있지만 곧 알게 되겠지요. 견고한 문장이 견고한 행동을 낳고 견고한 행동에는 오히려 여백도 많습니다. 유머는 여백에서 나오겠지요. 세상은 자꾸 바뀌고, 바뀌는 현실은 신념의 문제가 아니라 삶의 문제이니 더 여백이 필요합니다. 나와 다른 사람과 서로 화합할 때 어떤 기준이 있습니까?

이낙연 적을 별로 안 만들고 산다고 생각해요. 남은 그렇게 생각하지 않는지 몰라도. 뜨겁게 내 편이 없는 것처럼 뜨거운 적敵도 없어요. 그게 저의 고민이기도 하고요. 경쟁자일 거라고 생각해도 농담도 하고 잘 웃기기도 하고 그래요. 저 사람 철이 없나 싶을 정도로 제가 그래요. 팬데믹 시대는 무엇보다 화해의 대원칙을 두고 나아가야 한다고 생각해서 더 그렇습니다. 노무현 대통령은 생전에 "독선과 아집, 그리고 배제와 타도는 민주주의의 적"이라는 말씀을 하셨습니다. "우리 정치도 이제 적과 동지의 문화가 아니고 대화와 타협, 경쟁의 문화로 나아가자"고 하셨지요. 국민들 눈에는 보수는 보수대로, 진보는 진보대로 이외의 세력에게서 아무것도 배우려 하지 않는 것처럼 보이고 있습니다. 보수세력은 변화를 수용하고 우리 민주당과 진보세력들은 좀 더 실용을 보완하기 위해 노력해야 합니다. 박승 전 한국은행 총재는 대한민국 진보세력은 실용을 보강해야 한다고 말씀하시지요. 그 예로 주 52시간의 노동시간을 들면서, 좋은 제도지만, 만약 노동자 본인이 원하거나 노사가 합의하는 경우에 한해서는 그 이상의 노동을 허용하는 것이 뭐가 나쁘냐는 얘기입니다.

문득 이런 생각이 든다. 보수와 진보 둘 다 생각이 늙은 것은 아닐까? 꼰대는 스스로 질문하지 않는다. 생각이 늙으면 움직임도 느리고 억지와 고집만 세진다. 세상은 눈앞에서 빛의 빠르기로 바뀌는데 이제 그곳을 떠나서 새로운 영토로 나아가지 않으면 둘 다 국민들로부터 버림받지 않을까? 막말과 억지가 너무 많다. 언어와 사고의 위기는 정치 존재 자체의 위기를 초래하고 시대를 위험하게 만든다.

문　　가치만 같으면 누구하고도 함께할 수 있다는 생각인가요?
이낙연　정치의 현장에서는 같은 편끼리 뭉쳐서 친밀도를 다져가는 그런 문화가 있어요. 저는 '왜 꼭 그래야 하지' 하고 생각하는 때도 있는데, 제 마음은 서로 동행하자는 뜻이지요.

문 옆모습을 보면 생각하는 얼굴이 처칠을 좀 닮은 것 같고, 웃
   는 모습은 바이든 대통령의 이미지군요. 청보리 심고 밭둑을
   걸어 보리 팔러 나온 모습도 겹쳐지고. 일제강점기 북청 물
   장수 같은 모습도 있어요. 동해안 북쪽, 함경남도 북청에서
   온 사람들이 서울에서 물장수를 많이 했습니다. 물 한 지게
   에 20전 했답니다. 아, 이준 열사도 북청 출신입니다. 영화 〈
   반지의 제왕〉에 나오는 주인공 청년 프로도와도 닮았습니다.

이낙연 아, 청년 얼굴이라니 그게 젤 맘에 듭니다. 물 한 지게에 20
   전이라……. 제가 대학생 때 생각이 납니다. 밤에 백 원짜리
   동전 하나를 가지고 가게에 가면 신탄진 담배 한 갑이 60원
   했습니다. 막걸리 반 되가 40원 했어요. 그래서 백 원이면 담
   배 한 갑에 막걸리 반 되를 살 수 있었거든요. 안주는 김치
   깍두기를 그냥 주니까요. 프로도 닮았다는 이야기는 처음 듣
   습니다. 궁금해요. 제임스 딘이 아니고요? 하하하!

문 학생 때부터 자기의 묘비명을 미리 쓰는 훈련을 합니다. 중
   광 스님은 '괜히 왔다 간다', 조병화 선생은 '어머니 심부름
   으로 이 세상에 나왔다가 어머니 심부름 다 마치고 어머니
   께 돌아왔습니다'라고 묘비명을 적었습니다. 생전에 자주 뵈
   어서 그런지 기억에 남아 있어요. 모파상의 묘비명은 똑 저
   같다는 생각이 듭니다. '나는 모든 것을 갖고자 했지만 마침
   내는 아무것도 갖지 못했다.' 어떤 묘비명을 남기고 싶은가
   요?

이낙연 저는 뭔가 거창한 얘기는 안 할 것 같아요. 묘비명을 쓴다면 평범하고 지나가는 사람들을 편하게 해주는 어떤 글을 남기면 좋겠습니다. 묘비명이 자기 것이지만 자기를 위해 쓰는 건 아니잖아요. 아, 그 모파상 단편소설 중에 묘비명 고치는 이야기가 있지요. 공동묘지에 묻혀 있는 유령들이 밤에 벌떡 일어나 거창하게 적힌 자신의 묘비명을 고치는 익살스럽고 시니컬한 이야기. 한 유령은 '선량한 그는 주님의 평화 속에 잠들었다'는 자신의 묘비명을 이렇게 고치지요. '기회만 있으면 아이들을 괴롭히고 이웃을 속이고 도둑질을 하다가 비참하게 죽었다'고. 저는 '좀 쉬엄쉬엄 살걸'이라고 적고 싶습니다. 이건 절대 고칠 일이 없어요!

그는 환하게 웃었고…… 이윽고 꽃 이야기로 넘어갔다. 그가 아주 작았을 때, 그의 집 울타리에는 봉숭아와 채송화가 많았다. 커서는 채송화가 잘 안 보였다는 이야기도 했다. 이호철 선생 생전에 벽제 별장에 이따금 놀러가면 채송화와 봉숭아가 담 밑에 많이 있었다. 나는 채송화도 봉숭아도 피었습니다, 하는 노래 〈꽃밭에서〉를 부르고 노랫값으로 채송화를 얻어 오던 생각이 났다.

이낙연 그때가 언제쯤이었을까……. 김대중 대통령이 채송화를 좋아하셨거든요. 동교동 담장 아래 채송화, 봉숭아가 많았습니다. 손님이 없을 때는 물을 주며 혼자 꽃을 들여다보시곤 했습니다.

문 꽃 이야기를 하니 꽃을 많이 그리는 김숙희 선생님이 생각
납니다. 며칠 전 김숙희 선생님과 통화했는데 목소리가 밝고
깨끗하더군요. 화가 중에는 세잔을 좋아한다고 하던데요.

이낙연 화풍이 비슷해요. 아내의 여고시절 스승이 한국의 세잔으로
불린 박남재 선생님이셨어요. 그 영향도 있을 겁니다. 후기
인상파의 작품들에는 늘 두고 온 고향을 향한 그리움 같은
게 있어요. 특히 현대미술의 이정표인 세잔은 도시 사람들이
잃어버린 풍경들을 잘 묘사하고 있지요.

김숙희 선생은 1970년대 미술교사 시절 한 달 치 월급으로 재봉틀을
한 대 사서 종암동, 그의 누나 집으로 갔다. 누나는 스물여덟 살 때 군인
남편이 순직해 혼자 아이 둘을 키우며 그 재봉틀로 한복 바느질을 해서
아이들을 대학원까지 보내고 결혼도 시켰다. 지금은 더 넓은 아파트에
산다. 그 재봉틀은 어려운 시절을 밝히는 요술램프였고 바느질 품삯을
쉼 없이 쏟아내는 인생의 화수분이었다.

겸손하고
수줍은 사람들

문 정치와 상관없이 지금까지 만난 사람 중에 아름답다고 느낀

사람들은 누구입니까?

이낙연 먼저 김수환 추기경님이 떠오릅니다. 천주교 박해를 피해 떠돌며 옹기장수를 했던 아버지가 그리워 아호를 옹기로 지으셨지요. 생전에 장기기증서약도 하시고 생명연장을 위한 어떤 조치도 하지 말라고 당부하셔서 산소호흡기나 심폐소생술 같은 처치도 마다하고 소박하게 선종에 드셨습니다. 저도 그분을 따르려 했던 건지 장기기증서약을 했습니다. 노점상에서 물건을 살 때는 깎지 말라는 말씀도 늘 제 귀에 새겨져 있어요. 언제나 넉넉하면서도 소박함과 수줍음이 함께 있는 미소가 너무 아름다웠습니다. 1995년 열린음악회에서 당신의 애창곡인 〈등대지기〉와 〈애모〉, 대중가요를 부르시던 모습은 더할 나위 없이 멋있었어요.

그리고 조순 선생님이 생각납니다. 왜 아름답다고 느끼냐면, 목과 허리의 각도가 아름다워요. 겸손함과 수줍음 같은 게 있지요. 중년 이후 남자의 수줍음은 굉장히 미학적이라고 생각합니다. 험한 세상을 살아왔는데 여전히 수줍음이 남아 있거든요. 밀레의 〈저녁 종〉 같은 그림을 상상해보세요. 젊은 농군 부부가 농사일을 하다가 교회 종소리가 들리자 농사일을 멈추고 기도합니다. 남편은 앞을 보고 있기 때문에 허리나 목의 각도가 안 보여요, 부인은 보이죠. 허리는 꼿꼿하지만 고개가 숙여져 있어요. 인간의 모습 중에 가장 아름다운 모습이지요. 기도할 때의 고개를 숙인 저 각도. 그것으로 미루어 남편도 그런 각도였을 거라고 추정할 수 있죠. 저는 〈저녁 종〉 그림을 참 좋아합니다. 거기에는 종소리가 들려요. 하루 일을 마치면서 감사기도를 하는 젊은 농군 부부의 겸허한 모습이 있지요. 조순 선생과 깊게 친한 것은 아니지만 〈저녁 종〉처럼 그분의 말씀이나 몸가짐이 겸손하고 수줍습니다.

함수含羞라는 표현이 있습니다. 부끄러움을 머금는다는 뜻입니다. 나이가 들고 일정한 위치에 올라간 남자의 수줍음. 그게 저는 아름답다고 생각해왔어요. 〈저녁 종〉의 농부처럼 늙어가도록 우리 사회가 넉넉해졌으면 하고 기대합니다.

문　두 분 다 멋쟁이시지요.

이낙연 또 기억나는 얼굴은 중년 남자의 수줍음이 있는 조양욱 씨. 외롭도록 수줍죠. 일본 특파원 시절을 같이 보낸 제 친구지만 함께 나이를 먹어가면서도 친구 앞에서 수줍어하는 것. 아름답지 않습니까?

문　왜 수줍을까요?

이낙연 인생이 마음대로 안 된다는 걸 알기 때문일까요? 그리고 남들이 보는 것과 달리 인생길에 많은 좌절이 있었다는 사실이 함축된 것 아닐까요? 남들은 모를 수 있는 좌절, 절망, 고통. 그래서 도전할 만큼 해보고 난 뒤에 얻어지는 겸허함, 여백, 수줍음…….

문　지금 투명 가림막 너머 이야기하는 얼굴, 목소리에서도 여백의 모습이 보입니다. 〈세한도〉의 여백처럼 비어 있음과 긴장 미가 같이 스며들어 있어요. 뜬금없이 1960년대 라디오 연속극 〈학부인〉 노래가 생각납니다. 그 노래에 '말 못 하고 꾸짖는 마음'이라는 가사가 나옵니다. 별걸 다 기억하는군요. 여백의 속 같기도 해서요.

이낙연 제목만 기억나는군요.

청년처럼,
청년정치인처럼

문 다음 세대의 청년정치인을 육성하기 위한 방법은 무엇입니까? 당에서 청년정치학교를 열면 어떨까요?

이낙연 일찍이 막스 베버는 『직업으로서의 정치』를 내놨지만 이제 정치인도 직업이어야 하고 직업윤리에 충실해야 합니다. 민주당에서 청년정치학교를 열었으면 합니다. 체계적인 교육과정을 거치면 멋진 청년정치인들을 육성할 수 있지요. 주말 교육과정으로 2년간 하는 방법도 있고. 적극적으로 준비해야 할 과제입니다. 보좌관으로 활동하면 경제적 안정도 얻고 입법경험이나 정치경험을 쌓을 수 있습니다. 당 출신 국회의원들의 보좌관 3분의 1가량을 정치학교 출신으로 채용하도록 하고, 지역 청년들에게도 기회를 주면 지역유지, 토호

등이 이권을 노리고 정치판을 혼탁하게 하는 일도 사라지게
할 수 있지 않을까요? 청년정치학교 출신들의 보좌관 임용
을 할당하는 방안은 민주당 출신 국회의원들에게도 추천방
식으로 채용하는 것보다는 훨씬 인기가 있을 수 있지요.

문　　일생 동안 꾸준히 실천해온 뜻은 무엇입니까?

이낙연　우리 사회에 도움을 주고 사람들에게 희망을 드렸으면 좋겠
다는 꿈을 가지고 살았는데 얼마나 잘하고 있는지 모르겠어
요. 시간이 평가해주겠지요.

문　　방탄소년단이나 아이돌그룹 노래 중에 부를 줄 아는 노래가
있습니까?

이낙연　듣기는 들었는데 부를 줄은 몰라요.

문　　꼭 배우기를 기대합니다. 외국 학생들에게 방탄소년단 노래
를 안다고 하면 정말 인기가 있습니다. 한국인은 다 방탄소
년단 친구로 알아요. 신나는 일이지요. 대한민국의 영토가
그곳까지 이어지니까요. 우리의 영토 동쪽은 독도, 서쪽은
격렬비열도, 남쪽은 이어도가 있습니다. 북쪽은 북간도가 있
을까요? 격렬비열도는 아직도 접안시설도 없다고 합니다.
이어도에는 소규모 연구기지가 있긴 하지만. 영토의 끝에 접
안시설을 보완하고 튼튼하게 만들면 어떨까요?

이낙연　당연히 그렇죠. 해양환경과 자원을 보전하기 위해서도 착실
하게 해결해야지요. 영토의 개념이 두 가지가 있어요. 영어
로 보면 테리토리territory라는 영토가 있죠. 헌법 제4조, '대한

민국의 영토는 한반도와 그 부속도서로 한다'의 그 영토는 테리토리죠. 방탄소년단의 영토는 과연 어디까지일까요? 그 영토는 프론티어frontier라고 부른답니다. 케네디 대통령이 프론티어라는 개념을 썼는데요. BTS의 영토는 테리토리라는 제한된 영역이 아니라 전 세계죠. K팝의 영토, 한국 경제의 영토는 어디까지일까요? 프론티어의 영역이지요.

문   프론티어의 영역에서 신남방 정책에 이어 언어적 유사성이라든지, 문화적 유사성을 뛰어넘어서 아시아인들의 정서적 유대를 강화하기 위해 대중문화, 의료, 언어 중심의 범아시아 공동체가 있어도 좋겠습니다.

이낙연   언어와 문화, 종교와 역사가 유사한 유럽과는 다른 난점들이 아시아에 있겠지만 이미 국경이 무너진 지는 오래입니다. 아시아만 그 경계가 심했는데 이제 이민, 국제결혼도 늘어나고 있습니다. 대중문화, 언어, 의료를 주제로 하는 범아시아 공동체의 틀을 만들자는 제안을 합니다. 상호 영향력을 높여 가면서 장벽을 낮춰가도록 하는 노력들을 지원하고 민간교류의 통로를 최대한 확보해야지요. 사람들이 많이 다니면 공중에도 길이 나고 이해의 길도 납니다. 정치 외교적 장벽을 쌓지 않도록 하는 것, 그것이 교류 협력을 방해하지 않도록 하는 지혜입니다. 그것이 정치가 할 일이지요.

문   막막한 겨울이 그래도 봄으로 자꾸 가고 있습니다.

이낙연   제 고교 은사, 시인 문병란 선생님은 '얼음장 밑에서 고기는 헤엄을 치고 눈보라 속에서도 매화는 꽃망울 튼다. 눈 덮인 겨울의 밭고랑에서도 보리는 뿌리를 뻗고 마늘은 빙점에서도 그 매운맛 향기를 지닌다'고 하셨습니다. 보리가 언 땅 아래로 뿌리를 뻗었으니까요.

문   사람을 보는 안목은 무엇을 기준으로 합니까?

이낙연 특별한 건 없어요. 태도겠죠. 얼마나 진실한가, 얼마나 겸손한가, 그리고 자기가 하는 일, 하고자 하는 일을 얼마나 파악하고 있는가, 하는 것입니다.

문   진실한가 아닌가를 어떻게 알 수 있나요?

이낙연 느낌이죠. 허장성세하는 사람들이 있잖아요. 그런 경우는 대체로 실망스럽지요.

문   최근 20년간 보면 장관이나 정책 책임자로 교수를 인선한 결과가 그리 좋지는 않았습니다. 인재를 어떻게 찾습니까?

이낙연 저는 해당 분야의 현장 경험이 있는 사람이라면 더 낫겠다 싶죠.

문   현장 경험과 판단력, 지혜를 가진 인재 뱅크가 있습니까?

이낙연 그만큼 충분하지 않습니다. 주로 교수들 위주로 되어 있죠. 그동안 학자들과의 모임을 쭉 해왔는데요. 최근 들어서는 현장 경험이 있는 사람들을 더 많이 만나고 있습니다.

작은 일에는 소처럼,
큰일에는 범처럼

문 정치하면서 의사소통 과정은 주로 어떤 방식으로 이루어집니까?

이낙연 만나서 해야죠. 일을 같이 해보는 방식이라든가요. 행정은 기준에 따르면 되지만 정치는 생물이고 창조입니다. 훨씬 복잡하고 또 역동적이기도 하지요. 정치를 하면서 얻은 것은 눈물이기도 하고요.

문 혹시 호가 있습니까?

이낙연 없다고 할 수 있습니다. 교육자 출신이던 제 친구의 아버님이 '효봉'이라는 호를 주신 적은 있어요. 새벽 봉우리라는 뜻이지요. 산봉우리 중에 새벽에 보는 봉우리. 거의 쓰지는 않습니다.

문 대담을 오랜 시간 하면 생각도 깊어집니다. 선조이신 이준 열사의 호가 일성—醒이니 그 뒤를 따라 일 다음인 이二에다 곡식 곡穀 자를 더해 '이곡二穀'이라고 하면 어울릴 듯합니다. 穀 자는 곡식, 양식이라는 뜻도 있고 행복, 기르다, 살아가다, 선량하다는 의미도 있습니다. 호는 자신을 낮추어 쓰는 법칙을 기본으로 하지요. 후광, 퇴계처럼. 곡식 두 톨만큼도 국민의 마음을 헤아리지 못했음을 자책하는 뜻입니다. 이곡, 어떻습니까? 원 플러스 원으로 별칭도 하나 더 드리지요. K여니…… 하하하.

이낙연 아, 그렇군요. 괜찮네요.

문 이준 열사는 "사람의 죽음을 면케 하고 사람의 어려움을 풀어주고 사람의 근심을 구하여주며 사람의 위급을 건져주는 것은 덕德"이라고 말합니다. 덕이 있는 곳에는 천하가 돌아온다고. 겨울이 끝나면 봄이 옵니다. 그것이 어떤 겨울이든지. '겨울이 깊으면 봄도 멀지 않으리'라는 영국 시인 셸리 Percy Bysshe Shelley의 유명한 시구가 있습니다. 이 시 「서풍의 노래」는 계절만을 말하지 않습니다. 거대한 상징이지요.

> 시든 잎들이 새 탄생을 위해서 빨리 사라지듯이
>
> 깨어나지 않는 땅에 네 입술을 통해
>
> 예언의 트럼펫을 불어라 서풍이여.
>
> 겨울이 깊으면 봄도 멀지 않으리.

예언의 트럼펫처럼, 만물을 녹이는 햇빛과 바람처럼 외부세력을 영입하기 위한 계획을 가지고 있습니까?

이낙연 우선 만나야지요. 누구든지 만나고 서로 공통된 가치를 찾아나가겠습니다. 불경에 대방무외大方無外라는 말씀이 있어요. 너무 커서 바깥을 헤아릴 수 없다는 뜻처럼, 작은 것은 섬세하게 하고 큰일은 대범하게 하겠습니다.

문 드골 대통령은 정치가 너무 중요해서 정치인들에게 맡겨둘 수 없다고 합니다. 마찬가지로 언론이 너무 중요하고 심각하기 때문에 언론인에게만 맡겨둘 수 없다고 하는 게 요즘의 국민 정서입니다. 외환위기 이후 언론계가 월급이 별로 오르지 않았고 전관예우도 거의 없습니다. 지금 언론 중재와 육성, 징벌적 손해배상 등 언론 관련법의 기본 정신은 무엇입니까?

이낙연 기본은 진실이죠. 사실의 추구입니다. 완벽할 수는 없지만. 그런데 어쩌다 실수로, 사실이 아닌 것을 전달해 누군가에게 큰 피해를 주었다면 시정되어야 하지만 고의로 사실을 왜곡했다면 더 큰 책임을 져야지요. 언론에 대한 불만들이 많죠. 1998년에 신문을 보는 독자 수가 전체 인구의 68퍼센트 정도였습니다. 2019년 통계는 6.5퍼센트로 떨어졌습니다. 인터넷에 기사가 뜨고 거기에다 무수한 유사언론 형태의 유튜브가 있습니다. 이제 언론의 중심이 신문, 방송에서 인터넷, 유튜브로 옮겨가고 있지요. 유튜브의 영향력은 더 직접적이고 가짜와 오류를 검증하기 어렵습니다. 오류를 바로잡고 가짜뉴스를 해소하는 징벌적 절차도 언론의 미래를 위해서 필요합니다. 동시에 4차산업의 데이터 혁명에 따른 미래언론을 지원하는 방법도 함께 고민해야 합니다. 언론은 정말 중요합니다. 현실을 폭넓게 이해하고 비판해서 대한민국이 갈 길을 밝혀주는 이정표가 되기를 기대합니다.

문 새로운 시대를 여는 민주적 지도자의 정신은 무엇이라고 생각합니까?

이낙연 균형감각을 가지고 국민들을 평화롭게, 편안하게 하는 정신이지요. 수기안인修己安人, 이웃을 배려하고 함께 사는 삶이 지혜롭죠. 배려의 철학을 품고 국민의 마음을 늘 들여다보면서 연민과 화쟁의 정치로 평화를 안겨다주는 정신이 4차산업혁명 시대에 요청되는 민주적 리더십입니다.

문   연민과 화쟁으로 가는 그 길은 가시외투처럼 입으면 따뜻하지만 아프기도 합니다. 그러나 그런 과정이야말로 오래된 나무에서 피는 꽃 향기가 멀리 가는 것과 같은 이치이겠지요. 열매도 단단하고. 뿌리가 깊어요. 오래된 나무일수록 빈자리를 많이 만들어 부엉이도 살게 하고 철새를 텃새가 되게도 하고 다람쥐 집도 생기게 합니다. 지금까지의 정치 경험에서 발견한 길은 무엇입니까?

이낙연 그 길은, 작은 깨달음을 살아가는 길이지요. 나무처럼. 나무는 놀라운 지혜가 있습니다. 과일이 익으면 귀가 얇아지거든요. 남의 말에 잘 넘어가는 것을 귀가 얇다고 하는데, 농부는 과일 꼭지가 가늘어져서 물렁물렁해지고 떨어지기 쉽게 되는 것을 귀가 얇아졌다고 합니다. 과일은 다 익으면 떨어지려고 합니다. 그래서 더 먼 곳으로 가서 번성하려 합니다. 하필이면 그때 태풍이 오죠. 태풍이 불면 나무는 쓰러져도 스스로 안심합니다. 과일을 떠나보냈으니까요. 과일이 다 둥글거나 타원형인 까닭이 있어요. 씨앗도 그렇지요. 둥글둥글해야 멀리까지 굴러가고 아주 멀리까지 물을 타고 떠내려갑니다. 나무의 깨달음을 실천하며 이 길을 걸어가고자 합니다.

문   어떤 생애를 살고 어떤 역할을 하고 싶습니까?

이낙연 저는 신청년 대한민국의 기초를 이루고 싶습니다. 청년이 살면 민족이 살고 모든 사람들이 다 빛납니다. 저는 절망덩어리 농촌의 현실을 풀려고 정치에 뛰어들었습니다. 다음 세대에 작은 힘이라도 바치고 싶은 책임감이 늘 있죠. 개인으로서는 흠이 없이 살아가며, 작은 일에는 소처럼, 큰일에는 범처럼 살고 싶습니다.

문   제가 문단에 갓 나왔을 때 박두진 선생님이 걱정스러운지 집으로 오라고 하셨습니다. 그러고 보니 햇수로 40년 전 이때쯤이었습니다. 해가 막 넘어가서 꿇고 있던 무릎을 펴고 그만 돌아가려고 일어서는데 이렇게 말씀하셨습니다.

      "문 군, 시를 쓸 때마다 늘 인류를 생각하게."

      저는 선생님의 말씀이 무슨 뜻인지 잘 모르고 속에 품고만 살았습니다. 정치인으로 살아오면서 무엇을 가슴에 품고 살아왔습니까?

이낙연 말로도 문장으로도 설명하기 어려운 약속을 품고 살아왔습니다. 왜 사느냐고 묻는다면 약속을 지키기 위해 산다고 다시 대답하겠지요. 지금도 그 약속을 지키기 위해 이 자리에 있습니다.

문   지금까지 저만 질문해왔는데 이제 제게 한번 물어봐주겠습니까? 아직도 꿈이 있느냐고?

이낙연 아직도 꿈을 가지고 있습니까?

문 그럼요! 저는 극지방 가까운 마을에서 K팝으로 한국어를 가르치고 싶습니다.

이낙연 제가 가졌던 꿈 중의 하나도 그거였어요!

문 어디서라도 모국어를 품고 살면 그곳이 대한민국이겠지요. 모국어의 메아리, 작은 날갯짓이 적도를 넘어가도록. 그곳에서 아침에 30리, 저녁에 30리 걷는 연습을 하며 언젠가는 청바지 모델을 하고 싶습니다. 이제 제가 묻겠습니다. 아직도 꿈을 품고 있습니까?

이낙연 그럼요! 저는 고단한 저녁을 서로 위로하고 내일 용기를 가지는 하루하루를 국민들께 선물하고 싶습니다. 차 한잔 마시며 수다도 떨고, 친구 만나 술도 마시고, 가족들끼리 밥도 먹고. 일터에 나가서 일하고, 저녁이 되면 집으로 돌아와서 쉴 수 있는 일상의 회복이 빨리 이루어지도록 하겠습니다. 그것을 위해서 제가 할 수 있는 모든 일을 해야지요.

문 이제 나뭇잎마다 걸어 나오는 시간이 왔군요.

이곡, 엠즐리, K여니.

대담을 하는 사이 겨울이 지나고 봄이 왔다. 그사이 열 몇 번의 만남이 있었고 그는 늘 10분가량 일찍 왔다. 그렇게 봄도 평년보다 조금 일찍 왔다.

마스크를 쓴 얼굴에도 봄이 오고 다시 황사 바람이 불어온다.

그래도 꽃들은 태양처럼 피어오른다.

사람들은 오래 기다리고 견디어왔다. 용기를 품고 사람의 이름으로 이루고자 했던 수많은 꿈들이 하나씩 제자리로 돌아오기를 기다린다. 나무는 나무가 있는 곳에, 꽃은 꽃이 있는 곳에. 증오가 있는 곳, 충돌이 있는 곳에도 나무 그늘이 길게 드리워지고 화해의 꽃 냄새가 스며들 때가 찾아오기를 기다린다. 원래 아주 작았던 씨앗이 큰 나무로 자라고 열매가 다음 세대로 이어져 번성하기를 기다려본다. 대담하는 내내 고비사막의 돌로 만든 단주를 엄지손가락으로 돌리며 여전히 기다려본다. 먼길을 떠나는 시간 앞에서.

우크라이나 청년이 가랑잎에서 종이를 뽑아내는 기술을 개발했다는 소식을 들었다. 그사이 서울에서 에콰도르 국민화가 오스왈도 과야사민의 전시회가 있었다. 연장 전시회에도 인터넷 사전 신청이 늦어 가지 못했다. 그래도 공부하러 고향을 떠나는 위대한 화가 과야사민처럼 소리 내어본다.

'언제나 등불 하나를 밝혀다오, 내 꼭 돌아올 테니!'

이낙연의 약속과
핵심 키워드 27

1 [내 삶을 지켜주는 나라]

삶을 위협하는 모든 요소로부터 국민 개개인을 국가가 보호하겠다는 의지를 '내 삶을 지켜주는 나라'라는 국가비전으로 표현했습니다. 신복지는 소득, 주거, 노동, 교육, 의료, 돌봄, 문화체육, 환경 등 삶에 직결되는 모든 분야에서 국민의 삶을 국가가 보호하겠다는 개념입니다. '내 삶을 지켜주는 나라'는 신복지로 구현해갈 것입니다. _71~72쪽

2 [신복지제도, 신경제]

고용과 소득이 불안정해지고, 여러 영역에서 삶을 위협하는 요인이 늘어납니다. 그래서 2015년 세계은행과 국제노동기구가 보편적 사회보호에 합의하고 이를 국제사회에 제안했습니다. 그것을 한국에 맞게 도입한 것이 저의 신복지제도입니다. 신경제학이 세대 간의 격차, 세대 내의 격차를 조정하고 무엇보다 늦게 사회에 진출하는 청년을 육성하고 미래를 밝히는 근거가 되기를 희망합니다. _71, 217쪽

3 [절대반지, 절대권력]

『반지의 제왕』에 보면 골룸이 프로도에게서 반지를 빼앗으려다 절대반지와 함께 용암 속에 빠져 죽습니다. 절대반지를 유일하게 녹일 수 있는 펄펄 끓는 용암이 국민이겠지요. 일류가 국민이고 당연히 모든 권력이 국민에게 있으니 무소불위의 절대 권력을 국민한테 돌려줘야 합니다. _174~175쪽

4 [두 전직 대통령 사면 문제]

저의 역부족으로 대통령의 고뇌를 제대로 덜어드리지 못하고 나온 것이 한스러웠습니다. 정치적 타격을 감수하고서라도 갈등과 분열, 충돌을 풀어가는 상징적인 출발점을 열어야 하기에 그 방법의 하나로 두 전직 대통령 사면 문제를 공론화해야 한다는 결심을 하게 됐습니다. 그러나 무엇보다 국민의 공감대가 형성되지 않았습니다. 그 일로 저는 아프게 배웠어요. 제 생각이 무엇이든, 거론의 시기와 방법은 좋지 않았습니다. 저는 아픈 만큼 성숙해졌습니다. _190쪽

5 [대통령 권력 분산]

국가수반과 정부수반의 역할을 분리해 정부수반에게 상처가 생기더라도 국가수반은 영향받지 않도록 하는 것이 유럽 여러 나라의 방식이지요. 다만 아까도 말씀드린 것처럼, 어떤 권력구조를 선택할 것인지에 대해서는 국민과 정치권의 합의가 선행돼야 합니다. _201~202쪽

6 [기후에너지부 설치]

우리는 친환경에너지, 신재생에너지를 추구하기 위해서 자연을 인간처럼 존중하는 상호계약을 맺어야 합니다. 더 이상 자연을 훼손하지 않는다는 공존의 약속이지요. 기상청을 확대 개편해서 일기예보에서 더 나아가 한반도의 기상이변과 탄소제로, 기후위기에 대처하는 전진기지로 가칭 '기후에너지부'

를 만들어야 합니다. _325~326쪽

7 [청년정치학교 설립]

민주당에서 청년정치학교를 열었으면 합니다. 체계적인 교육과정을 거치면 멋진 청년정치인들을 육성할 수 있지요. 당 출신 국회의원들의 보좌관 3분의 1가량을 정치학교 출신으로 채용하도록 하고, 지역 청년들에게도 기회를 주면 지역유지, 토호 등이 이권을 노리고 정치판을 혼탁하게 하는 일도 사라지게 할 수 있지 않을까요? _383~384쪽

8 [암호화폐]

암호화폐에 대해서는 첫째, 시세조종 등으로 인한 투자자 피해가 없도록 암호화폐 거래소를 제도권 내에서 건전하게 관리해야 합니다. 미국은 면허제, 일본은 등록제로 거래소를 관리합니다. 둘째, 과세는 증권세와 형평을 맞춰 조정하는 것이 옳다고 생각합니다. 셋째, 디지털금융의 신기술은 보호하고 암호화폐 거래소 또는 전자금융업자가 위·변조 사고나 도난, 안전성 확보를 안 했을 때 책임지도록 해야 합니다. _233~234쪽

9 [대한민국 핵심 키워드]

대한민국의 핵심 키워드는 회복과 도약, 디지털 시대로의 대전환입니다. 산업에서는 우리가 이미 설정한 미래전략산업 세 가지, 반도체, 바이오, 미래형

자동차, 거기에 더할 것이 한국형 뉴딜입니다. 그리고 우리가 굉장히 취약했지만 요즘 도약하고 있는 문화 콘텐츠 쪽입니다. _299쪽

10 [이익공유제 실시]

이익공유제는 두 가지가 있습니다. 하나는 이미 시행 중인 사회연대기금입니다. 2015년 한중FTA(자유무역협정)를 계기로 만들어진 농어촌상생협력기금이 실례입니다. 또 하나는 시범사업으로 하고 있는 협력이익공유제입니다. 밸류체인 안의 경제주체들, 그러니까 대기업과 중소기업, 프랜차이즈 본사와 가맹점, 플랫폼 기업과 협력업체 사이에서 이루어지는 일이죠. 협력이익공유는, 협력해서 생기는 이익은 나누자는 것입니다. _327~328, 330쪽

11 [새로운 사회경제 시대]

김대중 대통령 때의 벤처투자로 오늘날 우리는 IT 강국이 되었습니다. 노무현 정부 때의 바이오테크 산업 육성으로 바이오 강국이 되었습니다. 이제 코로나19 위기는 새로운 사회경제 시대를 예고합니다. 전 바로 지금이 백신 강국, 디지털 강국, ESG 선도국을 준비해야 할 때라고 봅니다. _339쪽

12 [십전일승제, 십년일기제]

미래 청년세대를 위해서, 자녀를 가진 부모세대를 위해서 십전일승제+戰一勝制, 십년일기제+年一技制를 적극 권합니다. 열 번 도전해서 한 번 성공하면

됩니다. _255~256쪽

13 [공공의료대학]

공공의료 분야, 즉 진단과 치료인력은 물론, 감염병 의료장비 생산도 체계적으로 연계하고 방역 인력, 감염병 관리 행정 및 검사를 담당하는 임상병리 인력을 체계적으로 양성하는 공공의료대학을 지방 국립대학으로 설립해 준비하는 게 가장 바람직합니다. 저는 이 명칭을 의과대학이라기보다 공공의료대학으로 하고자 합니다. _224~225쪽

14 [스팀STEAM 중심의 교육]

뉴칼라 계급을 육성하기 위해 6·3·3·4의 학제개편보다 더 먼저 할 수 있고 해야 하는 것이 현 학교 체제에서 교육 내용의 변화라고 생각합니다. 스팀(STEAM) 중심의 교육, 즉 과학, 기술, 엔지니어링, 예술, 수학을 중점적으로 가르쳐야 합니다. _265쪽

15 [청년 주거급여 보완]

노인 기초연금이 있고 아동수당이 있어요. 그 가운데 청년세대가 비어 있습니다. 2021년부터 처음으로 청년 주거급여가 시작됩니다. 아직은 조건이 까다롭습니다. 이에 대해 청년들의 불만이 많아요. 시급히 보완해야지요. 교육, 주거, 취업, 창업 등을 촘촘히 지원해야 합니다. _73~74쪽

16 [상생연대 3법]

21세기는 디지털 사회로 급속하게 재편되고 있으니 바로 협력이익공유제, 사회연대기금, 손실보상제 등 상생연대 3법과 함께 지속 가능한 삶, 최소한의 행복을 위해 정부의 지원을 체계화해야 합니다. 신복지제도 안에서 안전과 미래를 함께 추구해야 합니다. _155쪽

17 [중대재해처벌법]

국회에서 통과된 중대재해처벌법은 노동자들도 반발하고 기업도 반발하고 있습니다. 그런데 처벌을 또 3년간 유예하면 이 법이 정말 목숨을 보호하는 장치가 될 수 있을까 하는 의문이 들 것입니다. 그래도 일단 출발하고 시행령으로 보완할 수 있는 건 하고 또 시행해가면서 개선해나가겠습니다. _157~158쪽

18 [감염병 국가책임제 시행]

감염병 국가책임제는 포스트 코로나 시대를 대비해서 공공병원 설립, 공공의료 인력확충, 의료장비 확충 등을 포함합니다. 이번 코로나는 우리 사회의 맹점을 드러나게 했습니다. 사회불평등, 중소상공인들의 위기, 공공의료체계의 미비가 그것입니다. 이 세 가지를 해소하는 것이 당장의 과제이면서 향후 30년 미래의 기초를 닦는 겁니다. _323~324쪽

19 [국민연금 개혁]

국민연금 고갈 위기를 해소하기 위해 사회적 대타협을 기반으로 해서 현행 소득의 9퍼센트로 되어 있는 국민연금 보험요율 인상은 물론 소득대체율 인하, 수급연령 상한, 물가지수 조정, 급여산식 조정, 연금 통합, 저소득층의 국민연금료 지원 등 모든 가능한 정책을 재구성해서 새로운 정책을 시행해야 합니다. _236쪽

20 [공공산후조리원 확대]

올 10월에는 전남 지역에서 다섯 번째 공공산후조리원이 순천에 문을 엽니다. 전남도지사로 일할 때, 전국에서 처음 만들었지요. 공공산후조리원은 좋은 시설에 안전한 산후 관리 시스템으로 인기가 많습니다. 비용도 저렴하지요. 이번에 팬데믹을 방어하는 데 전국의 보건소가 큰 역할을 담당했습니다. _249쪽

21 [군 사회출발자금]

청년 인구 감소와 군사 과학기술의 변화 등을 감안하면, 모병제로의 단계적 확대가 필요하고 불가피합니다. 국가를 지키기 위해 징집된 사병의 복무에 대해서는 제대 시 군 가산점보다 사회출발자금을 드리는 방안이 있을 수 있다고 생각합니다. 이미 운영 중인 장병내일준비적금의 인센티브를 확대하고, 봉급을 올리는 등 다양한 정책의 조합으로 준비할 수 있습니다. _288~289쪽

22 [전시작전권 환수]

현재 전시작전권은 한미연합사령부에 있고, 사령부의 지휘권은 미국의 인도
태평양사령부에 있습니다. 여기서 중요한 관건은 비핵화 문제입니다. 한미동
맹을 굳건히 하고 국민들이 안심할 수 있는 바탕 위에서 가장 합리적이고 빠
른 시일 안에 전시작전권을 우리가 가지는 것이 옳다고 봅니다. _288쪽

23 [북핵문제]

북한은 톱다운이 아니면 좀처럼 움직이지 않을 가능성이 높습니다. 우리로서
는 정상외교와 실무외교를 공동으로 진행하는 방법이 바람직합니다. 미국이
인권 문제를 제기하고 실무절차를 중시하면 우리는 한미동맹의 단단한 기초
아래 이해와 신뢰를 바탕으로 한 다양한 전략을 구사해야 합니다. 북미 관계
의 통로는 바로 대한민국입니다. _292쪽

24 [미중 관계는 돌고래 외교로]

우리는 적극적으로 유엔외교를 전개하면서 힘의 균형이 아닌 영향력의 균형
을 잡는 역할론에 충실해야 한다고 봅니다. 비유하자면 두 고래 사이에서 날
렵하고 친화적인 상태를 유지하는 돌고래의 매력을 두 고래가 인정하는 상태
를 유지하는 것이라고 할 수 있습니다. 돌고래의 특성은 함께 다니는 것이지
요. 문화, 경제, 언어, 플랫폼, 전자정부, 대중문화 등 사안에 따라 아시아 협
력공동체를 주도적으로 구성하는 방안도 모색해야지요. _294쪽

25 [개성공단 활용]

개성공단을 WHO, 유엔과 연대해서 감염병 방어에 필요한 의료물품 생산기
지로 만들겠습니다. WHO, 유엔과 함께 의료품 생산활동을 하면 의료 분야만
이라도 유엔 제재가 좀 풀릴 수 있고 북한 경제에도 크게 도움을 줄 수 있을
것입니다. _295쪽

26 [예술보증기금제도]

주택보증기금처럼 영화제작에 필요한 자금을 지원 보증하는 기관이 필요합
니다. 산업 분야는 다 보증기금기관이 있는데 영화 쪽에는 보증기금이 없었
습니다. 늦었지만 영화보증기금 기관을 만들어서 중소 영화사들이 활발하게
제작에 나서도록 해야 합니다. 가장 약한 곳이 문화 콘텐츠입니다. 더 나아가
예술보증기금제도를 확립해야 합니다. _351~352쪽

27 [묘비명 글귀]

저는 묘비명에 '좀 쉬엄쉬엄 살걸'이라고 적고 싶습니다. _379쪽

엮은이의 말:
봄날에 쓰는 편지

있는 사람 한가한 봄, 없는 사람 애타는 봄이 또 왔습니다.

원고를 마치고 나니 복사꽃, 벚꽃 다 지고 사과꽃이 하얗게 피어 있더군요. 꽃 핀 줄 모르고 봄 다 보낼 뻔했습니다. 이 책의 인연이 출발한 시점은 2003년 어느 날이었습니다. 다음날이면 휴지가 되는 사설이며 칼럼을 써대는 자신이 한심하게 여겨져서 논설위원실에서 멍청하게 TV를 보고 있는데, 그가 열린우리당에 가지 않고 민주당에 남아야 하는 이유를 발표하는 뉴스가 나오더군요. 구체적인 문장은 기억나지 않지만 간결하고 견고한 문장이었다는 느낌이 내내 남아서 언젠가는 만나게 되겠다는 생각을 막연히 했습니다. 무심한 시절인연이 잠깐 찾아와서 '약속'이라는 주제로 대담을 하게 되었습니다.

대담이 진행되면서 신군부의 폭력시대에 어떻게 살아남았는가를 이야기할 때 그는 몸이 막 아파온다고 했습니다. 이 책은 대담 형식이지만 그가 어떻게 지난 시간 속을 걸어왔는지, 무엇을 생각해왔는지, 왜 정치를 하고 있는지, 그래서 어떻게 할 것인지 그 의지와 약속을 밝히는 기록문학의 모습을 품고자 했습니다. 그리고 그의 근원에는 어떤 생의 철학이 뿌리내려 있는지도. 이 책에는 그가 2030세대들에게 보내는 미안함과 열정들도 스며 있습니다.

2030세대를 이야기하려면 그 윗세대인 X세대를 이야기하지 않을 수 없습니다. '나를 규정짓지 마라!'고 한 X세대는 스스로 운명의 길을 개척한 씩씩한 세대들입니다. DJ가 '문화대통령'이라고 불렀던 서태지와 아이들, 양혜규 설치미술가, BTS를 오늘에 이르게 한 방시혁 대표, 미국 시장에 도전했던 가수 박진영, 봉준호 감독 등등. 그들은 한국의 문화 콘텐츠를 풍성하게 했습니다.

DJ는 대통령 재직 시 문화예술에 지원하되 간섭은 하지 않는다며 검열을 없앴습니다. 그 이전까지 권력의 문화 검열은 사람들의 생각, 생활마저 위축시켜왔습니다. 그 뒤 X세대는 자유로운 상상력을 펼치며 한국 문화 콘텐츠를 꽃피웠습니다. 이제 뒤를 이어 2030세대가 세계가 놀라는 신문화와 신기술 콘텐츠를 만들어내겠지요. 왜냐하면 그들의 상상력은 X세대보다 더 뛰어나니까요. 청년들은 말합니다. '아프니까 청춘'이라는 식의 감성적 위로는 그만두라고. 그러면 더 열받으니까요. 그들은 '꼰대세대'가 솔직하고 담백한 모습을 보여주기를 바랄 뿐입니다.

햇수로 5년 전 당시 민주당 전 대표였던 문재인 대통령과의 대담집 『대한민국이 묻는다』를 썼을 때가 떠오릅니다. 그때는 계엄령 설이 떠돌았습니다. 대담이 끝나고 6일 만인 2017년 1월 초순에 원고를 끝내고 그해 7월까지 시름시름 앓았던 생각이 납니다.

이 책은 대담 형식이지만

그가 어떻게 지난 시간 속을 걸어왔는지,

무엇을 생각해왔는지,

왜 정치를 하고 있는지,

그래서 어떻게 할 것인지

그 의지와 약속을 밝히는 기록문학의 모습을 품고자 했습니다.

폐에서 오래된 트럭 엔진처럼 그렁그렁하는 소리가 나더군요. 이번에는 대담 내내 감염병과 막막한 청년세대를 보며 고민했던 시간들이 많았습니다.

이 글을 쓰는 동안 세 가지에 힘입어 원고를 마칠 수 있었습니다. 첫째, KBS 1FM의 음악을 내내 들었습니다. 저녁에 방송하는 〈세상의 모든 음악〉은 새벽 재방송까지 들었습니다. 전기현 진행자와 담당 PD, 구성작가에게 고마움을 전합니다. 둘째, 힘에 부치면 시인 윤동주의 「하늘과 바람과 별과 시」 영인본을 펼쳐서 소리 내어 읽곤 했습니다. 셋째, 눈에 밟히듯 눈 내리는 겨울, 언 도시락 두 개를 들고 게를 잡으러 집에서 '백수' 해변과 '심원' 해변까지 먼 길을 타박타박 걸었던 그의 어머니 모습이 힘을 내게 했습니다. 겨울이면 아직도 그곳에는 눈이 많이 옵니다. 눈송이마다 새겨지는 발자국 소리를 떠올리며 다시 책상에 앉곤 했습니다. 문장이 견고하면 행동도 견고해지고 그 속에 여백도 깊어질까요……?

민심은 변화무쌍하지만 결코 잊지 않습니다. 16대 국회에서 노무현 대통령의 탄핵소추안을 의결했을 때 당시 민주당에서 유일하게 반대한 의원이 그였습니다. 다들 기억하고 있겠지요. 누가 누구인지를. 나의 의견이 남과 다르다고 해서 미워할 이유는 없지 않겠습니까.

　우리 모두 좋았던 시절이 있었는지, 어떻게 하면 좋은 시절로 나아갈 수 있는지, 언제 다시 행복해질 수 있는지 질문은 쉼이 없었지요. 진실은 존재한다기보다 추구하는 것이고, 그렇게 나아가는 모습이 인간이니까요. 그의 눈을 바라보며 묻곤 했습니다.

　—당신은 진실한가?

　아직도, 지상에서는 살아갈 길이 없어 공장 굴뚝, 희망의 망루로 올라가는 사람들이 있습니다. 슬픔에 잠긴 이들은 오래 슬퍼합니다. 원고를 다 쓰고 산사로 가서 흔한 벚꽃들 다 지고 난 뒤 가장 늦게 피어나는 토종왕벚꽃 나무 아래 2017년 4월에 내걸었던 연등燃燈처럼 '대한민국 이낙연', 그의 이름으로 빈자일등貧者一燈을 가만히 내걸었습니다. 내년 봄꽃은 더 환하게 피어나 눈 푸른 얼굴들을 비추라고. 지금까지 책을 펴내면서 한 번도 써보지 않은 편지 형식의 글에시 '태양의 계절' 한 조각을 덧붙여 이제 이 편지를 마칩니다.

　　슬픔에 잠긴 그림자에게
　　오랜 시간이 지난 뒤에

언젠가 우리 다시 만나면

모든 것이 새로워진다고 말하자

슬픔이

스스로 만든 길로

태양의 계절이 찾아온다고

2021년 봄,

망설춘사望雪春寺에서 문형렬